A General Theory for Competition Laws

A Historical and Normative Approach

竞争法总论

历史与规范融合的视角

董笃笃/著

法律出版社
LAW PRESS·CHINA
北京

图书在版编目(CIP)数据

竞争法总论：历史与规范融合的视角 / 董笃笃著
. -- 北京：法律出版社，2022
ISBN 978-7-5197-6384-8

Ⅰ. ①竞… Ⅱ. ①董… Ⅲ. ①反不正当竞争—经济法
—研究—中国 Ⅳ. ①D922.294.4

中国版本图书馆CIP数据核字(2022)第008661号

竞争法总论
——历史与规范融合的视角
JINGZHENGFA ZONGLUN
—LISHI YU GUIFAN RONGHE DE SHIJIAO

董笃笃 著

策划编辑 沈小英
责任编辑 刘晓萌
装帧设计 李 瞻

出版发行 法律出版社
编辑统筹 法治与经济出版分社
责任校对 杨锦华
责任印制 吕亚莉
经 销 新华书店

开本 710毫米×1000毫米 1/16
印张 16.5 字数 275千
版本 2022年5月第1版
印次 2022年5月第1次印刷
印刷 北京虎彩文化传播有限公司

地址：北京市丰台区莲花池西里7号(100073)
网址：www.lawpress.com.cn
投稿邮箱：info@lawpress.com.cn
举报盗版邮箱：jbwq@lawpress.com.cn
销售电话：010-83938349
客服电话：010-83938350
咨询电话：010-63939796

书号：ISBN 978-7-5197-6384-8
定价：86.00元
凡购买本社图书，如有印装错误，我社负责退换。电话：010-83938349

Bonus Theoreticus, Malus Practicus?

前　言

竞争，是一种特殊的社会现象，更是一种新的独立的价值目标。目前，在中国这片古老的土地上，竞争正在被持续注入法律规范，继而转换成法律实践。为了跟随并融入这一转换进程，本书解释了什么是竞争、为什么要保护竞争以及如何保护竞争，希望借此成为一本介绍竞争法调整宗旨、规制对象、分析方法和治理体系的教科书。

本书缘起于竞争法教学实践。2017 年 11 月至 2021 年 7 月，我在华东政法大学知识产权学院工作，承担知识产权专业本科生必修课“竞争法”的教学任务。经过将近 4 年的艰辛打磨，在“竞争法”的课堂上，本书的轮廓逐步显现，内容也日益丰盈。

2021 年 11 月，我入职广西大学法学院，也因此有了随时向许光耀教授当面请教的便利条件。经过许老师的耐心点拨，本书的棱角渐次清晰，观点更加明确，文字也开始变得些许豁达、开朗甚至略显随性。今天，能够出版这本《竞争法总论》，以此作为后续研究的起点，并纪念华政那段弥足珍贵的“竞争法”教学经历，同时实现 5 年前在《竞争政策法制化研究》（法律出版社 2017 年版）一书后记中许下的关于系统论述何为竞争的愿望，我很知足，也心生感激。感谢华政知识产权学院给我机会，使我第一次走上竞争法课程的讲台，完成心中一大夙愿。尤其要感谢黄武双教授的信任、支持和教导。每次聊到如何把课上好，黄老师总会不厌其烦地告诫我：“讲例子、讲例子！”此外，本书的出版获得华政“高水平学科团队培育——科创中心建设的法制保障”项目资助，感谢刘宪权教授和吴允锋教授的提携，感谢法律出版社刘晓萌编辑的信任和帮助。当然，更要感谢广西大学法学院，给了我延续竞争法理论研究的机会，以及正式启动自然法理论研究的平台。希望在邕江之畔，我既能完成“促进竞争的法治保障”这一全新课题,又能为自然法理论的传承贡献力量。

竞争法,魅力十足,是我进入法学以来的情感归宿。现在看来,胆敢挑战竞争法总论,我也真是无知者无畏。可既然动了念头,那就只好先写出来。在写作过程中,导师王艳林教授、吴宏伟教授和吴汉洪教授对本书的整体架构、重点内容、具体表述和文献资料均给予了明确细致的指导,好友黄硕、雷震文、叶一舟和周孝通读了初稿并提出修改意见。尽管如此,由于我自身能力不足,错误或不当之处在所难免,敬请读者不吝指正。

董笃笃

2022 年 3 月 18 日于广西南宁

目　　录

导　论

竞争法，通常是指反垄断和反不正当竞争法，以维护并优化市场秩序为己任，保障并促进竞争充分发挥作用。市场多变、秩序常新，竞争法律实践灵活复杂，也因此充满争议和挑战。如果能以争议和挑战为契机去勘悟市场竞争乃至经济活动的本质，那么，竞争法律实践便是我们把握市场规律、探知经济理性的最好机缘。本书力求放下争议、承受挑战，顺着竞争法律实践所开示的脉络，挖掘内含于竞争法律实践之中的理性，阐明什么是竞争、为什么要保护竞争以及如何保护竞争。但在进入正题之前，还是得先解释一下，本书为何要冠以"总论"之名，具体又将如何展开论述。

第一节　什么是总论

"法学一旦自认是体系性的，就会以形成总则为其不可放弃的任务。"[1]与立法上的总则直接相关的法律学说，便是总论。具体而言，作为法律学说，总论始终围绕总则的适用和完善展开工作，至少应当满足如下三项具体要求：一是要阐释规范，而非描述规律；二是要挖掘理念，而非罗列概念；三是要指明价值目标，而非调和权衡方案。只有满足这三项要求，总论才算是能够较好地履行其作为法律学说的基本职责，促进价值、事实与规范三者之间良性互动，持续将更丰富的理性注入法律实践。

〔1〕［德］弗朗茨·维亚克尔：《近代私法史——以德意志的发展为观察重点》，陈爱娥、黄建辉译，上海三联书店2006年版，第467页。

一、总论阐释规范，而非描述规律

根据徐国栋教授的观点，总论是对各类具体法律规定中一般问题的提炼，代表人类一种从具体到一般的认识需要，它古已有之，如今尤甚。目前，总论大致可分为两类。一类是对所有法律领域之一般问题的提炼，也称为序题。它关注法的一般理论，具有跨部门法的特点和法理学倾向，讨论法的产生、法的性质、法的调整对象的类型、法律解释等内容。另一类是对特定法律领域之一般问题的提炼。它对法的一般理论没有兴趣，研究范围缩小到特定法律领域，概括能够总揽该领域各类具体规定的基本要素，如凝练人、物、法律行为、民事权利等要素的民法总论。[1]

据此，研究范围越狭窄，关于法律规范本身的论述在总论中所占的比重就越大。以所有法律领域为研究对象的上述第一类被称为序题的总论，讨论法的性质、功能和发展规律等内容，原则上不直接解决具体操作问题。以特定法律领域为研究对象的上述第二类总论，专注于法律规范本身，凝练能够统揽各类具体规定而且可以直接适用于个案纠纷的基本法律概念。

从这个意义上讲，第一类被称为序题的总论，面向认知，站在法律规范之外，描述法律规范从哪儿来、往哪儿去，不直接论述法律规范本身的内容，它与各类具体规定相并列，是各类具体规定的伙伴。第二类总论面向实践，站在法律规范之内，思考法律对研究者自己的行动提出哪些要求，直接阐释法律规范本身的内容。它不仅统揽各类具体规定，而且与各类具体规定原本就是一体。[2] 举例来说，倘若有人来问，同性恋者结婚之后能否离婚？对此，浸淫在序题之中的学究，将会慢条斯理地给出如下解释：这是法律问题，也是伦理问题，更是经济问题，需综合考察经济基础、文化背景和宗教信仰等诸多因素，不同区域不同时期会有不同处理方案。与之相比，深谙总论的法官，则会适用法律行为的成立与生效要件来直截了当地阐述其裁决：婚姻乃终身大事，一旦结婚，应偕白首，原则上不得离

---

〔1〕 参见徐国栋：《民法总论》，高等教育出版社2007年版，第1～15页。

〔2〕 关于"站在法律规范之外"与"站在法律规范之内"的解释，参见 Aulis Aarnio, *Essays on the Doctrinal Study of Law*, Springer, 2011, p. 22－24；Dale B. Martin, *Pedagogy of the Bible: An Analysis and Proposal*, Westminster John Knox Press, 2008, p. 1－28。

婚,但同性婚姻本就不成立,不能发生婚姻之效力。[1]

上述认知面向与实践面向的研究都很重要,二者相互融合、互为支撑。[2] 但法律学说的研究对象是法律规范,它"可能包含着历史、社会学、哲学以及其他学科的考量,其核心始终在于对有效的法律进行解释和系统化"[3]。作为法律学说,总论终究还是应当定位于实践面向,力求系统细致地剖析法律规范本身,而不只是描述法律规范何以产生又如何演进。

二、总论挖掘理念,而非罗列概念

法律规定数量多、相互之间关系复杂,法学需要总结一些能统揽各类具体规定的核心问题与基本概念,阐明法律规范中的主导思想以及各类具体规定之间的关联,并将单个、分散的法律规定归入共同的核心问题之下,为初学者提供入门的路径,防止其在细枝末节中迷失方向。[4] 与序题相比,法学借助概念所提供的这种指引,不再描述规律,而是专注于法律规范本身,是关于各类具体规定的概览。例如,民法学能借助私法自治、人、物、法律行为、侵权、请求权等原则与概念勾勒出民事法律制度的大致轮廓。

法学关于法律规定的陈述是规范性陈述,探讨法律规定的意义,关注法律规定的规范效力和内容,以及法院判决中包含的裁判准则。[5] 法学陈述现行法的最终目的不是面向认知,并不描述哪些法律规定事实上被遵守或被接纳了,而是面向实践,力求公正地解决法律问题,探求正义观念的具体化方案,告知人们应当如何行动。由原则、规则或标准所构成的概览,能够将法律问题转换为便于讨论的语词,既可以提升法律问题的精确化程度,也有助于校正最初尚不清晰的关

---

〔1〕 关于法律行为之无效与不成立的论述,参见王伯琦:《近代法律思潮与中国固有文化》,清华大学出版社 2005 年版,第 348 ~ 356 页。

〔2〕 关于认知如何转换为实践的论述,参见 Steven J. Jensen, *Knowing the Natural Law: From Precepts and Inclinations to Deriving Oughts*, The Catholic University of America Press, 2015。

〔3〕 [瑞典]亚历山大·佩岑尼克:《法律科学:作为法律知识和法律渊源的法律学说》,桂晓伟译,武汉大学出版社 2009 年版,第 3 页。另参见林来梵:《从宪法规范到规范宪法:规范宪法学的一种前言》,法律出版社 2001 年版,第 1 ~ 9 页。

〔4〕 参见[德]迪特尔·施瓦布:《民法导论》,郑冲译,法律出版社 2006 年版,"第十五版序言"第 2 页;[德]莱因荷德·齐柏里乌斯:《法学导论》(原书第 4 版),金振豹译,中国政法大学出版社 2007 年版,"中文版序"第 1 页。

〔5〕 参见[德]卡尔·拉伦茨:《法学方法论》,陈爱娥译,商务印书馆 2003 年版,第 77 页。

于正确结论的设想，有利于固定并传达正义观念的具体内容。但是，语词常常会存在一个含义空间，需要通过解释来界定该含义空间的确切内涵。因此，概览所凝练的各类语词，只是寻求正义观念之具体化方案的引导性中介，并不直接给出正确答案。[1] 为了寻求正确答案，概览式的陈述必须时刻与法律解释携手前行。以前述同性婚姻纠纷为例，面对法官的裁决，当事人可能会质疑：婚姻毕竟不是买卖，婚姻纠纷应当同买卖纠纷一样适用法律行为理论来分析吗？这就需要对“婚姻”、“买卖”或“法律行为”等概念作出解释。

解释，就是要确定语词的含义，该含义来自读者与文本之间的交互。[2] 法律解释有其特殊性，它确定的语词含义不只是读者与文本作者所遵守的规范，而是所有人都应遵守的普遍性规范。因此，法律解释表面上是读者与文本之间的对话，事实上却是读者、文本与听众三者之间的互动。

读者、文本与听众这三者之间的互动，应当围绕特定社会现象或聚焦同一具体问题来展开，否则便无法形成具有共识的讨论基础，论辩程序形同虚设，法律解释将在人们争执之中堕入虚无。社会现象本身是无限的，人类的每次考察都只能考察现象的一部分，仅限于人类认为值得考察的那部分现象，这部分特定现象是依赖人的特殊价值倾向及其观察视角被筛选出来的。[3] 这样，若想截取同一社会现象或具体问题，进而使法律解释成为可能，就必须以统一的观察视角或共同的价值目标为预设前提，亦即每位参与法律解释的主体都认可特定价值目标，并且也相信其他参与者同样认可该特定价值目标。[4]

仍以婚姻是否应当被界定为合同的问题为例，如果私法自治被理解为孤立个体的意志力和控制权，合同被视为两个孤立个体之间的关系，婚姻便是合同的一种类型。但如果私法自治被理解为个体在共同体中应当获得的客观法律地位，合同被视为共同体制度框架内的个体关系，婚姻是否应当被界定为合同，将

---

〔1〕 参见[德]齐佩利乌斯：《法学方法论》，金振豹译，法律出版社2009年版，第13～30页。

〔2〕 See Dale B. Martin, *Pedagogy of the Bible: An Analysis and Proposal*, Westminster John Knox Press, 2008, p. 29–45.

〔3〕 参见[德]马克斯·韦伯：《社会科学方法论》，李秋零、田薇译，中国人民大学出版社1999年版，第1～49页。

〔4〕 See Aulis Aarnio, *Essays on the Doctrinal Study of Law*, Springer, 2011, p. 50, 93, 95–96, 184.

取决于共同体对买卖、婚姻等各类关系之本质目的的决定。[1] 这就好比原告眼中满是石头缝儿里蹦出的孙悟空，无法无天；被告看到的却都是吃斋念佛的唐僧，唯唯诺诺。原告盯着快意恩仇，提防自由被干涉；被告想着佛法无边，担心戒律被打破。双方立场有别、视角各异，观察到的现象和问题迥然不同，难以就婚姻关系中正义的具体化方案展开理性论辩。唯有确立共同的价值目标与一致的观察视角，双方才有可能针对同一具体问题真正展开对话，否则便只能盼着观音菩萨早日送来紧箍咒。

共同的价值目标一经确认，法学便可据此直接推出"初步的行动要求"（*prima-facie* practical statement），开启价值转换为规范的进程，却极少能逻辑地推出"考虑所有具体情势的行动要求"（*all-things-considered* practical statement），即适用于个案纠纷的具体规则。[2] 人类应当追求的价值目标有很多，也在不停变化，共同的价值目标是一个动态体系而非单独一项价值目标。个案纠纷往往不只与一项价值目标或"初步的行动要求"相关，而是要在很多项不同"初步的行动要求"之间进行权衡取舍。权衡方案通常不止一种，法律解释的参与者需要针对各种方案的合理性展开论辩，选定其中一种，创设适用于个案纠纷的具体规则。因此，具体规则是在"初步的行动要求"所确立的框架内，不同"初步的行动要求"相互权衡的结果；"初步的行动要求"是内含于具体规则之中能够普遍适用的一般性规范，是使具体规则成为可能的预设前提。

"初步的行动要求"与具体规则本为一体，借由法律解释参与者的选择或行动同时得以创设和显现。但人的认知理性总是落后于实践理性，即便作出选择，

---

〔1〕 参见［德］卡尔·拉伦茨：《私法的重构》，魏曦岚、韦冠鹏译，载张双根等主编：《中德私法研究》总第10卷，北京大学出版社2014年版。

〔2〕 See Aulis Aarnio, *Essays on the Doctrinal Study of Law*, Springer, 2011, p. 59 – 63. "*prima-facie* practical statement"与"*all-things-considered* practical statement"也分别被译作"初显性实践陈述"与"全虑性实践陈述"。参见［瑞典］亚历山大·佩策尼克：《论法律与理性》，陈曦译，中国政法大学出版社2015年版，第85～86页。这两个术语涉及价值如何转换为规范的问题，与之相关的论述，参见《阿奎那政治著作选》，马清槐译，商务印书馆1963年版，第116～117页。其中，关于价值与"初步的行动要求"之间关系的解释，参见［英］理查德·麦尔文·黑尔：《道德语言》，万俊人译，商务印书馆1999年版，第130～143页。至于价值能否以及如何触发行动，参见［美］杰曼·格里塞茨：《实践理性的第一原则》，吴彦译，商务印书馆2015年版，第57～81页。

通常也难以借助语词来表述作出了什么选择。[1] 在多数情况下，人们可以表述社会行动本身，即具体规则，但无法准确表述社会行动的意义，即价值目标或“初步的行动要求”。[2]

如果不阐明价值目标或“初步的行动要求”，法律解释将因缺乏相对明确的预设前提而困难重重，过往经验难以为当下实践提供有效指引。对此，黑尔(Richard Hare)的解释是：

> 在教某人学习驾驶时，试图靠谆谆教诲使他记住那种固定而泛泛的原则，那将是愚蠢的，因为这样他永远也不会作出独立的决定。但若走向另一个极端，完全由他自己去发现他自己的驾驶方式，也同样是愚蠢的。如果我们敏慧一些，就会懂得我们所要做的，是给他提供一个坚实的原则基础，同时又给他以充分的机会，去作出这些原则赖以建立的决定，并通过决定来修改这些决定、完善它们，使其适应变化了的情况；或者当它们完全不适合新的环境时摈弃它们。只教学员原则而不向学员提供让他们自己作原则决定的机会，就像只给学生讲授书本上的科学而不允许他们走进实验室一样。相反，撇下孩子或学员不管，任他们自我表现，就像把一个小孩放在实验室里，说“你自己做实验吧”一样。这个孩子可能在实验室里玩得很开心，或者可能发生意外身亡，但他大概不会学到很多科学。[3]

因此，人类社会总是需要持续创设并阐明“初步的行动要求”，丰富人们关于法律秩序的知识，加深人们对于现实世界和自身行动的体悟。这是一项必不可少的社会需求，法学不做，自然会有其他学科来做。[4]

---

〔1〕 参见[法]雅克·马里旦：《自然法：理论与实践的反思》，鞠成伟译，中国法制出版社2009年版，第12～13页；[英]理查德·麦尔文·黑尔：《道德语言》，万俊人译，商务印书馆1999年版，第56～76页。

〔2〕 关于是否所有具体规则都内含“初步的行动要求”的问题，参见[瑞典]亚历山大·佩岑尼克：《法律科学：作为法律知识和法律渊源的法律学说》，桂晓伟译，武汉大学出版社2009年版，第36～38页；[德]亚图·考夫曼：《类推与“事物本质”——兼论类型理论》，吴从周译，台北，学林文化事业有限公司1999年版，第129～137页。

〔3〕 [英]理查德·麦尔文·黑尔：《道德语言》，万俊人译，商务印书馆1999年版，第75页。

〔4〕 See Aulis Aarnio, *Essays on the Doctrinal Study of Law*, Springer, 2011, p.27-28.

为了阐明价值目标或“初步的行动要求”,法学的先辈们从具体规则出发,采用提取公因式的方法,“对于在大量法律现象中以相同方式出现并且必须作出判断的问题,作出一般性的规定”。[1] 这种提取公因式的具体操作,大致包括如下三个阶段:首先,对比具体规则,凝练能够普遍适用的权衡方案,提取各类具体规定的公因式;其次,挖掘并体悟公因式背后所隐含的核心问题与特定价值目标;最后,再以特定价值目标为观察视角,针对特定社会现象或特定具体问题,从之前的公因式中筛选出解决特定具体问题的分析框架,使之纯化为能够直接体现特定价值目标内涵的真正的公因式。显然,此类公因式一开始并不是“初步的行动要求”本身,它们属于不同“初步的行动要求”相互权衡的结果,只是能够为日后具体权衡方案的探索提供参照。但公因式越多,权衡方案共性越大,内含其中的“初步的行动要求”相对集中,也就更容易把握权衡方案的规律,识别出“初步的行动要求”。

提取公因式和“初步的行动要求”的任务,并非一蹴而就。承担这项任务的法律学说,被称为总论。如果总论提取的公因式数量丰富、内容充实,凝练的“初步的行动要求”也相对明晰,立法便将二者合并,统称为总则,如《德国民法典》;否则,立法同样会将仅有的公因式与“初步的行动要求”合并,只是不再称之为总则,转而称为序编以示区别,如《瑞士民法典》。[2] 至于公因式数量是否丰富、内容是否充实、“初步的行动要求”是否明晰,既取决于各类具体规定本身是否存在普遍适用的权衡方案,当然也要看总论的研究状况。但无论法学和立法的现状如何,推进总论的研究,努力构建体系,持续创设并阐明“初步的行动要求”,一直被法学的先辈们视为自身最为重要的职责。[3]

面对上述社会需求和历史传统,总论不应退化成关于特定法律领域各类具体规定的概览,更不应庸俗化为所有具体问题的答案册或企业合规指南,而应传承自己的职能定位,坚持不懈地探索并阐释特定法律领域内共同的价值目标、一

---

〔1〕 [德]卡尔·拉伦茨:《私法的重构》,魏曦岚、韦冠鹏译,载张双根等主编:《中德私法研究》总第10卷,北京大学出版社2014年版。

〔2〕 参见陈小君:《我国民法典:序编还是总则》,载《法学研究》2004年第6期。

〔3〕 参见[德]弗兰茨·维亚克尔:《法教义学的实践功效》,王洪亮译,载田士永等主编:《中德私法研究》总第6卷,北京大学出版社2010年版;[德]卡尔·拉伦茨:《论作为科学的法学的不可或缺性》,赵阳译,商务印书馆2021年版。

致的观察视角、特定社会现象以及有待解决的具体问题,进而为法律解释提供预设前提,使之成为可能。

三、总论指明价值目标,而非调和权衡方案

总论探索特定法律领域内共同的价值目标,目的在于统一法律解释参与者的观察视角,截取特定社会现象,聚焦所欲解决的具体问题,推动论辩主体达成理性共识,最终将法律义务构筑于理性而非权威之上。

理性的要求,是做或不做某事的戒律,应当具有独立具体的道德诉求。[1]然而,人们对理性的探索往往只能取得阶段性成果,通常不得不暂时止步于"勿作恶""讲诚信""守规矩""要公正"等行动要求。与"不可杀人""不可奸淫""不可偷盗""不可做假见证陷害人"等行动要求不同,这些行动要求并未指涉特定行为,无法直接给出做或不做某事的答案。

根据黑尔的观点,此类无法直接给出做或不做某事答案的行动要求,并不是行动指南。黑尔对此的解释是:

> 假定有人问我:"我应做什么?"我回答他说:"什么事情最好就做什么事情罢",或者说"做你应当做的事情"。在绝大多数语境中,这些回答都会被人们视为是毫无裨益的。这就好像有人问一位警察:"我该在什么地方停车?"而得到他的答复是"哪里合法,就在哪里停车好了"。这位询问者是要我提供有关他该做什么的明确建议,他之所以问我,是因为他不知道在他所处的情况下该用什么标准。因此,如果我回答他应遵守某种标准,而他对这种标准的具体规定却茫然无知,那么,我就没有向他提供任何有用的建议。[2]

---

〔1〕 See Nicos Stavropoulos, *Why Principles*, University of Oxford Faculty of Law Legal Studies Research Paper Series Working Paper No. 28/2007. 此外,马里旦的如下观点可供参考:"所有人天生就准确知晓唯一一个实践性知识是向善避恶。这是一个不证自明的原则,因其所含戒律的自然性而被把握。它是自然法的导言和原则,而不是自然法本身。自然法是必须做或不做某事之诸戒律的集合体。"参见[法]雅克·马里旦:《自然法:理论与实践的反思》,鞠成伟译,中国法制出版社 2009 年版,第 23 页。关于"向善避恶"的讨论,参见[美]杰曼·格里塞茨:《实践理性的第一原则》,吴彦译,商务印书馆 2015 年版。

〔2〕 [英]理查德·麦尔文·黑尔:《道德语言》,万俊人译,商务印书馆 1999 年版,第 167 页。

尽管如此,这些无法直接给出做或不做某事答案的行动要求,并非没有实践意义,它们能够指出探求正确答案的方向或方法,为裁判者的裁量提供指引,构成论证的指南。这些行动要求因此被称为裁判规则,进而与直接给出做或不做某事答案的行动规则相区别。〔1〕其中,有些列举可资参照的过往经验,如"任何人都不得因自身的过错行为而获益""受害人不得因违法行为而获益""版权保护只及于表达方式,而不延及思想、技艺、操作方法与数学概念本身"等;有些则指示考察因素,如"过错原则""诚实信用原则""善良风俗"等。

裁判规则数量丰富、运用广泛,并且极具诱惑性,好像提炼出裁判规则就可以高枕无忧地实现将理性引入实践的初衷。但事实绝非如此!

一方面,裁判规则属于经验积累,它看似极为实用,却知其然而不知其所以然,难以面向未来。〔2〕以所有权让与不仅因债的无效而无效为例,它被称为无因原则。表面上看,无因原则是德国法学家从罗马法文本推测出的结论。德国法学家认为,根据罗马法文本,在不存在债而进行了略式转让的情况下,转让人可以对被转让的所有权提出不当得利返还请求权。这说明尽管债无效,但所有权让与业已生效,否则让与人享有的应当是所有物返还请求权,而非不当得利返还请求权。〔3〕一旦从德国法学家的推测和罗马法文本抬头直面现实,困惑就来了,身处价格上涨迅猛的房地产市场,如果债无效,让与人应当享有所有物返还请求权还是不当得利返还请求权?为此,法学既需要澄清罗马法文本规定不当得利返还的实质正当性理由,更需要阐明德国法学家严格区分所有物返还请求权与不当得利返还请求权、把不当得利返还请求权置于债法的深层次理由。〔4〕

---

〔1〕关于行动规则与裁判规则的详细解释,参见董笃笃:《竞争政策法制化研究》,法律出版社 2017 年版,第 135 ~ 139 页。

〔2〕参见董笃笃:《网络游戏可版权性的边界及其反思》,载王利明主编:《判解研究》总第 78 辑,人民法院出版社 2017 年版。

〔3〕参见[德]霍尔斯特·海因里希·雅科布斯:《十九世纪德国民法科学与立法》,王娜译,法律出版社 2003 年版,第 202 页。

〔4〕参见娄爱华:《论不当得利一般条款置于民法典总则——基于意大利法与罗马法的思考》,载明辉、李昊主编:《北航法律评论》总第 4 辑,法律出版社 2014 年版。

否则,无因原则就只能如实记录罗马法学家的权威决断,[1]并继续像德国法学家那样借助逻辑推理来落实甚至遮蔽价值抉择。显然,古老的决断和近代的抉择在今天依然只是决断或抉择,时光或逻辑不会把决断或抉择的水酿成理性的酒。

另一方面,裁判规则可以将过往经验整合为没有矛盾的统一体,但如果不引入行动规则或独立价值目标,它所整合的统一体只是以权威为基础的“大杂烩”。[2] 以比例原则为例,该原则要求裁判者从手段与目的之间关联性的角度判断特定行为的正当性,考察因素包括特定行为能否实现特定目的、特定行为是否构成对受害人损害最小的手段、特定目的是否应受到受害人损失的限制。[3] 可以说,比例原则能将所有具体规定统合为一个分门别类、没有矛盾的整体。至于说能够在多大程度上将理性引入实践,比例原则自身却无能为力,关键要看与之配合的价值目标是否丰富。试想,如果与比例原则相配合的价值目标只有一项,即免于干涉的行动自由。现有甲乙二人,隔岸相对,欲过独木桥。若甲先过,会限制乙的行动自由,却能保障甲的行动自由,同时,这种限制对乙的损害最小,只是限制其行动自由。反之亦然。甲乙二人谁应享有优先过桥的资格,就只好交由权威来选择。根据比例原则,无论怎么选择,都是权威对行动自由的干涉,并且均被视为正当。这样,借助比例原则,权威以保障免于干涉的行动自由为依据,正当地干涉行动自由,任意填充行动自由的内涵,架空免于干涉的行动自由。这种权威也就不再有任何价值目标作为支撑,只是单纯的权威。显然,只有在行动自由的基础上不断扩充与比例原则相配合的价值目标,如甲是行人、乙是公交车,抑或甲是救护车、乙是救火车,受到比例原则指引的权威才能获得更为丰富、

---

〔1〕 罗马法学家不会把社会政治秩序的基本目标作为问题而讨论。对于精英集团之外的人们来说,法学家本身的权威已经足够,而精英集团内部的人对其中道理则能很好地理解。参见[美]哈罗德·J. 伯尔曼:《法律与革命——西方法律传统的形成》,高鸿钧等译,中国大百科全书出版社 1993 年版,第 157 页。

〔2〕 参见董笃笃:《计算机信息系统安全的反不正当竞争法保护——评〈反不正当竞争法(修订草案送审稿)〉第 13 条和第 26 条》,载周汉华主编:《网络信息法学研究》总第 1 期,中国社会科学出版社 2017 年版。

〔3〕 See George Pavlakos, *Between Reason and Strategy: Some Reflections on the Normativity of Proportionality*, in Grant Huscroft et al. eds., Proportionality and the Rule of Law: Rights, Justification, Reasoning, Cambridge University Press, 2014, p. 90 – 119.

更加坚实的理性支撑。

综合上述两方面论述,如果没有行动规则或独立的价值目标,经裁判规则引导所得出的结论便是权威,而不是理性。如此,法律解释根本没必要援引裁判规则,一开始就直接诉诸权威即可。没有行动规则的支撑,裁判规则不仅不能将理性引入实践,连自身也沦为“花瓶”。

究其根源,裁判规则无法直接给出做或不做某事的答案,它不是“初步的行动要求”本身,而是不同“初步的行动要求”相互权衡的结果,也就是多项行动规则或价值目标的“结晶体”。[1] 既然内含有多项价值目标,裁判规则就无法明确特殊观察视角或有待解决的独立法律问题,很难为理性论辩提供平台。因此,只有阐明内含其中的行动规则或独立价值目标,裁判规则才能逐步集中观察视角并聚焦所欲解决的具体问题,充分发挥其引导论证进而引入理性的作用。

仍以前述无因原则为例,无因原则内含的价值目标,隐藏在研究罗马法文本的特殊视角中,这种研究视角来自德国民法学说的独特理念。法律与道德相比,除了良心上的拘束力之外,还强调行动上的拘束力,即能否强制他人履行特定作为或不作为。对此,德国民法学说曾经秉持的理念是,若无债的约束,每个主体均不受强制,享有普遍的行动自由。约束行动自由的债,大致可分为两类:一是合同之债,可强制履行特定作为或不作为;二是侵权之债,不可强制履行,只能借助损害赔偿责任间接促使特定主体履行特定作为或不作为。其中,关于合同之债,德国民法学说以私法自治或意志自由为原则。具体分析方法是,区分选择什么和作选择的理由,称前者为意思、后者为动机,强调动机与意思相分离,并且动机错误原则上不影响意思表示的效力,[2]保障每个主体根据其意志自主形成法律关系。关于侵权之债,德国民法学说以普遍的行动自由为原则。具体分析方法是,以过错责任为原则将已发生的损失转由他人承担,坚持行动自由优先于生命、健康等其他价值目标。[3] 但也存在例外,即行动自由不应优先于反对封建

---

〔1〕 See John Finnis, *Natural Law and Natural Rights*, Second edition, Oxford University Press, 2011, p. 287.

〔2〕 参见[美]詹姆斯·戈德雷:《现代合同理论的哲学起源》,张家勇译,法律出版社 2006 年版,第 229～249 页。

〔3〕 参见[德]马克西米利安·福克斯:《侵权行为法》,齐晓琨译,法律出版社 2006 年版,第 1～4 页。

特权。二者相互权衡的方案是:为了反对封建特权,需要将分割所有权或者双重所有权[1]转换成完全纯粹抽象、主体不可分割的具有对世效力的所有权,这种所有权会对普遍的行动自由造成限制;为确保普遍的行动自由,所有权的客体仅限于有体标的,其他客体若无特别法规定便类推适用债法。[2] 可以说,德国民法学说一眼望去,满屋子里都是两个或多个享有行动自由的主体正按照债的原则谈笑风生、互通有无,同时也有一些边界清晰、死板生硬的所有权散落其间,彼此怒目而视、剑拔弩张。

在以普遍的行动自由为核心理念的德国民法学说体系中,无因原则可作如下解释:第一,所有权具有对世效力。这是普遍的行动自由与反对封建特权相互权衡的结果。第二,所有权让与若想生效,必以意欲发生对世效力的意思表示为前提。这是私法自治的要求。第三,债仅具有对人效力,不具有对世效力。意欲发生对人效力的意思表示,并不是意欲发生对世效力的意思表示。此即分离原则,债仅为所有权让与的动机,并非所有权让与本身。第四,根据动机错误不影响意思表示效力的原则,债作为所有权让与的动机,即使发生错误,也不影响所有权让与本身的效力。此即无因原则,它是适用私法自治原则的结论。第五,动机错误不影响意思表示效力的原则,是否应受到其他价值目标的限制?在个案纠纷中,如果让与人有权处分,并登记或交付,但债无效,所有权是否发生移转?对此,德国民法学家从罗马法文本归纳出三种处理方案:一是无因行为,如出于清偿原因的略式转让,即便债不成立,所有权让与也生效。二是涉因行为,如买卖,若债不成立,所有权让与无效;若债成立但无效,所有权让与生效。三是有因行为,如赠与、嫁资,债无效,所有权让与亦无效。[3] 这些权衡方案共同组成无因原则的全部内容。

这样,无因原则内含的价值目标至少包括三项,即普遍的行动自由、反对封建特权和私法自治。随着反对封建特权之目标的达成,所有权须重新论证自身

---

〔1〕 参见[德]迪尔克·赫尔鲍特:《封建法:欧洲真正的财产共同法——我们应当重新引入双重所有权?》,张彤译,载王洪亮等主编:《中德私法研究》总第4卷,北京大学出版社2008年版。

〔2〕 参见[德]罗尔夫·克尼佩尔:《法律与历史——论〈德国民法典〉的形成与变迁》,朱岩译,法律出版社2003年版,第235~276页。

〔3〕 参见[德]霍尔斯特·海因里希·雅科布斯:《十九世纪德国民法科学与立法》,王娜译,法律出版社2003年版,第160~219页。

的正当性,诸如效力是否限缩、客体是否扩张等问题随之成为争议焦点。但只要还存在所有权及其让与,无因原则就不会退场。后续研究的起点便是内含其中的私法自治,尤其是动机错误不影响意思表示效力的原则。

然而,相对于私法自治,无因原则的正当性基础却更多地被表述为“维护法律交往的方便性和安全性”。〔1〕 通过对比维护私法自治与保障交易安全的不同,可以发现德国民法学说研究视角的转换:私法自治强调意志自由,交易安全注重经济秩序,观察视角从个体转向体系。一旦观察视角从个体转向体系,法律制度将在整体上作为一个体系加以构建,在该体系中,单个人以一种社会决定的方式根据赋予自己的角色而发挥作用,或者更准确地说,是发挥功能。〔2〕 私法将作为经济法融入较大范围的经济调控之中,即原则上不再区别于其他倾向于经济功能性的国家政策。〔3〕

这种视角的转换将激励我们去思考,站在经济运行体系的立场,行动自由或私法自治的功能是什么,所有权让与制度还应具备什么功能、涉及哪些价值目标,如何评估这些价值目标是否遭到损害,它们与私法自治是否冲突又如何权衡。这样,随着价值目标的持续扩充以及观察视角的不断转换,与无因原则相关的问题会愈发清晰具体,分析方法也趋于多元和精细,无因原则本身的内容将更为充实,据此可将内涵更丰富的理性注入实践。这便是探索价值目标的实践意义。

因此,总论可以在裁判规则上停一停、想一想,但不应就此安营扎寨、放马南山,而应在裁判规则的基础上继续前进,始终保持好奇、诚实和怀疑的态度,持续探索价值目标,追寻理性。

四、总论促进价值、事实与规范三者之间良性互动

综上所述,总论应面向实践,专注于法律规范本身,探索特定法律领域共同的价值目标,据此统一观察视角、截取特定社会现象、聚焦有待解决的具体问题,

〔1〕 参见[德]迪特尔·梅迪库斯:《德国民法总论》,邵建东译,法律出版社 2001 年版,第 178 页。

〔2〕 参见[德]罗尔夫·克尼佩尔:《法律与历史——论〈德国民法典〉的形成与变迁》,朱岩译,法律出版社 2003 年版,第 3 页。

〔3〕 同上书,第 2 页。

为理性论辩的正常进行提供预设前提，并在此基础上逐步凝练各类具体规定的公因式，统合分析方法与论辩机制，持续推进分析方法与共同价值目标的深度融合，不断提升法律实践的理性程度，最终以立法上的总则为其归宿。

作为法律学说，总论同样以探求有效规范为最终目的。只不过，总论所预设的探求路径有其特殊性，主要涉及如下四项工作：第一，论证法是理性，即理性存在、可知并且内含于实证法。第二，从包括个案裁决在内的具体规则或社会行动中提取普遍适用的权衡方案，并进一步凝练甚至创设价值目标。第三，明确特定价值目标的观察视角，聚焦于特定价值目标对应的特定社会现象以及实践中的具体问题，统合分析方法，据此站在推动理性论辩的立场上阐明价值目标的内涵，为个案裁决或政策抉择提供预设前提。第四，针对特定社会现象或具体问题，在法律程序的约束和指引下形成个案裁决或确定政策措施，创设新的具体规则、呈现新的社会行动。这四项工作相互配合，共同构筑以理性为预设前提，价值、事实与规范三者良性互动的运转机制，持续将更丰富的理性注入法律实践。

其中，第一项工作面向认知，研究主题为法是理性还是意志，研究内容涉及静态层面价值、事实与规范的区别，较少直接论及三者之间的互动机制。[1] 此项工作强调法是理性，并不详细阐述理性的具体要求，角色定位是劝导人们不要放弃，要坚持不懈地探索并创设理性。[2] 只有信仰法是理性，才能为探求理性提供源源不断的动力，帮助理性成就自身。[3] 这是后三项工作进入正常轨道的前提，在法学方法论中被表述为："法学必须假定现行法秩序大体看来是合理的。"[4]

在第一项工作的鼓舞下，后三项工作面向实践，从具体规则中提炼价值目标、用价值目标截取社会事实、针对社会事实再形成具体规则，促进价值、事实与

〔1〕 See Mauro Zamboni, *The Policy of Law: A Legal Theoretical Framework*, Hart Publishing, 2007, p. 11 -90.

〔2〕 See David F. Forte, *On Teaching Natural Law*, Journal of Legal Education, Vol. 29:4, 1978, p. 413 -437.

〔3〕 See Matthew Levering, *Biblical Natural Law: A Theocentric and Teleological Approach*, Oxford University Press, 2008, p. 4; J. Budziszewski, *Companion to Commentary*, Cambridge University Press, 2014, p. 237 -239.

〔4〕 [德]卡尔·拉伦茨：《法学方法论》，陈爱娥译，商务印书馆 2003 年版，第 77 页。关于竞争法是理性的论证，参见董笃笃：《竞争政策法制化研究》，法律出版社 2017 年版。

规范三者良性互动。第二项与第三项合称为体系化,第三项与第四项合称为法律解释。在此框架内,总论既要从具体规则中提炼价值目标、用价值目标截取社会事实,又要针对社会事实为个案裁决或政策抉择提供分析方法与论辩机制,是联通体系化与法律解释的中介,对于促进价值、事实与规范三者良性互动具有不可或缺的作用。

第二节 为什么写竞争法总论

从促进价值、事实与规范三者良性互动的角度来看竞争法,该领域价值与规范已经有所突破,但联接价值与规范的事实仍较为薄弱,三者无法形成良性互动,给有效规范的探求造成一定的障碍。具体来讲,在价值层面,竞争被确立为共同价值目标的核心,即核心价值目标。在规范层面,反竞争行为认定方法业已初见端倪。但在事实层面,核心价值目标所投射的观察视角、调整对象与具体问题尚未得到系统阐释,这导致价值层面的核心价值目标与规范层面的分析方法仍处于"两层皮"状态。总体上,竞争立法没有形成总则,竞争法实施急需更为坚实、更加明确的基础和框架,竞争法总论的研究仍有待进一步拓展深化。

一、竞争法总则的缺失

能否在立法上形成总则,关键要看特定领域核心价值目标是否明晰可辨、分析方法是否明确实用、核心价值目标与分析方法是否融通连贯。具体到以反垄断和反不正当竞争为主体内容的竞争法,如果核心价值目标清晰、分析方法得当、核心价值目标与分析方法相互融合,反垄断法与反不正当竞争法便可以合并立法,也就能形成竞争法总则。否则,便只好分别立法,没有竞争法总则;如果非要在形式上将两法合并为一部立法,顶多能形成竞争法序编。中国竞争法经历了从合并立法到分别立法的转变,目前没有形成立法上的竞争法总则。

(一)从合并立法到分别立法的转变

改革开放之初,"由于受传统计划经济思维的影响,一直以来'竞争'被认为带有资本主义色彩而没有出现在政府文件中。当时普遍认为,社会主义经济体制下不存在竞争,但可以竞赛,社会主义竞赛体现了社会主义公有制经济下的人民当家作主与相互合作。因此，早期主要通过鼓励各行各业开展社会主义竞赛的方式提高产品质量和劳动生产率、降低消耗和成本，从而增加盈利。随着经济体制改革的逐步深入，1980 年的政府工作报告突破了这一思想禁区，首次用‘竞争’一词代替‘竞赛’，提出要在国家计划指导下广泛开展竞争，并对利用行政手段保护落后、封锁市场、妨碍商品正常流通的做法予以制止。同年，我国颁布了《关于开展和保护社会主义竞争的暂行规定》，这是我国最早的关于保护竞争的政策文件，对在国家计划指导下打破地区封锁和行业垄断、采取合法手段开展社会主义竞争等问题做了原则性规定。”〔1〕

国务院于 1980 年 10 月 17 日颁布的《关于开展和保护社会主义竞争的暂行规定》共 10 条，内容涉及扩大企业自主权、反垄断、鼓励创新和反不正当竞争等，它以合并立法的体例正式开启中国竞争立法的大幕。

该暂行规定在序言部分开宗明义：

> 党的十一届三中全会以来，随着调整、改革、整顿、提高方针的贯彻，特别是企业自主权的扩大和市场调节作用的发挥，竞争逐步开展起来，在我国经济生活中显示出它的活力，推动着经济的发展和技术的进步。社会主义的竞争和资本主义的竞争有着本质的区别，它是在生产资料公有制的基础上，在国家计划指导下开展的，是为社会主义经济服务的。它对于调动生产经营单位和劳动者的主动性、积极性，扬长避短，发挥优势，推动联合，进一步把经济搞活，不断满足人民群众的需要，加快四化建设的步伐有重大的作用。我们应当逐步改革现行的经济管理体制，积极地开展竞争，保护竞争的顺利进行。

上述序言部分的规定强调中国竞争法的宗旨是积极开展并保护竞争，事实上承担着竞争法总则或序编的职能。

随着竞争法律实践的不断推进，合并立法逐步转变成分别立法。1987 年，原国务院法制局牵头起草了《禁止垄断和不正当竞争条例（草稿）》，试图合并立

〔1〕 刘戒骄、张小筠、王文娜：《新中国 70 年产业组织政策变革及展望》，载《经济体制改革》2019 年第 3 期。

法。1989 年取消了反垄断的内容,名称改为《制止不正当竞争条例(草稿)》。此后起草工作因故中断。1992 年,原国家工商行政管理局起草《反不正当竞争法(征求意见稿)》,后于 1993 年 1 月改名为《公平交易法(征求意见稿)》,并于同年 3 月向国务院正式上报《公平交易法(送审稿)》,后来恢复了《反不正当竞争法》的原名称。〔1〕 全国人大常委会于同年 9 月 2 日通过了含有行政垄断、倾销、串通招投标等部分反垄断内容的《反不正当竞争法》,相对倾向于分别立法。2001 年,国务院以主要内容与《反不正当竞争法》等法律不相适应为由,废止 1980 年《关于开展和保护社会主义竞争的暂行规定》。2007 年《反垄断法》颁布以后,〔2〕国务院于 2016 年颁布《关于在市场体系建设中建立公平竞争审查制度的意见》(国发〔2016〕34 号),防止政府颁布排除、限制竞争的政策措施,逐步清理废除妨碍全国统一市场和公平竞争的规定和做法。鉴于《反不正当竞争法》和《反垄断法》存在交叉重叠的内容,2017 年修订又于 2019 年修正的《反不正当竞争法》删去原有反垄断的内容,〔3〕最终形成以《反垄断法》《反不正当竞争法》《关于在市场体系建设中建立公平竞争审查制度的意见》为主体的竞争法律规范体系。〔4〕 在这种立法体例中,最多只有反垄断法总则、反不正当竞争法总则以及公平竞争审查总则,而不再有竞争法总则。

(二)最初强调价值目标或调整宗旨的合并立法

最初采纳合并立法,与竞争法自身的分析方法、具体规定以及实施机制的相

---

〔1〕 参见王学政:《中国反不正当竞争法的理论与立法经验》,载《中国工商管理研究》1998 年第 11 期。关于 1980 年到 1993 年反不正当竞争立法的发展,参见文海兴、王艳林:《市场秩序的守护神——公平竞争法研究》,贵州人民出版社 1995 年版,第 34 ~ 44 页;王艳林:《中国经济法理论问题——探求经济法走向成熟的思考与评论》,中国政法大学出版社 2001 年版,第 136 ~ 142 页。1993 年《公平交易法(征求意见稿)》及起草说明,参见本书附录一;1993 年《反不正当竞争法(草案)》,参见本书附录二。1993 年之后的情况,参见刘继峰:《竞争法学原理》,中国政法大学出版社 2007 年版,第 89 ~ 96 页。

〔2〕 关于反垄断立法进程的阐述,参见王艳林:《中国经济法理论问题——探求经济法走向成熟的思考与评论》,中国政法大学出版社 2001 年版,第 180 ~ 189 页;林欧:《中国反垄断法起草过程及争议问题》,载王艳林主编:《竞争法评论》第 1 卷,中国政法大学出版社 2005 年版。《反垄断法(草案)》,参见本书附录三。

〔3〕 关于 2017 年修订情况的阐述,参见宁立志:《继往开来:变迁中的中国反不正当竞争法》,载《郑州大学学报(哲学社会科学版)》2018 年第 6 期。2016 年修订草案送审稿征求意见稿、2017 年修订草案征求意见稿,分别参见本书附录四和附录五。2019 年修正的内容主要涉及商业秘密条款,相关理论阐释可参见黄武双:《商业秘密保护的合理边界研究》,法律出版社 2018 年版,第 226 ~ 254 页。

〔4〕 2021 年 10 月 19 日,第十三届全国人大常委会第三十一次会议对《中华人民共和国反垄断法(修正草案)》进行了审议,并于 10 月 23 日向社会公开征求意见。目前,反垄断法的修订仍处于研究讨论阶段。

关性不大,目的在于强调中国竞争立法的特殊取向,回应社会背景的特殊需求。

采纳合并立法的理由是考虑到竞争立法面临的特殊社会背景,[1]相对于保护竞争,中国竞争法应更注重造就竞争,合并立法是贯彻该特殊立法取向的必然要求。中国的经济体制尚处于转型期,不同于自由竞争和垄断竞争,也区别于有限竞争。我国现阶段的不正当竞争和垄断主要还不是竞争过剩的产物,而是竞争不足(竞争有限)的一部分副产品,尤其是竞争不平衡问题异常突出。当自由竞争尚未成为我国社会的经济常态时,我国竞争立法的取向只能是造就和培育竞争,建构和保护竞争机制,确立和强化竞争秩序。[2] 由于竞争秩序的规范有赖国家竞争政策,只有在统一立法的状态下,才能有效、和谐地体现国家统一的竞争政策。如果以分别立法的方式来体现国家竞争政策,其本身就产生了如何协调竞争政策、如何在数个法律规定竞争政策的问题。[3]

为了推动合并立法,竞争法学也曾提出过专家建议稿,其中包含有竞争法总则的内容。例如,王艳林教授于1992年提出《中华人民共和国竞争法建议稿》,该建议稿共有34条规定,基本结构为:第一章“一般原则”、第二章“不正当竞争”、第三章“垄断”、第四章“竞争促进委员会”、第五章“法律责任”和第六章“施行”。其中,第一章“一般原则”属于竞争法总则,共7条规定,具体内容抄录如下:

第一章　一般原则

第一条　竞争立法宗旨

为正确调整竞争关系,反对不正当竞争,禁止垄断,保护公平竞争,维护竞争秩序,促进有计划商品经济的繁荣发展,使国家、竞争者和消

---

〔1〕 关于欧洲、美国和中国竞争立法背景的阐述,参见[美]戴维·J.格伯尔:《二十世纪欧洲的法律与竞争》,冯克利等译,中国社会科学出版社2004年版;韩铁:《美国反托拉斯法目标多重性形成原因的历史探讨》,载《史学月刊》2004年第6期;[美]戴维·格伯尔:《全球竞争:法律、市场和全球化》,陈若鸿译,孙一梁等校,中国法制出版社2012年版,第128~176页;吴敬琏:《中国经济改革进程》,中国大百科全书出版社2018年版。

〔2〕 参见王艳林:《再论中国竞争法立法例之选择》,载王艳林主编:《竞争法评论》第1卷,中国政法大学出版社2005年版。

〔3〕 参见吴宏伟:《竞争法有关问题研究》,中国人民大学出版社2000年版,第152~154页;王艳林:《论反不正当竞争法向统一竞争法修改的取向——兼评〈反不正当竞争法修订草案〉隐含的新冲突》,载《法治研究》2016年第6期。

费者的利益免遭侵害,特制定本法。

第二条 竞争法调整对象

中华人民共和国竞争法调整竞争者之间及竞争者与国家之间在经济竞争中形成的竞争关系。

第三条 竞争活动的原则

竞争活动应当遵循自由平等,公平合理和诚实信用的原则。

第四条 竞争活动的原则

竞争活动不得违背中国的法律、法规和政策,不得损害社会公共利益,不得破坏国家指令性计划的执行。

第五条 竞争活动的原则

国家禁止、消除或限制一切反竞争的力量、行为和方法的产生和存在。法律另有规定者除外。

第六条 公平竞争受法律保护

国家鼓励和保护竞争者在商品的价格和质量、技术、花色、品种、售后服务等方面,开展公平竞争。

竞争者使用符合商业道德、社会公共利益的手段或方式进行的竞争,属公平竞争,受法律保护。

第七条 竞争法执行机构

中国竞争促进委员会是负责本法施行的职能机关,其职责、体制和执法程序,由本法规定之。

竞争促进委员会依法独立行使职权,不受其他行政机关或社会团体的干涉。[1]

之后,王艳林教授又于2005年提炼出有关竞争法基本范畴的规定,这些规定也应被视为竞争法总则的组成部分,具体内容抄录如下:

本法所称市场是指经营者进行制度化交易的场所与提供标准化服

[1] 王艳林等主编:《竞争法导论》,中国地质大学出版社1992年版,第126~127页。

务的领域。

相关市场是指经营者就同类产品或替代产品在一定期间内开展竞争的区域。

本法所称竞争是指经营者在市场活动中争夺交易机会的活动。

本法所称垄断是指经营者限制或排除竞争的行为或状态。法律禁止经营者滥用市场支配地位、实施限制或排除公平竞争的联合和协调行动、经济力过度集中和禁止政府及其所属部门实施行政垄断。

本法所称经营者,是指从事商品生产经营或者服务(以下所称商品包括服务)的法人、其他经济组织和个人。

事业单位从事盈利性活动的,视为经营者。

分公司的竞争行为视为母公司的一体化行为,其结果由母公司承担。

子公司在缺乏独立经营权时,或根据母公司的指令或要求从事的竞争活动,其行为视为母公司的一体化行为,结果由子公司与母公司共同承担。[1]

(三)当下注重制度建设与有效实施的分别立法

最初尝试合并立法是竞争法对于特殊社会需求作出的回应。但必须强调的是,社会需求会对竞争法产生影响,但这种外部需求不应直接转换为法律自身的内部变动,而应以触发法律自我改变的方式作用于法律。否则,法律自我运转将招致破坏,社会需求也难以得到落实:社会需求的实现有赖法律提供技术支持,如果法律因社会需求的直接干涉而丧失自我运转能力,就只能回头诉诸社会需求,社会需求只好自己拯救自己。[2]

具体到竞争法,社会背景提出的特殊需求是造就竞争,至于具体如何造就竞争,则有赖竞争法提供有力支撑。如果竞争法不根据自身特点或运作规律去探索竞争从无到有的演进逻辑与促进措施,而是继续等待社会背景再次对政策工

---

〔1〕 王艳林、李彬:《中国竞争法基本范畴的确立及其对立法的意义——兼评〈中华人民共和国反垄断法〉草案的修改》,载《河南省政法管理干部学院学报》2005 年第 1 期。

〔2〕 See Gunther Teubner, *Juridification—Concepts*, *Aspects*, *Limits*, *Solutions*, in Gunther Teubner ed., Juridification of Social Spheres: A Comparative Analysis in the Areas of Labor, Corporate, Antitrust and Social Welfare Law, Walter de Gruyter, 1987, p. 19 – 27.

具或实施路径提出更为细化的要求,造就竞争这一社会需求将在命令、等待、再命令与再等待的空转中被永久搁置,除非社会需求在竞争法之外另辟蹊径。如果把重心转向竞争法的自我运转,站在竞争法之内来看,造就竞争的关键在于明确竞争的内涵、统一竞争政策以及强化竞争秩序。而加快建构竞争机制、统一竞争政策、强化竞争秩序以及培育竞争文化最务实的做法就是,稳步推进竞争法的制度建设和有效实施,将更丰富的理性注入竞争法律实践。相应地,从造就竞争这一特殊社会需求的角度看,竞争立法体例的选择,应以是否有利于推进竞争法的制度建设和有效实施为判断标准。

目前采纳分别立法,正是基于注重制度建设、推进有效实施的考虑。[1] 一般而言,竞争法由反垄断法与反不正当竞争法组成。尽管两法存在竞合,甚至融合的趋势,[2] 但调整宗旨毕竟不同,分别保障自由竞争和公平竞争:"反垄断法重在保护竞争自由,反对排除、限制竞争,解决的是市场中有没有竞争的问题;反不正当竞争法重在保护竞争公平,反对不正当竞争,解决的是市场中的竞争是否公平有序的问题。"[3] 考虑到两法各自不同的出发点与具体任务,即使借助合并立法统一执法机关和程序,二者在实施中还是会有一定差别。[4] 如果合并立法只是罗列自由竞争和公平竞争及其相应具体制度,而不挖掘两法的共同理念、强化二者内在联系,那么,与分别立法相比,合并立法只不过是把反垄断执法局与反不正当竞争执法局两个司局之间的协调问题,转换为竞争执法局下属两个处室之间的协调问题,两法在实施过程中仍将各行其是、互不干扰。既然这样,分别立法反倒有助于澄清竞争政策和竞争秩序的内涵,更有利于推进竞争法实施。

(四)未来应走向价值目标与具体规定相互支撑的合并立法

分别立法是站在推进竞争法实施的立场,强调反垄断法和反不正当竞争法

---

〔1〕 参见王学政:《对竞争立法模式的比较研究》,载《中国法学》1997 年第 5 期;王学政:《中国反不正当竞争法的理论与立法经验》,载《中国工商管理研究》1998 年第 11 期。

〔2〕 参见张世明、胡洁:《反垄断法与反不正当竞争法关系论》,载《内蒙古师范大学学报(哲学社会科学版)》2015 年第 2 期。

〔3〕 王瑞贺主编:《中华人民共和国反不正当竞争法解读》,中国法制出版社 2017 年版,第 4 页。另参见王学政:《中国反不正当竞争法的理论与立法经验》,载《中国工商管理研究》1998 年第 11 期;王晓晔:《竞争法中的自由竞争与公平竞争》,载王先林主编:《安徽大学法律评论》总第 8 期,安徽大学出版社 2005 年版;全国人大常委会法制工作委员会经济法室编:《中华人民共和国反垄断法条文说明、立法理由及相关规定》,北京大学出版社 2007 年版,第 2 ~3 页。

〔4〕 参见王晓晔:《竞争法学》,社会科学文献出版社 2007 年版,第 17 页。

各自调整宗旨、注重区分自由竞争与公平竞争的结果。这种思维模式和立法体例,过于强调具体规定,相对忽视竞争法的核心价值目标,难以促进具体规定与价值目标的相互融合,即便暂时有助于推动竞争法的制度建设,也难以实现将理性注入反垄断和反不正当竞争实践的初衷。

自由竞争与公平竞争往往被视为竞争的两个方面或两种类型,即便二者的确存在差异,但差异也应当以共性为预设前提。没有共性,也就无所谓差异。只注重差异而不强调共性的思维模式,止步于保障并促进竞争这一调整宗旨的具体化方案,很可能会撕裂甚至消解原本统一的竞争政策与竞争秩序,遮蔽甚至消除竞争这项价值目标本身。若没有竞争这项价值目标相对明确的约束和指引,反垄断法扛起保障自由竞争的大旗,在经济自由、经济民主和经济效率的政策抉择中将越跑越远越迷茫:竞争自由路在何方?〔1〕反不正当竞争法披上维护公平竞争的外衣,在经营者利益、消费者利益和社会公共利益的权衡取舍中也将越陷越深越纠结:究竟什么是公平有序?如果竞争法对此无法给出令人满意的回答,那么,鉴于反垄断法与产业政策的紧密关系,以及反不正当竞争法与侵权行为法的历史渊源,反垄断法将很快沦为产业政策,归于部门行政法,反不正当竞争法也会“回归”特别私法,竞争政策与竞争秩序化整为零,消散为不同类型的产业组织以及特定平等主体之间的交往秩序。化整为零之后,作为产业政策的反垄断法,认定行为违法性的构成要件将在实施经济强制、扩大无谓损失以及损害动态效率之间进行选择。作为特别私法的反不正当竞争法,认定行为违法性的构成要件就只剩下违反商业道德或诚实信用。〔2〕这些裁判规则是否承载核心价值目标?即便竞争或竞争秩序被表述为支撑这些规则的价值目标,但借助深厚的历史积淀,普遍的行动自由不费吹灰之力,瞬间就可以将竞争化于无形。

基于此,为了强化竞争这项价值目标,积极回应促进并保障竞争的社会需求,竞争法学应当从注重区分自由竞争与公平竞争的思维模式中跳脱出来,凸显

---

〔1〕关于经济自由、经济民主和经济效率的争议,参见沈越:《德国社会市场经济探源——多种经济理论的综合产物》,北京师范大学出版社1999年版。

〔2〕关于商业道德和诚实信用的讨论,参见王艳林:《市场交易的基本原则——〈中国反不正当竞争法〉第2条第1款释论》,载《政法论坛》2001年第6期;董笃笃:《互联网领域“公认的商业道德”的司法适用》,载《重庆邮电大学学报(社会科学版)》2016年第5期;叶一舟:《“公认的商业道德”的属性及其司法适用的反思》,载王利明主编:《判解研究》总第77辑,人民法院出版社2017年版。

二者的共性,聚焦竞争这一“靶心”,统合反竞争行为认定方法,促进价值目标与具体规定之间的深度融合,推动合并立法、构建竞争法总则。

二、竞争法总论的不足

竞争法总论的现有研究从经验材料中提取出反竞争行为认定方法,将竞争界定为核心价值目标,但因没有指明竞争对应的特殊社会现象与具体问题而导致经验与理论、规范与价值相互脱节,尚未将竞争与反竞争行为认定方法凝练为融通连贯的整体,竞争法实施面临诸多难题和争议。

(一)源自经验的反竞争行为认定方法

为了将理性注入反垄断与反不正当竞争实践,竞争法学不断参考经验,总结归纳中国竞争法律实践,〔1〕同时,紧跟国际前沿,研习借鉴域外竞争法律理论、制度与判例,〔2〕提炼出认定反竞争行为的大致框架:首先,竞争优势〔3〕、市场力量〔4〕或者竞争损害〔5〕被视为认定反竞争行为的核心要件。其次,在竞争

〔1〕 参见原国家工商行政管理总局公平交易局、中国社会科学院国际法学研究中心编著:《反垄断典型案例及中国反垄断执法调查》,法律出版社2007年版;谢晓尧:《在经验与制度之间:不正当竞争司法案例类型化研究》,法律出版社2010年版;孔祥俊:《反不正当竞争法新原理》(分论),法律出版社2019年版。

〔2〕 参见黄勇、董灵:《反垄断法经典判例解析》,人民法院出版社2002年版;[美]赫伯特·霍温坎普:《联邦反托拉斯政策:竞争法律及其实践》,许光耀等译,法律出版社2009年版;美国司法部反托拉斯局编:《美国反托拉斯手册》(第4版),文学国等译,杨丽君等校,知识产权出版社2012年版;李国海:《英国竞争法研究》,法律出版社2008年版;邵建东:《德国反不正当竞争法研究》,中国人民大学出版社2001年版;[德]沃尔夫冈·费肯杰:《经济法》(第1卷),张世明等译,中国民主法制出版社2010年版;[德]沃尔夫冈·费肯杰:《经济法》(第2卷),张世明译,中国民主法制出版社2010年版;范长军:《德国反不正当竞争法研究》,法律出版社2010年版;[德]乌尔里希·施瓦尔贝、[德]丹尼尔·齐默尔:《卡特尔法与经济学》,顾一泉等译,法律出版社2014年版;[日]村上政博:《日本禁止垄断法》,姜姗译,法律出版社2008年版;戴龙:《日本反垄断法研究》,中国政法大学出版社2014年版;王晓晔:《欧共体竞争法》,中国社会科学出版社2007年版;许光耀:《欧共体竞争法通论》,武汉大学出版社2006年版;许光耀主编:《欧共体竞争立法》,武汉大学出版社2006年版;许光耀:《欧共体竞争法经典判例研究》,武汉大学出版社2008年版;[德]弗诺克·亨宁·博德维希主编:《全球反不正当竞争法指引》,黄武双等译,法律出版社2015年版。

〔3〕 参见黄武双:《商业秘密保护的合理边界研究》,法律出版社2018年版,第10~13页、第81~82页。

〔4〕 参见辜海笑:《美国反托拉斯理论与政策》,中国经济出版社2005年版,第65~94页;许光耀:《垄断协议的反垄断法调整》,人民出版社2018年版,第149~150页。

〔5〕 参见吴汉洪、董笃笃:《美国知识产权领域反托拉斯政策发展评析及其启示》,载《竞争政策研究》2017年第2期。

关系[1]或者相关市场[2]的辅助下,运用比较静态分析的方法,[3]针对不同行为类型,探索评估模型并考察相应的具体因素,[4]评估特定行为是否损害竞争优势、提升市场力量或者造成竞争损害,据此对行为违法性作出判断。

然而,由于评估模型和考察因素很难借助语词来表述,而且无法预先给出特定行为是否构成违法的答案,上述这种从经验材料中归纳出的反竞争行为认定方法,总是给人以实施成本高、犯错概率大的印象。为了满足法的确定性的要求,竞争法学提出诸多改善建议。例如,反垄断法应当从复杂费力的方法转向更明确便捷的模式。[5]

(二)关于市场竞争这项价值目标的理论阐述

面对上述与反竞争行为认定方法相关的争议,现有研究强调竞争是竞争法的核心价值目标,希望借此为反竞争行为认定方法乃至整个竞争法提供约束和证立,但收效甚微。

现有研究认为,竞争是市场经济的产物,是市场经济正常运行的基础,本身需要规制。经营者之间的竞争被人们看作能向市场提供最优越的供给和维护广大消费者以至整个社会经济利益的最好手段,竞争推动商品经济的发展,因此竞争是市场机能得以发挥作用的基础。但是,竞争也会导致优胜劣汰,经营者为了使自己在市场竞争中不被淘汰,就会绞尽脑汁参与竞争,甚至不择手段。因此,有竞争存在,就会不可避免地产生不正当竞争行为。各种不正当竞争行为往往造成对公平竞争秩序的严重破坏,市场运转失调。[6] 因此,竞争需要规制。既然要规制,就是要在相互冲突的利益或价值目标之间进行权衡取舍,这项任务应

---

〔1〕 参见孔祥俊:《反不正当竞争法新原理》(总论),法律出版社2019年版,第187~219页。

〔2〕 参见王晓晔主编:《反垄断法的相关市场界定及其技术方法》,法律出版社2019年版。

〔3〕 参见吴汉洪、安劲萍:《经济学中的比较静态分析》,载《湖北经济学院学报》2005年第2期。

〔4〕 参见吴汉洪:《西方寡头市场理论与中国市场竞争立法》,经济科学出版社1998年版;[美]欧内斯特·盖尔霍恩、[美]威廉姆·科瓦契奇、[美]斯蒂芬·卡尔金斯:《反垄断法与经济学》(第5版),任勇等译,法律出版社2009年版;[英]西蒙·毕晓普、[英]迈克·沃克:《欧盟竞争法的经济学:概念、应用和测量》,董红霞译,吴汉洪校,人民出版社2016年版。

〔5〕 参见时建中、郝俊淇:《原则性禁止转售价格维持的立法正确性及其实施改进》,载《政治与法律》2017年第11期;李剑:《制度成本与规范化的反垄断法——当然违法原则的回归》,载《中外法学》2019年第4期;王晓晔:《转售价格维持的反垄断规制适用"合理原则"之批判》,载《法商研究》2021年第1期。

〔6〕 参见胡康生主编:《〈中华人民共和国反不正当竞争法〉释义》,法律出版社1994年版,第5~6页。

由国家通过法律的方式来落实。与此同时，国家必然会通过规制竞争确认其利益选择或价值倾向，履行国家经济职能、贯彻国家政策目标。[1]

一旦引入国家政策目标，就会给理解竞争以及竞争法带来两方面影响。

一方面，竞争不只是牵涉个体利益，更关乎整体秩序。竞争法一眼望去，只能看到经济运行体系，看不清单个主体或特定交易，除非其对经济体系的运行秩序造成较大影响。[2] 以商业贿赂为例，它是《反不正当竞争法》明确规定的不正当竞争行为。“有的同志会问，在商品购销活动中，贿赂行为往往是买方和卖方之间的‘私事’，为什么也属于不正当竞争行为呢。如果我们把眼光仅仅局限于特定买方和卖方之间，把它视为一种合同关系，那么，确实和竞争没有什么关系，很难说它是一种不正当竞争行为。但是，我们把眼光扩大一些，假定有二个卖方，都想推销自己的商品，一个采用贿赂手段推销成功，一个没有采用贿赂手段推销失败，这样，就能看出贿赂行为和市场竞争还是有联系的，它不仅是买方和卖方之间的‘私事’，而且影响到公平竞争的秩序。”[3]

另一方面，国家政策目标多元易变、关系复杂，竞争法需要对不同价值目标作出权衡取舍，政策性较强，[4]甚至被打上不确定性的标签。[5] 当然，竞争是一项独立的价值目标，[6]它与私法自治、创新、经济增长等其他价值目标不可通约，需要相互权衡，而且只能在权衡中得以实现。竞争法的确因此具有复杂性、灵活性和政策性，但同时也因竞争这项价值目标的约束和保障而具有确定性。[7] 然而，竞争之所以能保障竞争法的确定性，前提是它观察到的特定社会现象与具体问题内涵明确、边界清楚。这要求竞争法学反躬自省，假如私法自治是一楼、竞争是二楼、创新是三楼，站在不同楼层看到的风景，是否真的横看成岭

---

〔1〕 参见吴宏伟：《竞争法有关问题研究》，中国人民大学出版社 2000 年版，第 48 ~ 55 页。

〔2〕 关于竞争法法益结构的论述，参见金善明：《反垄断法法益研究：范式与路径》，中国社会科学出版社 2013 年版，第 119 ~ 157 页。

〔3〕 胡康生主编：《〈中华人民共和国反不正当竞争法〉释义》，法律出版社 1994 年版，第 21 ~ 22 页。

〔4〕 参见史际春、赵忠龙：《竞争政策：经验与文本的交织进化》，载《法学研究》2010 年第 5 期。

〔5〕 参见沈敏荣：《反垄断法不确定性及其克服》，载漆多俊主编：《经济法论丛》第 3 卷，中国方正出版社 1999 年版。

〔6〕 参见兰磊：《论反垄断法多元价值的平衡》，法律出版社 2017 年版，第 25 ~ 92 页。

〔7〕 参见董笃笃：《知识产权与垄断规制的边界及其法治反思》，载《首都师范大学学报（社会科学版）》2016 年第 2 期。

侧成峰,远近高低各不同?一楼看到的意志自由或行动自由与二楼看到的分散决策[1]或争夺交易机会[2]具体有何不同;竞争导致优胜劣汰,进而鼓励创新,那么,创新是竞争本身的“跃层”还是另一间“阁楼”?如果竞争法律问题、民事法律问题、创新法律问题和发展法律问题相互之间纠缠不清,竞争法、民法、知识产权法[3]和稳定增长法[4]的关系也就模糊不定,将在实践中引发诸多争议。[5]

(三)竞争与反竞争行为认定方法的脱节

价值目标的实践意义在于,统一论辩各方的观察视角、截取特定社会现象并聚焦有待解决的具体问题,为理性论辩提供预设前提。市场竞争这项价值目标也应为个案纠纷的处理提供如是指引。前述关于市场竞争以及竞争法的理论阐释,强调竞争法站在经济运行体系而非私人利益纠葛的立场去看待个案纠纷,但没有具体阐明从哪个角度来维护经济体系的运行秩序,很难统一观察视角、截取特定社会现象并聚焦具体问题。既然无法指明有待分析的特定现象与具体问题,解决问题的分析方法也就无从下手,解决方案更是无从谈起。这种理论不足集中体现为,市场竞争这项价值目标根本无法为反竞争行为的认定提供任何具

---

[1] 参见全国人大常委会法制工作委员会经济法室编:《中华人民共和国反垄断法条文说明、立法理由及相关规定》,北京大学出版社 2007 年版,第 2 页。

[2] 参见王瑞贺主编:《中华人民共和国反不正当竞争法解读》,中国法制出版社 2017 年版,第 3 页。

[3] 关于竞争法与知识产权法之间关系的论述,参见郑成思:《知识产权论》(第 3 版),法律出版社 2003 年版,第 261 ~ 271 页;王先林:《知识产权与反垄断法:知识产权滥用的反垄断问题研究》(修订版),法律出版社 2008 年版;吴汉洪:《垄断经济学》,经济日报出版社 2008 年版,第 303 ~ 315 页;孔祥俊:《反不正当竞争法新原理》(原论),法律出版社 2019 年版,第 46 ~ 191 页。

[4] 关于竞争政策与产业政策之间关系的论述,参见吴敬琏主编:《比较》(总第 87 辑),中信出版社 2016 年版,第 162 ~ 279 页;孟雁北:《管制行业反垄断执法问题研究》,法律出版社 2020 年版,第 39 ~ 53 页、第 69 ~ 73 页;江山:《产业发展的政策选择与法律治理——以竞争法为中心展开》,法律出版社 2016 年版,第 1 ~ 47 页。

[5] 参见吴宏伟、董笃笃:《中国反垄断与反不正当竞争民事诉讼制度及发展》,载中国世界贸易组织研究会竞争政策与法律专业委员会编著:《中国竞争法律与政策研究报告(2016 年)》,法律出版社 2017 年版,第 122 ~ 149 页;吴宏伟、董笃笃:《中国反垄断和反不正当竞争诉讼制度及发展》,载中国世界贸易组织研究会竞争政策与法律专业委员会编著:《中国竞争法律与政策研究报告(2017 年)》,中国商务出版社 2018 年版,第 119 ~ 137 页。

有可操作性的指引和约束。这在2015年非诚勿扰案[1]、2016年吴某与陕西广电滥用市场支配地位纠纷案[2]和2018年裕泰纵向价格维持案[3]中体现得尤为明显。

如此,源自经验材料的反竞争行为认定方法,尚未与竞争理论相互融合:作为具体规定,反竞争行为认定方法深陷判例分析、比较法研究或者经济学分析等操作性细节之中,尚未得以系统阐释和证立;作为价值目标,市场竞争仍身处社会学、历史学或者法哲学等认知面向的描述性理论,自身的规范性和实践面向并未得以展开。在此背景下,竞争法总论应当推进市场竞争这项价值目标与反竞争行为认定方法的深度融合,以市场竞争为轴心,统一观察视角、截取特定社会现象、聚焦具体问题并统合分析方法与实施机制,为竞争法实施提供更加系统、更为明确的基础和框架。

第三节 怎么写竞争法总论

综上所述,竞争法总论当下的主要任务是,将市场竞争这项价值目标融入反竞争行为认定方法中。二者相互融合的关键节点在于,阐释市场竞争这项价值目标的独特观察视角,明确这种特殊观察视角所截取的特定社会现象与具体问题,并以此统合分析方法与论辩机制。

一、竞争法总论的研究思路

市场竞争这项价值目标独特观察视角所截取的特定社会现象与具体问题,既隐含在竞争理论之中,也深藏于反竞争行为认定方法背后。竞争法总论可以选取市场竞争与反竞争行为认定方法的演进脉络为切入口,在发展脉络的交汇

---

[1] 参见金某与江苏省广播电视总台、深圳市珍爱网信息技术有限公司侵害商标权纠纷案,广东省深圳市南山区人民法院(2013)深南法知民初字第208号民事判决书,广东省深圳市中级人民法院(2015)深中法知民终字第927号民事判决书。

[2] 参见吴某与陕西广电滥用市场支配地位纠纷案,陕西省西安市中级人民法院(2012)西民四初字第00438号民事判决书,陕西省高级人民法院(2013)陕民三终字第38号民事判决书,最高人民法院(2016)最高法民再98号民事判决书,最高人民法院指导案例79号(2017年)。

[3] 参见海南省物价局与海南裕泰科技饲料有限公司纵向价格协议行政诉讼再审案,最高人民法院(2018)最高法行申4675号行政裁定书。

点将其打造成可以相互融通的榫卯结构。

首先是市场竞争的内涵。竞争通常与垄断相对,垄断的观念历史悠久,至少可以追溯至罗马法,但当时“竞争”这个术语还没有出现,与垄断相对的术语是“交易双方的协商价格”。直到英国古典经济学体系创立者斯密(Adam Smith)前后,竞争才成为与垄断相对的术语,二者共同构成垄断经济学或者产业组织理论的核心议题。[1] 如此,竞争的内涵应当就隐含在“垄断—交易双方的协商价格”与“垄断—竞争”这两对术语的差异中。为了阐明这种差异,需要梳理从罗马法到经济学的发展脉络,澄清罗马法有关垄断的规定与垄断经济学的区别。而连接罗马法与经济学的,正是中世纪公平价格理论、重商主义、重农主义和斯密,他们因而应成为诠释竞争内涵的关键。

其次看反竞争行为认定方法的演进。“市场力量”“相关市场”等术语皆出自判例,但源于产业组织理论。产业组织理论的基本分析框架是“市场结构—市场行为—市场绩效”(Structure-Conduct-Performance)范式(以下简称 SCP 范式),由谢勒(Frederic Scherer)在 1970 年出版的《产业市场结构与经济绩效》(*Industrial Market Structure and Economic Performance*)一书中正式提出。但 SCP 范式的雏形却脱胎于梅森(Edward Mason)在 1939 年发表的《大型企业的价格和产量决策》(Price and Production Policies of Large-Scale Enterprise)一文,后在 1957 年《经济集中和垄断问题》(*Economic Concentration and the Monopoly Problem*)一书中整理出版。[2] 据此,梅森的理论应构成正确把握反竞争行为认定方法的基础。

最后分析市场竞争与反竞争行为认定方法的交汇。市场竞争这一端是斯密,反竞争行为认定方法那一端是梅森,是谁连接着斯密和梅森?沿着这个思路,我们很快就能发现市场竞争与 SCP 范式的交汇点——马歇尔(Alfred Marshall)。正是在马歇尔的理论中,市场竞争被视为经济演化的过程,SCP 范式背后所隐含的局部均衡分析被视为预测经济演化的基本方法。虽然马歇尔也强调局部均衡分析难以对经济演化作出准确预测,[3] 但从马歇尔开始,经济学家

---

[1] 参见[荷]亨利·W. 狄雍、[美]威廉·G. 谢泼德主编:《产业组织理论先驱——竞争与垄断理论形成和发展的轨迹》,蒲艳等译,吴汉洪校定,经济科学出版社 2010 年版,第 1~16 页、第 23~34 页。

[2] 参见吴汉洪编著:《产业组织理论》(第 2 版),中国人民大学出版社 2018 年版,第 1~2 页。

[3] 参见[美]小罗伯特·B. 埃克伦德、[美]罗伯特·F. 赫伯特:《经济理论和方法史》(第 4 版),杨玉生等译,张凤林校,中国人民大学出版社 2001 年版,第 298~300 页。

逐步发展出两个相互关联的新领域:一是运用 SCP 范式,专注于实证分析的产业组织理论;二是以市场竞争为核心价值目标,专注于规范分析的竞争政策。[1]这些研究领域深化了人们关于经济运行规律的认知,将更丰富的理性引入国家对资源配置的干预实践当中。这样,马歇尔的理论不仅构成融合市场竞争与 SCP 范式的关键,更是正确理解市场竞争与技术进步乃至经济增长等其他价值目标之间关系的重要节点。

行文至此,为了将市场竞争融入反竞争行为认定方法,竞争法总论的研究思路和研究重点已然清晰地呈现出来:历经中世纪公平价格理论、重商主义、重农主义、斯密、马歇尔和梅森,罗马法有关垄断以及公平价格的规定是如何借道中世纪教会法和现代经济学蜕变为竞争政策乃至竞争法的?在此发展历程中,与市场竞争这项价值目标相对应的观察视角、调整对象、具体问题、分析方法、规制模式和制度体系分别有何特点?

二、竞争法总论的研究内容

按照前述研究思路,本书将努力从价值与规范的互动关系中,剥离出连接二者的特殊社会现象,借此推进市场竞争这项价值目标与反竞争行为认定方法之间的深度融合,进而提出一种面向实践、融合历史与规范的竞争法总论。除了导论和结语之外,本书主体内容分为五章。

第一章返回竞争法律实践的源头,分析市场竞争在竞争法律实践产生和发展过程中的内涵。一般而言,美国 1890 年《谢尔曼法》(Sherman Act)被视为现代竞争法的起源。第一章对《谢尔曼法》第 1 条和第 2 条进行注释,梳理从英格兰普通法关于贸易限制的规定到《谢尔曼法》再到《联邦贸易委员会法》(the Federal Trade Commission Act)的演进过程,解释该演进过程在法律规范层面的内在逻辑,指出市场竞争先是被视为行动自由或交易公平,之后又与经济效率融为一体,强调竞争法律实践目前亟须阐明行动自由、交易公平、市场竞争和经济效率之间的关系。

---

[1] See Lefteris Tsoulfidis, *Competing Schools of Economic Thought*, Springer, 2010, p. 214, 235, 237 - 238. 另参见[荷]亨利 · W. 狄雍、[美]威廉 · G. 谢泼德主编:《产业组织理论先驱——竞争与垄断理论形成和发展的轨迹》,蒲艳等译,吴汉洪校定,经济科学出版社 2010 年版。

顺着竞争法律实践的指引，第二章阐述行动自由或交易公平与市场竞争之间的共性与差异。交易公平和市场竞争分别构成中世纪公平价格理论与现代经济学的核心议题。第二章梳理从中世纪公平价格理论到现代经济学的发展脉络，分析市场竞争这项价值目标从无到有的产生过程，追溯竞争法理念的缘起，借此强化竞争法特有的价值诉求、思维方式和调整对象。第二章特别强调，无论是行动自由还是市场竞争，它们关注的社会现象都不是对抗而是合作。只不过，行动自由关注特定交易主体之间的合作，市场竞争关注整个经济运行体系内所有成员之间的合作。

须注意的是，尽管市场竞争站在整个经济运行体系的立场来思考问题，但它的注意力只是聚焦于经济运行体系的一部分而已。第三章梳理从均衡理论到创新理论再到演化理论的发展脉络，分析市场竞争与经济效率的渊源，借此明确判断市场竞争是否遭受扭曲的分析方法，进而从整个经济运行体系中截取与市场竞争直接对应的特殊社会现象。这种特殊社会现象便是从非均衡状态到均衡状态的演进过程，也可称之为实现均衡的过程，该过程能够为创新乃至经济增长提供秩序保障，但却并非创新或经济增长本身。

在明确了市场竞争的内涵与功能之后，第四章讨论市场竞争这项价值目标如何注入法律实践，凝练竞争法理念的法制化策略。第四章强调，市场竞争注入法律实践的模式，不应以命令和控制为核心，而应以信任、交互和责任为核心。在操作过程中，应当强化价值引领，运用 SCP 范式评估特定行为的效果，以实施指南和实施机制为抓手持续推进制度建设、优化治理体系。

最后在第五章阐述促进并保障市场竞争的制度体系，勾勒出以公平竞争审查、反垄断、反不正当竞争以及实施机制与法律责任为支柱的竞争法分论的基本轮廓，同时还为竞争法总论的进一步深化指明方向。

为了完成上述研究任务，本书不得不援引罗马法、神学、经济学和管理学等知识，研究内容与个案纠纷的处理之间看似距离很远，论述风格必然具有理论性和抽象性。至于这些抽象理论能不能形成具有较强实践意义的法律学说，正如本书题记所提出的“Bonus Theoreticus, Malus Practicus?”（好的理论，坏的实践?），也只能交由实践来评判。

第一章　竞争法律实践产生与发展过程中的市场竞争

市场竞争这项价值目标是由竞争法律实践创设出来的，而竞争法律实践则始于美国1890年《谢尔曼法》的制定与实施。[1]

《谢尔曼法》的制定，最初发端于以维护市场竞争为宗旨的立法动议。1888年7月10日，美国参议院接受参议员谢尔曼（Sherman）提交的一项立法动议，这项立法动议试图禁止限制自由和完全竞争的所有安排、合同、协议、托拉斯或联合。同年8月14日，参议员里根（Reagan）和谢尔曼分别提交反托拉斯议案。但参议院没有讨论里根议案，而是从1889年1月23日开始，围绕谢尔曼议案展开辩论，由此开启竞争立法的序幕。1890年4月8日，参议院司法委员会综合多方意见，形成"限制贸易和生产的非法托拉斯与联合"（unlawful trusts and combinations in restraint of trade and production）议案。该议案当天就被提交投票并获得通过，法案名称被最终确定为《保护贸易与商业不受非法限制和垄断损害法案》（An Act to Protect Trade and Commerce against Unlawful Restraints and Monopolies），后于同年7月2日生效。该法案共8条规定，参议员埃德蒙兹（Edmunds）草拟第1条、第2条、第3条、第5条、第6条，参议员埃瓦茨（Evarts）参与第1条的起草，参议员乔治（George）、霍尔（Hoar）和英戈尔斯（Ingalls）分别草拟第4条、第7条和第8条。尽管谢尔曼既不是法案的提出者，也不是条文的执笔人，并且还明确表达过对条文表述的不满，但考虑到谢尔曼对于这部制定法

〔1〕 参见吴宏伟：《竞争法有关问题研究》，中国人民大学出版社2000年版，第11页。

立法精神的贡献,该法案还是被简称为《谢尔曼法》。[1]

在实施过程中,《谢尔曼法》逐步发展为以促进市场竞争充分发挥作用为宗旨的法律制度。《谢尔曼法》主要包括两方面内容:一是禁止联合、垄断化等贸易限制,确立了一套调整企业市场行为的特殊规则;二是授予司法部部长和法院裁量权,使该法案的实质内容几乎完全被行政创制权和法院判决所充实,《谢尔曼法》本身的法定修正次数甚少且无足轻重。[2] 根据《谢尔曼法》的授权,执法机构和法院借助判例,将市场竞争这项价值目标融入贸易限制规制制度之中,创设出以市场竞争为核心价值目标的特殊法律领域。正是在这种意义上,尽管在《谢尔曼法》之前,加拿大早在 1889 年就已颁布《禁止限制性贸易合并法》(An Act for the Prevention and Suppression of Combinations Formed in Restraint of Trade),但并未配设有效的实施机制,[3] 也没能在此基础上发展出以促进市场竞争为宗旨的法律制度。

自《谢尔曼法》颁布实施以来,市场竞争先后附着于行动自由与经济效率。最初,维护市场竞争被理解成,确保个体竞争者参与合法经济活动的行动自由,其间经历了从免于干涉的自由到基于公共授权的自由的转型。竞争法律实践的轴心始终都是个体竞争者或消费者的私人利益是否遭受损失,或者是否遭受经济强制。之后,市场竞争逐步独立于私人利益,开始与经济效率融为一体,同时也被经济效率自身的内在张力所困扰。为了认清自己,竞争法律实践既要厘清行动自由与市场竞争的区别,更要阐明市场竞争与经济效率的渊源。

第一节　市场竞争注入贸易限制规制制度的过程

《谢尔曼法》禁止贸易限制,第 1 条规制两个以上不同主体联合实施的贸易

---

〔1〕 See Hans B. Thorelli, *The Federal Antitrust Policy: Origination of an American Tradition*, The Johns Hopkins Press, 1955, p. 164 – 214.

〔2〕 参见[美]唐纳德 · J. 杜威:《美国反托拉斯立法》,黄海译,列纳校,载《环球法律评论》1989 年第 4 期。

〔3〕 See Thomas W. Ross, *Introduction: The Evolution of Competition Law in Canada*, Review of Industrial Organization, Vol. 13:1, 1998.

限制,第2条规制单个主体独自实施的贸易限制。[1]《谢尔曼法》的起草者强调,该法没有创设新的法律原则,只是将普通法的规定提升至联邦层面。[2]《谢尔曼法》颁布之前,英格兰普通法的确曾对贸易限制作出过明确规定,这些规定大致可分为四类,即"垄断""限制贸易的联合""限制贸易的合同""阻止进入、买断或囤积"。[3] 从文义看,《谢尔曼法》确实只是将英格兰普通法关于贸易限制的规定转换为美国联邦层面的制定法。然而,相同的文义却承载着不同的价值诉求:在英格兰,尽管贸易限制具有消除市场竞争的效果,但市场竞争这项价值目标并没有被注入普通法关于贸易限制的规定中,这些规定事实上是与保障封建特权相配套的制度,后因反对封建特权而被搁置或废止;在美国,普通法关于贸易限制的规定,经由《谢尔曼法》,与市场竞争这项价值目标融为一体,蜕变为促进市场竞争充分发挥作用的基本制度,反而得以持续拓展和深化。

一、两个以上不同主体联合实施的贸易限制

《谢尔曼法》第1条规定:任何契约,以托拉斯形式或其他形式的联合、共谋,用来限制州与州之间及外国之间的贸易或商业,是非法的。任何人签订上述契约或从事上述联合或共谋,是严重犯罪。如果参与人是公司,将处以不超过100万美元的罚款,或三年以下监禁。或由法院酌情并用两种处罚。[4]

(一)《谢尔曼法》第1条的普通法渊源

第1条禁止两个以上不同主体联合实施的贸易限制。在英格兰普通法中,工人之间或商人之间限制贸易的协议最初被视为共谋犯罪,协议存在本身便构成违法,之后其逐步被视为合法甚至获得法律保障。共谋以至少存在两个不同

---

[1] See Harry Aubrey Toulmin, *Treatise on the Anti-Trust Laws of the United States and including All Realted Regulatory Laws*, W. H. Adnerson Co., 1949, p. 254, 281 – 282; William L. Letwin, *Congress and the Sherman Antitrust Law*: 1887 – 1890, University of Chicago Law Review, Vol. 23:2, 1955, p. 258.

[2] See Cong. Record, Vol. 21, 1890, p. 2456, 3152.

[3] See William L. Letwin, *The English Common Law concerning Monopolies*, The University of Chicago Law Review, Vol. 21:3, 1954; Hans B. Thorelli, *The Federal Antitrust Policy: Origination of an American Tradition*, The Johns Hopkins Press, 1955, p. 9 – 35.

[4] 《谢尔曼法》的中文翻译,参见尚明主编:《主要国家(地区)反垄断法律汇编》,法律出版社2004年版,第186~187页。

主体为构成要件,既可呈现为共同设立一个组织,也可表现为联合操纵价格。[1]在《谢尔曼法》发展过程中,前者被称为"紧密的联合"(close combination),后者被称为"松散的联合"(loose combination)。[2]

总体而言,虽然贸易限制具有消除市场竞争的效果,但英格兰普通法关于贸易限制的规定,目的在于保障封建特权,并非维护市场竞争。到19世纪,封建特权逐步被取消或受到限制,英格兰废止或搁置了这些与保障封建特权相配套的规定,放松了对贸易限制的规制。

1."紧密的联合"

两个以上不同商人共同设立的组织,被称为"商业冒险家"(merchant adventurers)或"管制公司"(regulated companies)。它最早出现于13世纪中叶,从15世纪开始逐步拓展,到17世纪50年代前后达到高峰。管制公司由不同批发商组成,内部组织结构类似于行会,但又与行会存在实质差异:行会规范工匠行为,维护工匠精神或职业伦理;管制公司消除不同批发商之间的内部竞争,控制对外贸易的商品价格、销售数量与供货周期,牟取高额利润。即管制公司以维护工匠精神的名义,消除批发商之间的内部竞争,实现操纵价格、控制市场的目的。尽管如此,管制公司还是被视同为行会。[3]

通过消除内部竞争,管制公司拥有实际控制市场的能力。这种控制能力随后获得英格兰国王的认可和保护,进而成为垄断。英格兰普通法中的"垄断"(monopoly),主要是指国王或法律授予的专营特权。13世纪以后,英格兰国王开始授予垄断。普通法对于垄断的态度经历了从支持到限制再到宽容的演变。14世纪与垄断相关的案件,与其说是对垄断的规制,不如说是对垄断的认可与保护。例如,佩奇(Pecche)案并没有仅仅因为授予垄断就认定其无效,只是强调专营的价格过高,并且没有向国王缴纳应当缴纳的费用。16世纪末,普通法开始对垄断进行限制,重点在于明确应当由谁享有控制或授予垄断的权力,并不是

---

〔1〕 See Doman Piotrowski, *Cartels and Trusts: Their Origin and Historical Development from the Economic and Legal Aspects*, George Allen & Unwin LTD, 1933, p. 284.

〔2〕 See John Perry Miller, *Unfair Competition: A Study in Criteria for the Control of Trade Practice*, Harvard University Press, 1941, p. 31.

〔3〕 See Doman Piotrowski, *Cartels and Trusts: Their Origin and Historical Development from the Economic and Legal Aspects*, George Allen & Unwin LTD, 1933, p. 283 – 290.

保障市场竞争或贸易自由。例如,1599 年戴维南特(Davenant)裁缝商人案认定,限制贸易的行会章程无效。本案的核心争议是具体应当由哪个行会来控制特定行业。1603 年达西(Darcy)案认为,女王可以授予专营特权,但本案专营特权的获得者提高价格、降低质量,构成对女王的欺骗,因而无效。1614 年伊普斯威奇(Ipswicha)裁缝行会案虽然认定限制贸易的行会规章无效,但该判决与当时的习惯或制定法均相违背,允许贸易限制的制定法直到 17 世纪末还都有效。1623 年颁布并于 1624 年实施的《垄断法规》(the Statute of Monopolies)也只是强调,普通法享有废止或授予垄断的权力。《垄断法规》原则上废止国王授予的专营特权,但该原则性规定不适用于城市、行会或管制公司等所获得的专营特权,这些专营特权直到 19 世纪才被废止。[1] 应当注意的是,废止国王授予管制公司的专营特权,并不等同于取消管制公司本身。英格兰在 19 世纪末出现了一波强劲的合并运动,市场集中度大幅提升,直至 20 世纪 30 年代才开始实施现代意义上的反垄断政策。[2]

2."松散的联合"

除了共同设立公司之外,两个以上不同主体联合实施的贸易限制还包括联合操纵价格,主要是指限制贸易的联合(combinations in restraint of trade)以及限制贸易的合同(contracts in restraint of trade)。

其中,限制贸易的联合涉嫌犯罪,英格兰运用制定法来规制工人之间的联合,适用普通法来处理商人之间的联合。英格兰从 16 世纪开始颁布制定法,禁止工人联合,防止工人联合起来要求提高工资或减少工作时间,进而加强经济管控,维护经济稳定。随着契约自由理念的兴起,这些禁止工人联合的制定法于 1824 年被废止。[3] 之后,工人之间的联合,便同商人之间的联合一样适用普通法的规定。根据普通法中的共谋损害理论(doctrine of conspiracy to injure),工

---

〔1〕 See William L. Letwin, *The English Common Law concerning Monopolies*, The University of Chicago Law Review, Vol. 21:3, 1954, p. 356 - 367; Doman Piotrowski, *Cartels and Trusts: Their Origin and Historical Development from the Economic and Legal Aspects*, George Allen & Unwin LTD, 1933, p. 198 - 200.

〔2〕 See George J. Stiger, *The Origin of the Sherman Act*, The Journal of Legal Studies, Vol. 14:1, 1985, p. 8, n. 14.

〔3〕 See William L. Letwin, *The English Common Law concerning Monopolies*, The University of Chicago Law Review, Vol. 21:3, 1954, p. 379 - 381.

人之间或商人之间的联合构成共谋犯罪，最初是联合存在本身即违法，1700 年以后其不再被视为本身违法。[1] 等到了 19 世纪末，共谋损害理论强调，两个以上不同主体达成损害第三方的协议，构成共谋，但如果共谋参与者的首要目的是提升自身利益，则共谋不具有违法性。[2]

即便不构成犯罪，限制贸易的联合或合同也不一定受法律保护，这就涉及限制贸易的合同是否生效的问题。对此，英格兰适用普通法中的贸易限制理论（doctrine of the restraint of trade）进行分析。该理论源于 1414 年戴尔（Dyer）案，强调限制贸易的合同应当被初步推定（*prima facie*）为无效，除非能证明该限制是合理的。[3] 15 世纪，贸易被行会所控制，如果再通过合同对贸易施加限制，将对合同当事人的劳动权利甚至生存权利造成实质损害，普通法因此认定限制贸易的合同无效。行会特权被取消以后，限制贸易的合同便不会再对当事人的劳动权利或生存权利造成实质损害，普通法逐步形成一项一般性规定，即限制贸易的合同有些善、有些恶，关键在于限制范围是否合理。这要求法院权衡契约自由与贸易自由的关系。到 19 世纪末，英格兰普通法认为，契约自由比贸易自由更重要，原则上不再认定限制贸易的合同无效。[4]

（二）《谢尔曼法》第 1 条的形成过程

尽管被废止或搁置，英格兰普通法关于贸易限制的规定，还是给美国留下三项遗产：第一，公司是垄断。第二，限制贸易的联合构成共谋，涉嫌犯罪。第三，限制贸易的合同应被初步推定无效，除非证明该限制是合理的。美国继承并改造了上述普通法遗产，使之成为规制跨州大型公司以及维护市场竞争的基本制度。

第一，公司是垄断，因此应被纳入法律规制的范围。在英格兰，管制公司消

---

〔1〕 See Donald Dewey, *The Common-Law Background of Antitrust Policy*, Virginia Law Review, Vol. 41:6, 1955, p. 766 – 767.

〔2〕 See Andrew Scott, *The Evolution of Competition Law and Policy in the United Kingdom*, LSE Law, Society and Economy Working Papers, No. 9, 2009, p. 3, n. 5.

〔3〕 See Andrew Scott, *The Evolution of Competition Law and Policy in the United Kingdom*, LSE Law, Society and Economy Working Papers, No. 9, 2009, p. 4. 关于初步推定的解释，参见黄武双：《商业秘密保护的合理边界研究》，法律出版社 2018 年版，第 244 ~ 245 页。

〔4〕 See William L. Letwin, *The English Common Law concerning Monopolies*, The University of Chicago Law Review, Vol. 21:3, 1954, p. 373 – 379.

除批发商之间的内部竞争,拥有控制市场的能力,这种能力因获得国王的认可和保护而成为专营特权或垄断。鉴于普通法对国王的限制,管制公司也应当受到普通法的规制。这种观念延续到美国之后就被简化为:无论能否拥有控制市场的能力,也不管是否获得政府授予的专营特权,公司都是垄断;但法律不应完全取消公司,而应明确设立条件,只要符合条件,任何人都可以设立公司,同时将公司行为纳入法律规制的范围,由此出现"反垄断"(anti-monopoly)的说法。[1]

第二,美国各州最初只禁止公司采取特定组织形式,不考察具体经济效果。各州公司法规定的规制措施大致有三:一是将公司经营行为限定在章程所规定的范围之内;二是禁止本州公司在其他州设置场房或其他生产性资产;三是禁止公司拥有对另一家公司的控制权。[2]

第三,公司组织形式不断创新,随着托拉斯(trust)的出现,各州公司规制制度的议题,从特定组织形式转向具体经济效果。托拉斯最初仅指"股份信托"(stock-transfer trust),不同公司的股东将股权信托给同一组织,该组织根据信托协议的指示行使投票权。无论公司法对经营行为、经营场所或内部架构作出何种规制,股东都可通过股份信托架空这些规定。当然,根据普通法关于贸易限制的规定,股份信托构成限制贸易的合同,如果限制条款不合理便应被确认无效。但问题是,参与托拉斯的股东出于自身利益考虑,不会向法院提出诉请。同时,若没有制定法明确规定,股份信托并不违法,政府也无权主动干预。有些州尝试适用公司法上的"权利开示程序"(a quo warranto proceeding),以损害公共利益为由,提请法院确认股份信托无效。法院据此认定股份信托这种组织形式本身无效,并明确拒绝适用普通法上的贸易限制理论去考察股份信托是否合理。

除股份信托之外,公司的组织形式还包括"资产并购"(the asset-transfer combination)和"公司持股"(the holding company)。"但无论借助何种方式来实施,所有企业联合均被称作托拉斯。"[3]在公司法看来,资产并购涉嫌因经营行

---

〔1〕 See William L. Letwin, *Congress and the Sherman Antitrust Law*: 1887 - 1890, University of Chicago Law Review, Vol. 23:2, 1955, p. 222 - 235.

〔2〕 See Phillip E. Areeda and Herbert Hovenkamp, *Antitrust Law*: *An Analysis of Antitrust Principles and Their Application*, Volume Ⅰ, Third edition, Aspen Publishers, 2006, p. 20.

〔3〕 William L. Letwin, *Congress and the Sherman Antitrust Law*: 1887 - 1890, University of Chicago Law Review, Vol. 23:2, 1955, p. 234.

为超出章程所规定的范围而违法。其中,横向并购没有超出章程规定的范围,属于合法;纵向并购超出章程规定的范围,只有当其有利于章程所规定的经营活动时才被认定为合法,否则便被视为违法。

上述这种规制思路不考察经济效果,难以适用于跨州资产并购或公司持股的情况。其他州的公司购买本地公司、在本地设立经营场所或持有本地公司的股份,有利于吸引投资,但也可能导致本地市场被其他州的公司所垄断。各州公司法不得不考察跨州资产并购或公司持股对本地经济的影响:如果资产并购或公司持股不会导致本地市场被其他州的公司所垄断,则是好的托拉斯,应被允许;否则便是坏的托拉斯,应被禁止。然而,公司法却只能规定是否允许跨州资产并购或公司持股等特定组织形式,无法以经济效果为标准进行规制,除非公司法放弃一般性规定,转向个案授权、一事一议。面对这种情况,有些州开始放弃公司法的规制思路,转而适用普通法上的贸易限制理论,将股份信托、资产并购、公司持股视为限制贸易的合同或联合,以经济效果为基础分析其合理性。如此,美国各州公司规制制度便形成二元并存的局面:一是以规制特定组织形式为核心的公司法;二是以分析具体经济效果为核心的贸易限制理论。[1]

第四,为了有效规制跨州托拉斯,《谢尔曼法》将各州普通法关于贸易限制的规定提升为联邦层面的制定法,授权联邦法院进行个案裁决,并强化救济措施。随着铁路的普及,跨州托拉斯的影响范围也从一个州拓展到其他州,甚至全国。谢尔曼在 1890 年 3 月 21 日国会讨论时强调,跨州托拉斯可能会影响全国的每一个贸易场所,提交给国会的反托拉斯议案并不规制各州内部的托拉斯,只规制跨州托拉斯,保障跨州贸易的竞争,但立法无法对合法托拉斯和非法托拉斯作出明确区分,只能作出原则规定,将具体问题交由法院来处理。[2]

在授权联邦法院审理跨州托拉斯是否合法的同时,《谢尔曼法》还增设两项强化措施:一是授权联邦检察官提起诉讼,并颁布暂时禁止令或限制令。该法第 4 条规定:“授权美国区法院司法管辖权,以防止、限制违反本法;各区的检察官,依司法部部长的指示,在其各自区内提起衡平诉讼,以防止和限制违反本法行

---

〔1〕 See Phillip E. Areeda and Herbert Hovenkamp, *Antitrust Law: An Analysis of Antitrust Principles and Their Application*, Volume Ⅰ, Third edition, Aspen Publishers, 2006, p. 11 – 41.

〔2〕 See Cong. Record, Vol. 21, 1890, p. 2460, 2462.

为。起诉可以诉状形式,要求禁止违反本法行为。当诉状已送达被起诉人时,法院要尽快予以审理和判决。在诉状审理期间和禁令发出之前,法院可随时发出在该案中公正的暂时禁止令或限制令。"二是确立损害赔偿救济。对于限制贸易的合同,英格兰法院通常只会判令合同无效或拒绝某种特定履行,仅在极少情形下才支持受害方赔偿损失的请求。[1] 但《谢尔曼法》明确规定受害人有权请求赔偿损失。该法第7条规定:"任何因反托拉斯法所禁止的事项而遭受财产或营业损害的人,可在被告居住的、被发现或有代理机构的区向美国区法院提起诉讼,不论损害大小,一律给予其损害额的三倍赔偿及诉讼费和合理的律师费。"

第五,《谢尔曼法》规制跨州托拉斯的核心价值目标是自由竞争,但并未对此作出明确宣示。[2] 从谢尔曼提出立法动议开始,参议员提交的议案都采纳"自由和完全的竞争"(free and full competition)、"自由和没有限制的竞争"(free and unrestrained competition)或"自由和公平的竞争"(free and fair competition)等表述,规制对象是"限制自由和完全竞争的所有安排、合同、协议、托拉斯或联合"或"限制贸易和生产的非法托拉斯与联合"。谢尔曼在国会讨论时反复强调,该议案不是一味地反对所有联合,只反对"阻碍竞争"(prevent competition)或"使竞争不可能"(make competition impossible)的联合。[3] 尽管如此,在提交表决的议案中,参议院司法委员会以最好使用英美法约定俗成的术语为由,删去与"竞争"相关的表述,只保留"贸易限制",将规制对象确定为"限制贸易和生产的非法托拉斯与联合"。但这并不意味着立法者拒绝将自由竞争作为《谢尔曼法》的核心价值目标。[4] 在立法者看来,自由竞争不证自明、显而易见,法律无须再作论证或宣示。[5] 这样,普通法中的贸易限制理论,借道《谢尔曼法》,正式告别保障封建特权的"木屋",转身面向维护自由竞争的"蓝海"。

---

〔1〕 See Ralph A. Newman, *Renaissance of Good Faith in Contracting in Anglo-American Law*, Cornell Law Review, Vol. 54:4, 1969, p. 558 – 559.

〔2〕 See Harry Aubrey Toulmin, *Treatise on the Anti-Trust Laws of the United States and including All Realted Regulatory Laws*, W. H. Anderson Co., 1949, p. 254.

〔3〕 See Cong. Record, Vol. 21, 1890, p. 2457.

〔4〕 See John Perry Miller, *Unfair Competition: A Study in Criteria for the Control of Trade Practice*, Harvard University Press, 1941, p. 23.

〔5〕 See Hans B. Thorelli, *The Federal Antitrust Policy: Origination of an American Tradition*, The Johns Hopkins Press, 1955, p. 226.

二、单个主体独自实施的贸易限制

《谢尔曼法》第 2 条规定："任何人垄断化或企图垄断化，或与他人联合、共谋垄断州与州间或与外国间的商业和贸易，是严重犯罪。如果参与人是公司，将处以 100 万美元以下罚款；如果参与人是个人，将处以 10 万美元以下罚款，或三年以下监禁。也可由法院酌情并用两种处罚。"

（一）《谢尔曼法》第 2 条的普通法渊源

第 2 条禁止单个主体独自实施的贸易限制。它规制第 1 条规定之外的其他贸易限制，构成第 1 条的补充，[1]二者共同支撑起以贸易限制为规制对象的实体性规范。这里的"垄断化"（monopolize），不是指拥有垄断地位本身，而是指敲诈或强制等行为，这些行为操纵价格，干扰贸易自由和正常贸易秩序，足以败坏垄断地位本身的名声，主要涉及英格兰普通法中的阻止进入、买断或囤积。[2]

英格兰普通法关于阻止进入、买断或囤积的规定，以保障或限制封建特权为宗旨，经历了从强化到废止的转变。阻止进入、买断或囤积最初泛指非法提价行为，它们构成犯罪，但内涵模糊。13 世纪以后，此类行为受到严格规制，内涵也相对明确。其中，阻止进入（forestalling），是指在市场之外，于潜在竞争者进入市场之前购买其商品，或诱使潜在竞争者不要进入市场。买断（regrating），是指在市场之内，首先购买商品，然后在同一市场或相邻市场出售这些商品。囤积（engrossing），是指无论市场内外，以牟取暴利为目的购买大量物品甚至清空市场。[3] 普通法规制这些行为的目的在于，确保国王或行会的定价权，禁止私自

---

[1] See Harry Aubrey Toulmin, *Treatise on the Anti-Trust Laws of the United States and including All Realted Regulatory Laws*, W. H. Adnerson Co., 1949, p. 295 - 296.

[2] See Edward A. Adler, *Monopolizing at Common Law and under Section Two of the Sherman Act*, Harvard Law Review, Vol. 31:2, 1917.

[3] See Franklin D. Jones, *Historical Development of the Law of Business Competition*, Yale Law Journal, Vol. 35:8, 1926, p. 906 - 920; William L. Letwin, *Congress and the Sherman Antitrust Law: 1887 - 1890*, University of Chicago Law Review, Vol. 23:2, 1955, p. 241. 这三个术语也分别被译作"中间商价格控制""零售商价格控制""批发商价格控制"。参见陈兵：《19 世纪下半叶美国州反托拉斯法研究——以制定法和判例为分析材料》，华东政法大学 2009 年博士学位论文，第 54 ~ 56 页。也有学者把它们译成"垄断""独霸""囤积"。"垄断商是在粮食运往市场或港口的路上就把粮食买下来，使其他人失去平等竞争的机会；独霸商是在地里就把粮食买下来，或是即买即卖，从中渔利；囤积商则大量收购粮食，或在同一个市场或在四里以内伺机高价抛出，以求牟取暴利，造成粮食短缺。"参见尹虹：《十六、十七世纪前期英国流民问题研究》，中国社会科学出版社 2003 年版，第 161 页。

提价，尤其要防止食品价格上涨，同时还维护诸如摆摊税等专营特权的利益。到18世纪，定价自由优于价格管制的理念逐步兴起，议会于1772年废止关于禁止"阻止进入、买断或囤积"的制定法。法官却继续处罚这些私自提价行为，于是议会在1844年再次立法，禁止对阻止进入、买断或囤积施加处罚。[1] 但这些制定法在美国仍然有效，之后被视为《谢尔曼法》第2条的普通法基础。[2]

（二）《谢尔曼法》第2条的形成过程

在《谢尔曼法》的立法进程中，谢尔曼最初提出的立法动议和议案其实只是规制托拉斯或两个以上不同主体联合实施的贸易限制，并没有提及垄断化或单个主体独自实施的贸易限制，是参议院司法委员会在提交投票的议案中增加了第2条的规定。

第2条一经提出就受到质疑。参议员肯纳（Kenna）对"垄断化"的内涵提出疑问：如果一个人运用自己的技能和努力垄断交易，这是否构成犯罪？参议员格雷（Gray）更是以"垄断"或"垄断化"内涵模糊为由正式提议删去关于垄断化和企图垄断化的表述，建议将议案中的"任何人垄断化或企图垄断化，或与他人联合、共谋垄断州与州间或与外国间的商业和贸易"，修改为"任何人与他人联合、共谋垄断州与州间或与外国间的商业和贸易"。这些疑问和提议事实上是拒绝对单个主体独自实施的贸易限制作出特别规定，将《谢尔曼法》的规制范围限定于两个以上不同主体联合实施的贸易限制。

面对这些质疑，第2条的支持者试图论证，第2条具有普通法基础，内涵明确，它并未创设新的原则，只是将普通法的原则或规定扩展至联邦层面。而普通法关于禁止"阻止进入、买断或囤积"的规定，便成为他们的援引对象或论证基础。例如，埃德蒙兹提出，垄断化是个古老的概念，意指购买或占有整个市场，或者囤积或通过其他方式获取排他性权利。如果一个人独自采取特定行为垄断市场，而不是两个人联合垄断市场，那么，该行为同两个人联合一样，对公共利益造成损害，构成违法。霍尔强调，垄断是普通法的专业术语，意指通过阻止他人与

---

〔1〕 See William L. Letwin, *The English Common Law concerning Monopolies*, The University of Chicago Law Review, Vol. 21:3, 1954, p. 367-373.

〔2〕 See Edward A. Adler, *Monopolizing at Common Law and under Section Two of the Sherman Act*, Harvard Law Review, Vol. 31:2, 1917.

之进行公平竞争(fair competition)的方式囤积于一人。如果一个人凭借自己的专业技能获取全部交易,他并不构成垄断者。只有当实施特定行为,如囤积,阻止他人与之进行公平竞争时,他才应被视为垄断者。该议案就是要把英格兰普通法关于维护公平竞争的规定拓展至美国跨州贸易或对外贸易。

参议院最终拒绝了删去垄断化和企图垄断化的提议,决定直接对整个议案进行表决。表决结果显示,该议案获得52票赞成、1票反对,并且,之前对第2条提出疑问的参议员也都投了赞成票。[1] 与此同时,作为第2条的普通法渊源,英格兰普通法关于禁止"阻止进入、买断或囤积"的规定,依托《谢尔曼法》,也开始褪去保障封建特权的"旧装",换上维护公平竞争的"新衣"。

第二节　被视为行动自由的市场竞争

英格兰普通法关于贸易限制的规定,原本以保障封建特权为宗旨。美国《谢尔曼法》试图将市场竞争这项价值目标注入贸易限制规制制度。而市场竞争的内涵以及贸易限制的行为违法性认定标准,则有赖《谢尔曼法》判例的探索与澄清。

20世纪上半叶之前,市场竞争被等同于竞赛或对抗,[2]意指个体竞争者争夺交易机会的行为。所谓维护市场竞争,实质上是确保个体竞争者参与合法经济活动的行动自由,不受政府、竞争者协议或其他竞争者掠夺性行为的限制。[3] 行为违法性认定以个体竞争者因其他竞争者的行为而遭受损害为轴心,保护个体竞争者私人利益,不考察特定行为对于市场结构或经济效果的整体影响。[4]

---

〔1〕 See Cong. Record, Vol. 21, 1890, p. 3151 – 3153.

〔2〕 See John Perry Miller, *Unfair Competition: A Study in Criteria for the Control of Trade Practice*, Harvard University Press, 1941, p. 397; Phillip E. Areeda and Herbert Hovenkamp, *Antitrust Law: An Analysis of Antitrust Principles and Their Application*, Volume Ⅰ, Third edition, Aspen Publishers, 2006, p. 9; Edward S. Mason, *Monopoly in Law and Economics*, Yale Law Journal, Vol. 47:1, 1937, p. 44.

〔3〕 See Edward S. Mason, *Monopoly in Law and Economics*, Yale Law Journal, Vol. 47:1, 1937, p. 36.

〔4〕 See John Perry Miller, *Unfair Competition: A Study in Criteria for the Control of Trade Practice*, Harvard University Press, 1941, p. 397 – 399; Phillip E. Areeda and Herbert Hovenkamp, *Antitrust Law: An Analysis of Antitrust Principles and Their Application*, Volume Ⅰ, Third edition, Aspen Publishers, 2006, p. 41 – 63.

在此期间，市场竞争的内涵经历了从对抗自由到公平对抗的转换。所谓对抗自由，大多被表述为“自由竞争”（freedom of competition 或 freedom to compete），是指个体竞争者进入市场的自由以及进入市场后的决策自由，即个体竞争者免于干涉的自由（autonomy qua negative freedom）。所谓公平对抗，大多被表述为“公平竞争”（fair competition）或“绩效竞争”（compete on the basis of efficiency），是指经营者凭借自身效率而非通过不正当手段争夺交易机会的自由，[1]即个体竞争者基于公共授权的自由（autonomy qua public authorization）。

一、以确保对抗自由为宗旨的早期《谢尔曼法》判例

1890 年《谢尔曼法》颁布以后，刚开始并不被重视，直到 1903 年才被视为一项重要的公共政策。[2] 在 1903 年之前，《谢尔曼法》实施的重点是第 1 条而非第 2 条，目的是确保个体竞争者免于干涉的自由，具体包括进入市场后的决策自由，以及进入市场的自由。

（一）《谢尔曼法》第 1 条的早期判例

第 1 条规制两个以上不同主体联合实施的贸易限制。如前所述，这种限制大致可分为“松散的联合”与“紧密的联合”。前者是指不同主体彼此独立、相互协同，如固定价格的协议。后者是指将不同主体的分散决策集中到一个主体身上，如资产并购。

根据英格兰普通法的贸易限制理论，限制贸易的协议应被初步推定为无效，除非能证明该限制是合理的。至于合理性的认定标准，英格兰的法院认为，如果不具有损害或排挤特定竞争者的主观意图或实际企图，任何一项限制贸易的协议都是合理的。[3] 贸易限制理论被视为《谢尔曼法》第 1 条的普通法渊源，但该理论最初却并未被第 1 条的判例所采纳。

---

〔1〕 See John Perry Miller, *Unfair Competition: A Study in Criteria for the Control of Trade Practice*, Harvard University Press, 1941, p. 59, 70 – 72.

〔2〕 See Hans B. Thorelli, *The Federal Antitrust Policy: Origination of an American Tradition*, The Johns Hopkins Press, 1955, p. 560 – 563.

〔3〕 See Edward S. Mason, *Monopoly in Law and Economics*, Yale Law Journal, Vol. 47:1, 1937, p. 42.

1.“松散的联合”

就松散的联合而言,在1903年之前的《谢尔曼法》判例中,限制贸易的协议存在本身,的确构成初步推定违法的证据,但普通法中的合理标准(standard of reason)却并未被接纳。[1] 法院当时不考察限制贸易的协议是否合理,而是采用直接性测试(directness test)的方法来认定违法性。根据该方法,只要造成“直接、即时且必要”或者“自然且直接”的限制,限制贸易的协议就构成违法。

早在1897年泛密苏里(Trans-Missouri)案中,怀特(White)法官就曾试图援引普通法中的合理标准。怀特法官认为,《谢尔曼法》的渊源是普通法中的贸易限制,普通法允许合理的贸易限制,如果协议设定的具体价格合理,该协议本身就是合理的,也就不构成违法。但怀特法官的主张当时只是反对意见,泛密苏里案的判决强调,即便价格固定协议降低了价格,可它毕竟具有提高价格的能力,这对国家而言无论如何都是不幸的。

到了1898年阿迪斯顿管道(Addyston Pipe)案,塔夫脱(Taft)法官同样尝试援引普通法中的合理标准。塔夫脱法官认为,普通法将贸易限制区分为赤裸裸的(naked)限制和辅助性(ancillary)限制。赤裸裸的限制以限定价格为唯一目的,即使设定了合理的具体价格,该限制也因具有设定不合理价格的能力而构成本身违法。辅助性限制如果有助于遏制不正当行为或促进竞争,便不具有违法性。如果按照塔夫脱法官的论证思路,法院应当分析价格限制协议只是以限定价格为目的,还是以促进竞争为目的。然而,最高法院阿迪斯顿管道案的判决,并未采纳塔夫脱法官的论证思路,没有论及设定合理具体价格的协议是否合理的问题,而是强调价格限制协议直接破坏竞争、提高价格,因此构成违法。

直到1911年标准石油公司(Standard Oil)案和美国烟草公司(American Tobacco)案,美国联邦最高法院才从直接性测试转向普通法中的合理标准,据此确立“合理法则”(rule of reason)。在标准石油公司案的判决中,一方面,怀特法官延续1897年的论证思路,强调普通法中的合理标准,提出《谢尔曼法》只禁止普通法认定为无效的贸易限制,贸易限制如果具有合理性便具有可执行力,也就不具有违法性。另一方面,怀特法官也修正其1897年的观点,接受塔夫脱法官

---

[1] See Edward S. Mason, *Monopoly in Law and Economics*, Yale Law Journal, Vol. 47:1, 1937, p. 41 -42.

1898 年的主张，认为根据普通法中的合理标准，无论具体价格或产量是否合理，固定价格或限制产量的协议都不具有合理性，协议本身便构成违法。[1] 根据这种观点，所谓"本身违法"(illegal per se)或者赤裸裸的限制，事实上只是合理法则或普通法中合理标准的一种具体化方案。[2] 这种具体化方案与直接性测试存在实质性差异：限定价格或产量的协议，在普通法合理标准下，因限定价格或产量造成不合理的后果而违法；但在直接性测试下，因限定价格或产量本身而违法，不考虑限定价格或产量的后果。

因此，至少在 1903 年之前，以普通法中合理标准为基础的违法性认定方法并没有被接纳。对法院而言，只要是直接限制个体竞争者对于价格或产量的决策自由，无论具体价格或产量是否合理，也不管限制本身是否有助于遏制不正当行为或促进竞争，该限制都构成违法。法院强调的只是个体竞争者进入市场后的决策自由是否受到限制或干涉，不考察贸易限制对于经济效果的整体影响。

2. "紧密的联合"

就紧密的联合而言，在 1903 年之前的谢尔曼法判例中，英格兰普通法的贸易限制理论同样没有被采纳。紧密的联合存在本身并不构成初步推定为违法的证据。它的违法性要件有三：一是实施联合，二是具有控制市场的能力，三是具有排除竞争者的主观意图。被告实施的强制、排他或掠夺性行为，可被视为初步推定排除竞争者主观意图的证据，这些行为包括回扣、价格歧视以及其他逼迫竞争者加入联合的行为。须强调的是，这些行为本身并不违法，只是初步推定被告排除竞争者主观意图的证据。据此，紧密的联合是否构成违法，关键不在于联合本身所具有的规模及其对市场结构的影响，而在于经营者是否通过联合，干涉或限制在位竞争者或潜在竞争者进入市场的自由。[3]

(二)《谢尔曼法》第 2 条的早期判例

"第 2 条规制单个主体独自实施的贸易限制，但它几乎没有被适用过，即便

---

〔1〕 See Marc Winerman, *The Origins of the FTC: Concertration, Coopertation, Control, and Competition*, Antitrust Law Journal, Vol. 71:1, 2003, p. 7 – 11.

〔2〕 See Phillip E. Areeda and Herbert Hovenkamp, *Antitrust Law: An Analysis of Antitrust Principles and Their Application*, Volume Ⅰ, Third edition, Aspen Publishers, 2006, p. 92.

〔3〕 See John Perry Miller, *Unfair Competition: A Study in Criteria for the Control of Trade Practice*, Harvard University Press, 1941, p. 32 – 41.

偶尔被适用,也只是针对共谋或联合。"[1]1890 年至 1903 年,联邦检察官提出的诉讼共有 23 件。其中,同时援引第 1 条和第 2 条的不少于 13 件,单独援引第 1 条的有 8 件,单独援引第 2 条的却只有 1 件,即 1892 年威士忌托拉斯(Whiskey Trust)案。并且,在 13 件同时援引第 1 条和第 2 条的诉讼中,法院并未对这两条规定中的共谋或联合作出区分。

在单独适用第 2 条时,法院关注的是,个体竞争者的行动自由是否遭到限制。1892 年威士忌托拉斯案的被告,实施排他性交易,并对与其签订维持转售价格或排他性交易协议的经销商给予回扣。多数生产商的销售量,因被告实施的排他性交易而迅速下降为零,这可能导致被告垄断整个市场。该案的原告主张,这种回扣构成第 2 条所规定的垄断化。法院认为,原告并未证明被告是如何逼迫经销商的,也没有证明回扣是实施联合的一种工具;被告给予经销商回扣的允诺,目的在于引诱排他性交易,经销商购买商品的决策自由并未受到限制,其他生产商向经销商提供相同引诱的自由也没有受到限制,回扣因此不构成垄断化。[2] 据此,法院对于第 2 条的适用,同样以确保个体竞争者进入市场后的决策自由以及进入市场的自由为宗旨,不考虑特定行为对于市场结构或经济效果的整体影响。

二、以保障公平对抗为宗旨的《联邦贸易委员会法》和《克莱顿法》

1903 年以后,《谢尔曼法》呈现制度化的发展趋势,[3]反托拉斯法律规范数量增加、规制范围扩展、内容更为深入和专业化,同时,调整宗旨也从对抗自由转向公平对抗。这种发展趋势与转变,当然是为了回应正确处理贸易限制纠纷或托拉斯问题的社会需求。但在法律规范层面,却自有其内在的必然逻辑。

如前所述,《谢尔曼法》早期判例的宗旨是确保个体竞争者免于干涉的自

---

[1] Edward A. Adler, *Monopolizing at Common Law and under Section Two of the Sherman Act*, Harvard Law Review, Vol. 31:2, 1917, p. 246.

[2] See Hans B. Thorelli, *The Federal Antitrust Policy: Origination of an American Tradition*, The Johns Hopkins Press, 1955, p. 437–439, 596–597. 作者梳理出 1890 年至 1903 年的《谢尔曼法》判例,具体可参见该书第 432~499 页、第 590 页、第 596 页。

[3] See Hans B. Thorelli, *The Federal Antitrust Policy: Origination of an American Tradition*, The Johns Hopkins Press, 1955, p. 560.

由，保护个体竞争者的私人利益。但是，这种调整宗旨与分析方法具有内在缺陷，免于干涉的自由不应被视为法律的调整宗旨，私人利益本身不应被视为行为违法性认定的实质正当性基础。

（一）免于干涉的自由不应被视为法律的调整宗旨

免于干涉的自由的实质正当性理由是，人是目的而不是工具，人自己给自己立法，任何他人单方行动所施加的约束均构成非法强制，并不创设合法义务。据此，只要与他人交往或合作，就必然将自己暴露于他人单方行动所施加的约束之下，免于干涉的自由就一定会受到限制。这就意味着“需求即强制”（need as compulsion）。〔1〕而法律所关注的恰好是人与人之间的社会交往，如果以恢复免于干涉的自由为宗旨，消除他人单方行动所施加的约束，则法律事实上是禁止社会交往，而非规范并保障社会交往。显然，法律要做的不是消除他人单方行动所施加的约束，而是禁止不正当约束，判断他人单方行动所施加的约束是构成非法强制，还是合法义务。〔2〕这种调整宗旨的转变，促成反托拉斯法律领域规范体系与概念体系的重构，以及行为违法性认定标准的修正。

1. 反托拉斯规范体系与概念体系的重构

就规范体系与概念体系的重构而言，上述转变具体呈现为，反托拉斯法与不正当竞争法之间的区分。

1904 年 12 月 21 日，公司管理局（Bureau of Corporations）在当年的年度报告中提出，反托拉斯立法分为两类：一类是反托拉斯法（anti-trust laws），禁止垄断或贸易限制，维持竞争的基本条件。这类立法徒劳无功，因为它试图通过禁止联合来维持竞争基本条件，这从根本上就是错误的。另一类是不正当竞争法（unfair-competition laws），它与垄断或贸易限制无关，只禁止不正当回扣、歧视与不正当竞争。这类立法是正确的，因为它认识到联合不可避免，也就不再限制联合或维持竞争的基本条件，而是规制竞争方法，保证联合是通过正当、公平与

〔1〕 See Odd Langholm, *The Legacy of Scholasticism in Economic Thought: Antecedents of Choice and Power*, Cambridge University Press, 1998.

〔2〕 See George Pavlakos, *Between Reason and Strategy: Some Reflections on the Normativity of Proportionality*, in Grant Huscroft et al. eds., Proportionality and the Rule of Law: Rights, Justification, Reasoning, Cambridge University Press, 2014, p. 114 – 116.

合适的手段来实现的。[1]

公司管理局在1905年、1907年、1909年和1912年的年度报告中持续强调上述观点。这种观点在1914年《联邦贸易委员会法》立法过程中呈现为关于公平竞争和绩效竞争的论证。该论证认为，联合不可避免，只要防止大型企业针对竞争者实施妨碍或排他行为，大型企业就会受到小型企业更高效率的约束，所谓公平竞争就是基于更高效率的竞争。[2] 此类观点和论证最终凝练为1914年《联邦贸易委员会法》第5条第1款的规定："商业中不公平竞争方法是非法的。"

这样，从调整宗旨的演进来看，包括《谢尔曼法》《联邦贸易委员会法》等在内的整个反托拉斯法律规范，经历了两个发展阶段：第一阶段的调整宗旨是自由竞争，通过禁止联合来维护对抗之可能，称为反托拉斯法。第二阶段的调整宗旨是公平竞争或者绩效竞争，通过规制竞争方法来维护对抗之公平有效，称为不正当竞争法。只不过，自由竞争必然导致联合，联合是自由竞争的必然结果，根本就不存在没有联合的自由竞争。[3] 法律根本就不应当试图通过禁止联合来维护自由竞争，所有反托拉斯具体规定都应当以不正当竞争法的调整宗旨和规制思路为轴心作出修正。

2. 反托拉斯行为违法性认定标准的修正

就行为违法性认定标准的修正而言，上述转变具体体现为，1911年标准石油公司案从直接性测试转向合理法则。法律不再一味禁止竞争者干涉其他竞争者的行动自由，而是依据普通法中的合理标准，判断个体竞争者的行动自由是否遭受不正当或不合理的干涉。在合理标准的视野下，价格或产量之外的非直接性限制协议、与强制或排挤行为无关的合并本身、与合并无关的强制或排挤行为本身均涉嫌违法，判断标准关键在于这些行为是否造成不合理的限制。

在此基础上，1914年《克莱顿法》(Clayton Act)将《谢尔曼法》第1条和第2

---

〔1〕 See U. S. Bureau of Corportations, *Report of the Commissioner*, 1904, Government Printing Office, 1904, p. 40－41.

〔2〕 See John Perry Miller, *Unfair Competition: A Study in Criteria for the Control of Trade Practice*, Harvard University Press, 1941, p. 27－29, 71.

〔3〕 See Doman Piotrowski, *Cartels and Trusts: Their Origin and Historical Development from the Economic and Legal Aspects*, George Allen & Unwin LTD, 1933, p. 364－365.

条的原则性规定予以具体化和类型化。该法明确列举价格歧视、搭售、排他性协议、合并等违法行为类型,确保公平竞争或者绩效竞争的理念能够在《谢尔曼法》的实施过程中得以贯彻落实,试图将《谢尔曼法》从早期的反托拉斯法转变为不正当竞争法。

(二)私人利益本身不应被视为行为违法性认定的实质正当性基础

按照免于干涉的自由的论证逻辑,既然是人自己给自己立法,任何他人单方行动都不创设合法义务,那就只有公共授权才能创设合法义务。亦即,他人单方行动所施加的约束是否构成合法义务,关键在于公共授权。所谓行动自由,不是免于干涉的自由,而是基于公共授权的自由,任何个体自由或私人利益均由公共授权所填充和实现。[1] 这种从私人利益到公共授权的转变,体现为反托拉斯实施机制的强化以及调整范围的扩展。

1. 反托拉斯实施机制的强化

就实施机制的强化而言,反托拉斯法律规范从民事诉讼向行政过程纵深发展,淡化对私人利益驱动的依赖。

作为《谢尔曼法》的普通法渊源,贸易限制理论的实施机制原本主要是民事诉讼,秉持"不告不理"原则,依赖私人利益驱动。为了弥补双方当事人之间的不平等,贸易限制理论确立举证证明责任的移转规则,希望借此减轻原告举证负担。可即便如此,在报复性商业行为的威慑下,也很少有个体竞争者愿意冒着遭受商业报复的风险而提起诉讼。贸易限制纠纷难以得到及时处理,贸易限制导致的损害无法获得有效弥补,更重要的是,贸易限制纠纷长期积压本身就是一种严重的社会威胁。[2]

在此背景下,《谢尔曼法》第 4 条授权联邦检察官提起民事诉讼,目的就是摆脱对私人利益驱动的依赖,但实际效果却不尽人意。仅从案件数量来看,1903 年之前,联邦检察官共提出 23 件诉讼,包括 16 件民事诉讼和 7 件刑事诉讼,个

---

〔1〕 See George Pavlakos, *Between Reason and Strategy: Some Reflections on the Normativity of Proportionality*, in Grant Huscroft et al. eds., Proportionality and the Rule of Law: Rights, Justification, Reasoning, Cambridge University Press, 2014, p. 113.

〔2〕 See James M. Landis, *The Administrative Process*, Yale University Press, 1938, p. 34 -36.

体竞争者则提出34件民事诉讼。[1]

为了强化《谢尔曼法》的实施,1903年2月25日,美国司法部设立反托拉斯专项资金以及反托拉斯工作组,该工作组随后演变为司法部反托拉斯局。更值得注意的是,在此之前,1903年2月14日,公司管理局成立,该局设立于商业和劳工部,当时负责收集并公布反托拉斯信息、提出反托拉斯立法建议。1914年《联邦贸易委员会法》将公司管理局改造为联邦贸易委员会,授予其启动调查、提起诉讼以及发布停止令的权力。[2] 至此,包括《谢尔曼法》《联邦贸易委员会法》《克莱顿法》在内的整个反托拉斯法律规范,获得个体竞争者私人利益驱动与公共机构主动介入的双重制度保障,司法部反托拉斯局和联邦贸易委员会在个案处理、实施指南、立法建议乃至培育竞争文化等方面发挥越来越显著的作用。

2. 反托拉斯调整范围的扩展

就调整范围的扩展而言,反托拉斯法律规范的规制对象,从1890年《谢尔曼法》的贸易限制,转变为1914年《联邦贸易委员会法》的"不公平竞争方法"(unfair methods of competition),再拓展到1938年的"不公平或欺骗性行为或惯例"(unfair or deceptive acts or practices)。与之相应,反托拉斯法保护的私人利益也不断被重塑,从个体竞争者利益扩充至消费者利益。

1890年《谢尔曼法》的规制对象是贸易限制,包括联合与垄断化,早期判例的规制重点却只是联合。1904年公司管理局年度报告主张,不应再通过禁止联合来维持竞争基本条件,而应规制不正当的贸易限制。该主张最终转换为1914年《联邦贸易委员会法》第5条关于不公平竞争方法的规定。在1914年的立法过程中,议案最初是将不正当的贸易限制表述为"不正当竞争"(unfair competition)。但不正当竞争在美国普通法中具有特殊含义,它特指商标侵权行为,实施机制是民事诉讼,救济措施是发布禁令并赔偿损失,违法性要件有二:一是具有欺骗(fraud)公众的主观意图,二是损害个体竞争者的私人利益。商标侵权行为在英格兰被称为假冒(passing off),适用范围逐步扩展至商号等与商标相

[1] See Hans B. Thorelli, *The Federal Antitrust Policy: Origination of an American Tradition*, The Johns Hopkins Press, 1955, p. 590, 597.

[2] See Marc Winerman, *The Origins of the FTC: Concertration, Coopertation, Control, and Competition*, Antitrust Law Journal, Vol. 71:1, 2003.

类似的领域;在美国则被称为不正当竞争,适用范围则扩展到商业秘密、误导等领域。如果将《谢尔曼法》中不正当的贸易限制表述为“不正当竞争”,授予联邦贸易委员会查处不正当竞争的权力,那么这项权力是否扩及商标侵权、侵害商业秘密、误导等行为? 对此,有议员明确反对将这些普通法中的不正当竞争囊括其中。最终通过的法案将“不正当竞争”改成“不公平竞争方法”。

然而,在实施过程中,《联邦贸易委员会法》的规制范围却不断被扩展。首先是 1920 年联邦贸易委员会诉格拉茨(Gratz)案。该案认为,《联邦贸易委员会法》第 5 条所规定的“不公平竞争方法”扩及商标侵权、侵害商业秘密、误导等普通法中的不正当竞争。其次是 1938 年《惠勒—利法案》(Wheeler-Lea Act),针对虚假广告等行为,该法案在《联邦贸易委员会法》第 5 条“不公平竞争方法”的基础上,增设“不公平或欺骗性行为或惯例”,将其修正为:“商业中或影响商业的不公平竞争方法是非法的;商业中或影响商业的不公平或欺骗性行为或惯例,是非法的。”这使《联邦贸易委员会法》保护的私人利益,从个体竞争者的私人利益扩充至消费者利益。[1]

第三节　与经济效率融为一体的市场竞争

20 世纪 50 年代,美国反托拉斯实践开始重新解释市场竞争,试图使之与行动自由相分离、独立于私人利益,转而与经济效率融为一体,逐步转型为以促进竞争充分发挥作用为宗旨的竞争政策。行为违法性认定不再以个体竞争者或消费者私人利益遭受损害为轴心,而是以存在竞争损害(injury to competition)或反托拉斯损害(antitrust injury)为基本前提。这种尝试在法律规范层面同样具有其内在的必然逻辑。

一、反托拉斯调整宗旨的转型:从行动自由到经济效率

借助价值与规范的互动,美国反托拉斯实践不断创设价值、重塑规范。从普通法有关贸易限制的规定起步,《谢尔曼法》将维护市场竞争融入其中,取代保

---

〔1〕 See John Perry Miller, *Unfair Competition: A Study in Criteria for the Control of Trade Practice*, Harvard University Press, 1941, p. 16 - 20, 65 - 72, 101 - 103.

障封建特权,接着以市场竞争为轴心,重构反托拉斯具体规定。早期判例将市场竞争解释为免于干涉的自由,规制范围限缩至联合,以个体竞争者行动自由或私人利益遭受损害为基础认定行为违法性。但免于干涉的自由不应被视为法律的调整宗旨,个体竞争者私人利益本身也不具有实质正当性。基于此,《联邦贸易委员会法》和《克莱顿法》试图将市场竞争解释为基于公共授权的自由,以公共授权为基础,将包括《谢尔曼法》在内整个反托拉斯法的保护范围从个体竞争者利益扩充至消费者利益。

然而,如果说行动自由或私人利益均有赖公共授权的填充与实现,那么,公共授权依据什么实质正当性理由来落实这项任务?对此,反托拉斯实践要么诉之于公平、合理甚至商业惯例等裁判规则,将其统揽为维护公平竞争;要么再次折回行动自由或私人利益,强调特定行为对个体竞争者或消费者施加了经济强制,为保障行动自由换上遏制经济强制的"外衣"。但无论是维护公平竞争,还是遏制经济强制,它们都是各种实质正当性理由的"结晶体",需要实质正当性理由做支撑。能够为它们提供支撑的,通常是被表述为绩效竞争的经济效率。这样,维护市场竞争开始与保障行动自由相分离,并与促进经济效率融为一体。

一旦从行动自由转向经济效率,反托拉斯实践将发生实质性变化。如果以保障行动自由为宗旨,反托拉斯实践需关注哪些行为不正当地损害了市场主体的私人利益,只要禁止那些特定的不正当行为即可。除此之外,市场主体均享有普遍的行动自由。换句话说,市场主体以决策自由为原则,以接受限制为例外。如果以促进经济效率为宗旨,反托拉斯实践就要探索并推广更优的行为模式,禁止其他所有的替代模式。[1] 市场主体应以接受限制为框架,运用决策自由来落实反托拉斯法的要求。这样,以保障竞争正常运行为宗旨的反垄断或反不正当竞争法,将蜕变为以促进竞争充分发挥作用为宗旨的竞争政策。

二、行为违法性认定标准的重构:竞争损害的确立、实施与困境

上述这种转型虽有其内在的必然逻辑,但落实起来却异常艰难。为此,反托拉斯实践一要使市场竞争独立于私人利益,二要将市场竞争与经济效率紧密联

---

〔1〕 See John Perry Miller, *Unfair Competition: A Study in Criteria for the Control of Trade Practice*, Harvard University Press, 1941, p. 400.

系在一起。而竞争损害便成为承载这两项任务的抓手。

(一)使市场竞争独立于私人利益

反托拉斯实践强调,个体竞争者的私人利益损失,不构成反托拉斯法意义上的损害。特定行为即使对个体竞争者施加经济强制,损害其私人利益,也不一定必然违反反托拉斯法。只有损害竞争,造成竞争损害或反托拉斯损害,特定行为才具有反托拉斯法意义上的违法性。1962 年布朗鞋(Brown Shoe)案提出,不能仅仅因为其他小的、独立的零售商可能会受到不利影响,就认定这一合并是非法的。[1] 1977 年布伦什维克(Brunswick)案强调,由于竞争得到维护而附随的不可预测的意外收益的丧失,并非反托拉斯法意义上的损害。[2] 该案被视为反托拉斯损害理论的源头。[3] 这样,反托拉斯实践的重点不再是确保个体竞争者参与合法经济活动的行动自由,而是要防止贸易限制带来控制市场的效果。[4]

然而,反托拉斯损害理论当时并未被广泛接受,即使不存在竞争损害,也仍有法院以施加经济强制、侵害私人利益为基准认定行为违法性。直到 1992 年,柯达(Kodak)案还认为,拥有专门售后零配件的企业可能会利用拥有被锁定的消费者这一优势来对维修配件索要高价。[5] 在柯达案之前,1984 年杰斐逊教区(Jefferson Parish)案更是明确提出,逼迫他人购买其根本不愿购买的商品,是搭售最核心的危害。

20 世纪末 21 世纪初,竞争损害被确认为行为违法性认定的核心。就《谢尔曼法》的适用而言,2000 年迪士康(Discon)案提出,为了认定垄断协议的违法性,应证明被告的行为损害竞争,仅证明经营者或消费者受到损害并不足以认定其违法。2012 年布兰特利(Brantley)案的原告主张,被告实施搭售,减少消费者选择,逼迫消费者购买不需要的电视节目,损害消费者福利,违反反托拉斯法。

---

〔1〕 参见吴宏伟、谭袁:《保护竞争而不保护竞争者?——对主流反垄断法观点的审视》,载《北方法学》2013 年第 4 期。

〔2〕 参见[日]土田和博:《关于“竞争法保护的是竞争而非竞争者”之格言》,陈丹舟等译,载《竞争政策研究》2018 年第 1 期。

〔3〕 See Christina Bohannan and Herbert Hovenkamp, *IP and Antitrust: Reformation and Harm*, Boston College Law Review, Vol. 51:4, 2010, p. 911.

〔4〕 See Edward S. Mason, *Monopoly in Law and Economics*, Yale Law Journal, Vol. 47:1, 1937.

〔5〕 参见[美]赫伯特·霍温坎普:《反垄断事业:原理与执行》,吴绪亮等译,东北财经大学出版社 2011 年版,第 311 页。

法院认为,原告仅证明被告损害消费者福利,并未证明被告损害市场竞争,故不支持原告的诉讼请求。该判决得到学界赞同。多数学者认为,若搭售没有损害竞争,便不违反反托拉斯法,与搭售相关的实质问题,并不是购买者被强迫购买其不愿购买的商品,而是购买者不得不为其愿意购买的商品付出更高价钱,或购买者不得不从其不喜欢的销售者那里购买商品。2017 年《知识产权许可反托拉斯指南》(Antitrust Guidelines for the Licensing of Intellectual Property)再次确认竞争损害对于反托拉斯实践的重要意义,在脚注 26 新增如下规定:"执法机构可以附加许可义务,以救济竞争损害,或在合并时防止对竞争造成严重削弱;任何许可救济评估将基于特定案件的事实,对竞争损害做出针对性处理。"〔1〕

(二)将效率损失作为评估竞争损害的工具

如果市场竞争独立于私人利益、竞争损害不同于个体竞争者私人利益遭受的损害,那么,竞争损害是什么,具体又如何评估?这是反托拉斯实践难以回避的问题。对此,反托拉斯实践将市场竞争与经济效率紧密联系在一起,以效率损失为基准来评估竞争损害,但对效率损失的内涵与评估方法尚未达成共识,目前大致存在三种不同评估方法:一是以配置效率为基准,分析消费者剩余或者社会总剩余的变化。二是以生产效率或企业内部效率为基准,考察企业内部组织和管理的效果。三是以动态效率为基准,注重发明、革新、技术转移等所带来的效率。〔2〕表面上看,这三种评估方法可能发生冲突,有待权衡取舍。

面对这种情况,作为反托拉斯实践这种特殊社会行动的核心价值目标,市场竞争是否就此退场,将自己完全托付给不同效率之间的权衡取舍?若如此,市场竞争是否可能被经济效率所遮蔽甚至架空?〔3〕思绪再向前延伸,反托拉斯实践必须勇敢、坦诚地自我反省:市场竞争的内涵到底是什么?它与个体竞争者争夺交易机会的行动自由有何不同?它与经济效率又有何关系?

---

〔1〕 吴汉洪、董笃笃:《美国知识产权领域反托拉斯政策发展评析及其启示》,载《竞争政策研究》2017 年第 2 期。

〔2〕 参见辜海笑:《美国反托拉斯理论与政策》,中国经济出版社 2005 年版,第 49 ~ 64 页。See Mark Blaug, *Is Competition Such a Good Thing? Static Efficiency Versus Dynamic Efficiency*, Review of Industrial Organization, Vol. 19:1, 2001; Amanda B. Delp and John W. Mayo, *The Evolution of "Competition": Lessons for 21st Century Telecommunications Policy*, Review of Industrial Organization, Vol. 50:4, 2017.

〔3〕 参见兰磊:《反垄断法唯效率论质疑》,载《华东政法大学学报》2014 年第 4 期。

第二章 行动自由与市场竞争的区别

一项特定价值目标的内涵，只有在价值、事实与规范的统一体内才能得以澄清。仅就行动自由与市场竞争而言，作为价值目标，二者各自所对应的社会事实和规范体系均存在实质性差异。

在规范层面，与行动自由相应的行为违法性认定标准是经济强制。经济强制，是中世纪公平价格理论的核心议题。该理论所处的社会背景是，市场作为决定经济产出的开放系统尚未出现，经济运行主要由政治、习俗或道德等非经济力量所主导。[1] 它关注的社会现象或调整对象是孤立的、极具个性化的特定交易，这种特定交易被理解为交易双方当事人之间的彼此合作，本质在于互惠。[2] 价值诉求，是借助道德或政治力量规范以自利为基础的谈判能力，确保交易价格符合交往正义，防止强势一方欺负弱势一方。研究的具体问题是，交易价格是否公平，特定交易中的交易主体是否贪财、是否自愿。[3] 在具体操作中，自愿或行动自由被确立为认定公平价格的原则，而垄断、共谋、价格歧视等经济强制则被视为考察是否构成自愿的重要因素。

在认定何为公平价格时，中世纪公平价格理论强调，公平价格会因为受到成

---

〔1〕 See George W. Wilson, *The Economics of the Just Price*, History of Political Economy, Vol. 7:1, 1975, p. 57; Lefteris Tsoulfidis, *Competing Schools of Economic Thought*, Springer, 2010, p. 6. 另参见[美]小罗伯特·B. 埃克伦德、[美]罗伯特·F. 赫伯特:《经济理论和方法史》(第4版)，杨玉生等译，张凤林校，中国人民大学出版社2001年版，第9～32页；[美]哈里·兰德雷斯、[美]大卫·C. 柯南德尔:《经济思想史》(第4版)，周文译，人民邮电出版社2014年版，第28～44页。

〔2〕 See George W. Wilson, *The Economics of the Just Price*, History of Political Economy, Vol. 7:1, 1975, p. 60; Odd Langholm, *The Legacy of Scholasticism in Economic Thought: Antecedents of Choice and Power*, Cambridge University Press, 1998, p. 101, 161–164, 177.

〔3〕 See Odd Langholm, *The Legacy of Scholasticism in Economic Thought: Antecedents of Choice and Power*, Cambridge University Press, 1998, p. 161–164, 169–170.

本、需求和稀缺性等因素的影响而浮动,“市场上的价格”(competitive market price)可作为评判基准之一。这很容易让人误以为,公平价格就是竞争性市场价格,遏制经济强制、保障交易公平就是维护市场竞争。[1] 但事实并非如此。公平价格理论虽然提及成本、需求或稀缺性等具体因素,却并没有均衡价格或市场机制的观念。该理论强调的是,应当对特定交易施加管制,确保交易当事人不受他人影响地或者非武断地决定交易价格。在实践操作中,公平价格实为合意价格,它与经济学意义上的竞争性市场价格存在实质性差异。[2]

与竞争性市场价格或市场竞争相应的行为违法性认定标准是竞争损害。预测市场竞争是否遭受扭曲,是经济学理论的核心议题之一。与中世纪公平价格理论相比,经济学理论所处的社会背景是,市场成为生产和分配的主导性机制,经济运行主要由经济力量所主导。它关注的社会现象或调整对象,不是孤立的、极具个性化的特定交易,而是非个性化的整个经济运行体系。[3] 价值诉求,促进竞争充分发挥作用,确保经济体系按照供求规律运行,寻求生产上有效的配置,运用稀缺资源更好地满足需求或促进国民财富增长。[4] 研究的具体问题是,经济运行是否存在规律,竞争是否遭受扭曲,国家应在多大程度上干预资源配置。[5] 在具体操作中,效率是否降低,是判断竞争是否遭受扭曲的分析工具。

---

〔1〕 See Raymond de Roover, *Monopoly Theory Prior to Adam Smith: A Revision*, The Quarterly Journal of Economics, Vol. 65:4, 1951; Raymond de Roover, *The Concept of the Just Price: Theory and Economic Policy*, The Journal of Economic History, Vol. 18:4, 1958.

〔2〕 See George W. Wilson, *The Economics of the Just Price*, History of Political Economy, Vol. 7:1, 1975, p. 56 – 74; Odd Langholm, *The Legacy of Scholasticism in Economic Thought: Antecedents of Choice and Power*, Cambridge University Press, 1998, p. 82 – 88, 161 – 164. 另参见[英]萨·霍兰德:《萨·霍兰德的〈关于公平价格的解释〉》,吴奎罡、李庆德译,傅举晋、吴奎罡校,载巫宝三主编:《欧洲中世纪经济思想资料选辑》,傅举晋等编译,商务印书馆 1998 年版;Kenneth Dennis, "*Competition*" *in the History of Economic Thought*, Arno Press, 1977, p. 19 – 20;[荷]亨利·W. 狄雍、[美]威廉·G. 谢泼德主编:《产业组织理论先驱——竞争与垄断理论形成和发展的轨迹》,蒲艳等译,吴汉洪校定,经济科学出版社 2010 年版,第 26 ~ 32 页;[美]戴维·J. 格伯尔:《二十世纪欧洲的法律与竞争》,冯克利等译,中国社会科学出版社 2004 年版,第 40 ~ 50 页;[美]詹姆斯·戈德雷:《现代合同理论的哲学起源》,张家勇译,法律出版社 2006 年版,第 119 ~ 128 页;逯建:《新古典微观经济学的起源》,经济科学出版社 2018 年版,第 14 ~ 15 页。

〔3〕 See Odd Langholm, *The Legacy of Scholasticism in Economic Thought: Antecedents of Choice and Power*, Cambridge University Press, 1998, p. 161 – 164, 177.

〔4〕 See Amos Witztum, *Interdependence, the Invisible Hand, and Equilibrium in Adam Smith*, History of Political Economy, Vol. 42:1, 2010, p. 162 – 163.

〔5〕 See Odd Langholm, *The Legacy of Scholasticism in Economic Thought: Antecedents of Choice and Power*, Cambridge University Press, 1998, p. 169 – 170.

在经济学理论的视野下，市场竞争是一种资源配置方式、一种劳动分工的组织形态或运作机制，它表面上的确呈现为不同市场主体为了争夺交易机会而相互对抗，实质上却是整个经济运行体系内所有市场主体之间的共同合作。也就是说，无论是中世纪公平价格理论所关注的特定交易，还是经济学理论所研究的市场竞争，它们其实都是合作，而不仅仅是对抗。只不过，特定交易是交易双方当事人之间的彼此合作，市场竞争是所有市场主体之间的共同合作。这种合作范围的扩展，发端于重商主义，成熟于斯密。

第一节　中世纪公平价格理论中的经济强制与行动自由

经济强制是指基于经济主体个人需求的强制，该强制能够被他人利用并形成优势。与强制相关的讨论最初与经济无关，罗马法学家仅讨论物理上的强制是否影响合同有效性的问题。从 13 世纪开始，经院哲学家[1]将罗马法学家关于物理上的强制的讨论扩展到经济领域，先是生活必需品借贷、投资借贷，然后渐次拓展至生活必需品买卖、奢侈品买卖乃至劳务合同，涉及借贷合同是否有效、物品价格或劳务费用是否公平等具体问题。到 15 世纪末 16 世纪初，关于经济强制的讨论，成为一种一般性理论，即公平价格理论，但随即便出现了解构的趋势。[2] 公平价格理论有其独特的价值诉求、规范体系和调整对象。

一、公平价格理论的价值诉求与理论渊源

与公平价格相关的讨论，主要围绕一项罗马法规定而展开。《优士丁尼法

---

〔1〕“12 和 13 世纪波伦亚和其他欧洲大学的法学院的课程设置与教学方法的基础是一种分析与综合的新模式，后来它逐渐被称为经院主义方法。这种在 12 世纪第一个十年早期最初在法律和神学两个领域得到成熟发展的方法是预先假定某些书籍的绝对权威性，它们被认为包含着一种综合性的和完整的体系；但是，自相矛盾的是，它也假定文本里可能存在疏漏和矛盾；因而它便将文本的概述、疏漏的填补以及矛盾的解决作为主要的任务。在 12 世纪这种方法被称为‘辩证的’，当时这个词的含义是寻求对立事物的和谐。”参见[美]哈罗德·J. 伯尔曼：《法律与革命——西方法律传统的形成》，高鸿钧等译，中国大百科全书出版社 1993 年版，第 160～161 页。关于经院哲学的论述，另参见段德智：《总序》，载王涛：《托马斯·阿奎那伦理学研究》，人民出版社 2019 年版，第 1～18 页。

〔2〕 See Odd Langholm, *The Legacy of Scholasticism in Economic Thought: Antecedents of Choice and Power*, Cambridge University Press, 1998, p. 6－7, 42.

典》第 4 卷第 35 题第 21 节规定,每个人都是其所有物的仲裁人。该规定被解释为,所有物的价值取决于它能够被出售的价格。以尽可能高的价格出售物品,或者以尽可能低的价格购买物品,并不是一种罪。这可能与不得贪财的基督教教义发生冲突。中世纪经院哲学家试图对其进行再解释,先后出现两种方案:一种方案是将“能够被出售的价格”解释为“应当被出售的价格”,强调交易应当符合交往正义,价格应当公平。但是,这种方案并不具有可操作性。如果有人询问,特定物品应当以何种价格出售。答曰:公平合理的价格。这显然什么都没说。另一种方案是在“能够被出售的价格”后面附加上“在没有欺诈或胁迫的条件下”等限定词,要求交易价格应当是没有欺诈、胁迫或者垄断的价格。[1] 无论采取哪种解释方案,为了论证自身主张的正当性,经院哲学家主要援引三种渊源,分别是:罗马法关于垄断的规定、罗马法关于公平价格的规定以及亚里士多德关于公平价格的论述。

(一)罗马法关于垄断的规定

罗马法关于垄断的规定主要有《优士丁尼法典》第 4 卷第 59 题,标题为“关于垄断、不法商业协议、工匠或协议人,以及浴场所有人被禁止的不法行为”,具体内容如下:

> 芝诺皇帝致市长官君士坦丁:
>
> pr. 朕命令:谁也不许操纵任何垄断,譬如关于衣服、鱼、梳子或者也许关于铜器等任何生活用品或者用于别的目的之用品的垄断,不管他是依靠自己的资源优势这样做的,还是根据已颁布或将颁布的敕答或根据国是诏书或根据对朕的判决做出的解释这样做的;不允许互相串通,通过违法会议达成协议或阴谋,据以认定某些种类商品的最低出卖价格。
>
> 1. 严禁建筑商或承包商、各种行当的工匠或浴场的所有人在各自行业的内部约定,一个同业者不许完成另一同业者已受委托完成的工作,或约定插手其他同业者已受雇做的工作的同业者将受干预并阻止。谁都可以完成别人开始后未完成的工作,如此不构成任何私犯,继续者不用怕任何人,也不用怕承担诉讼费用。

---

[1] See Odd Langholm, *The Legacy of Scholasticism in Economic Thought: Antecedents of Choice and Power*, Cambridge University Press, 1998, p. 77 – 81.

2. 况且，如果某人胆敢实行垄断，将没收其全部财产并将他永久放逐。

3. 如果别的行业的领导人物今后固定其商品的价格或订立这种类型的违法合同，朕决定对其课加黄金50磅的罚款。如果你的法院由于腐败、玩忽职守等错误不彻底执行朕最健全的关于禁止垄断并禁止集团协议（corporum pactioni）的敕令，将被判处40磅黄金的罚款。[1]

（二）罗马法关于公平价格的规定

罗马法关于公平价格的规定主要有《优士丁尼法典》第4卷第44题第2节和第8节。根据这些规定，如果土地交易价格过低，出售方可寻求补偿，但只有当交易价格低于真正价值的一半时才构成过低价格。须注意的是，这些规定仅适用于土地，并且只保护出售方。[2]

其中，《优士丁尼法典》第4卷第44题第2节规定：

戴克里先皇帝及马克西米安皇帝致大区长官奥莱里·卢保：

要是你或你的父亲以较低的价格出售一件价值较高的物品，下列作法是合乎情理的：要么你把钱退还给买方并在审判员的主持下收回售出的土地；要么在买方同意的情况下，支付你按实际价值计算少收的部分。这里所说的支付少收的、应由买方补足的部分，是指所付款项尚不足应付款项一半的情况。

公元285年10月28日戴克里先皇帝第二次执政，阿里斯多布洛第一次执政。

《优士丁尼法典》第4卷第44题第8节规定：

---

〔1〕［德］门策：《反垄断法：从芝诺敕令到德意志神圣罗马帝国的立法和判例》，载徐国栋主编：《罗马法与现代民法》第6卷，厦门大学出版社2008年版；徐国栋：《罗马经济法研究》，载《现代法学》2015年第1期。

〔2〕 See John W. Baldwin, *The Medieval Theories of the Just Price: Romanists, Canonists, and Theologians in the Twelfth and Thirteenth Centuries*, Transactions of the American Philosophical Society, Vol. 49:4, 1959, p. 18. 另参见徐国栋：《公平与价格—价值理论——比较法研究报告》，载《中国社会科学》1993年第6期。

戴克里先皇帝及马克西米安皇帝致奥莱利娅·艾瓦蒂：

按照你的愿望，在你的儿子出售了你的土地后，你想宣告买卖无效，那么就必须证明买方使用诡计和阴谋进行了欺诈，或是揭露买方曾经以死亡相威胁，或曾经使用了肉刑。因为，仅仅根据低于实际价值售出了土地这一点，并不足以宣告买卖契约无效。如果你设想一下买卖契约缔结的过程就不难发现：买方总是想以较低的价格买进，而卖方又总是想以较高的价格卖出。但在多次讨价、还价之后，双方终于接受了这一契约：卖方适当地降低了要价，买方也相应地提高了买价，并在某一价格上达成一致。无疑，你会懂得，不仅是买卖契约所依据的善意不允许，而且也没有任何理由宣告一项无论是立即达成合意还是在经过一番讨价还价之后确定了价格并达成了合意的买卖契约无效。除非商定的价格尚不足订约时被出售物品实际价值的一半，而买方又不愿支付差价。

公元293年12月1日戴克里先皇帝及马克西米安皇帝执政。[1]

(三)亚里士多德关于公平价格的论述

亚里士多德在《尼克马克伦理学》中关于工匠之间交易的公平价格的论述是经院理论对公平价格进行分析的传统出发点。下面的引文，是对交换公平的定义和分析："因此，这里的公平就是一种相等，一个较多和较少之间的中数，这样使得获利较多，受损较少。"这一原则被专业匠工们用之于产品的交换。

"这个原则在别的技艺上也适用，因为如果工匠们干他应干的工作在质和量方面得不到相应的支持，这些技艺就会趋于毁灭。"

亚里士多德在其著作的一些段落中对此曾详加阐述，这些段落对我们的论题至关重要，兹详细引述如下：

"对角线的连接，表明如何按照比例加以补偿。假定A为建筑工人，B为制鞋匠，C为一所房子，D为一双鞋子。建筑工人需要从鞋匠

---

〔1〕［意］桑德罗·斯契巴尼选编：《契约之债与准契约之债》，丁玫译，中国政法大学出版社1998年版，第48~51页。

处取得他的产品，而以自己的产品回报他。如果首先按照比例找到均等的关系，然后再进行交换，事情就会恰如我们刚才所说的情况。但是如果不这样，就不会有一种均等——这种情况不会继续存在——因为没有什么能阻止一名工匠的产品在价值上不会高于另一工匠的产品。所以这些产品必须趋于均等。”

“在别的工艺上也同样可以看到这一点，因为如果一名工匠未能按照他的产品的质和量获得收益，这些工艺就无法存在。两名医生之间不存在什么交易，但交易却存在于一名医生和一个农民之间。因为他们行业完全不同，其劳动成果也不相等。所以必须使被交换的事物相等。”

“因此凡是可作为交易的都应能按某种方式相比较。货币就是由此而发明，并成为衡量一切事情包括有余和不足在内的中介物。”

“一定数目的鞋子的价值，相当于一所房子，或一些食品。所以，正如要用很多鞋子才能换得一所房子或一些食品一样，依比例建筑工人建筑一所房子比鞋匠制作一双鞋子（或农民生产若干粮食）的贡献更大。如果不遵守这点，那就既没有分享之可能，而且除非事物相等，也没有交换的可能。”

“因此使用一种标准来衡量一切事物是合理的。……这种标准事实上是联系一切事物所必不可少的。如果人们一无所需，就不会有交换，或者如果他们没有相似的需求，交换也就不会相同。货币就是由于有了必要的交易而在双方同意之下才产生的……”

“在事物相等的情形下，就会有交换，所以农民之于制鞋匠，就如鞋匠产品的数量之于农民产品的数量一样。当事物将要被交换时，他们要用数字表显示其比例。如果不这样办，便会产生一种极端，双方都会要求以少换多，但如各方具有其应有的内容，它们就会相等，因此就会发生关系，因为可以给它们带来相等性。”

“……如果没有这种相互交换，也就没有产品的分享。”[1]

---

〔1〕［英］萨·霍兰德：《萨·霍兰德的〈关于公平价格的解释〉》，吴奎罡、李庆德译，傅举晋、吴奎罡校，载巫宝三主编：《欧洲中世纪经济思想资料选辑》，傅举晋等编译，商务印书馆1998年版，第427～429页。

须注意的是，除公平价格之外，亚里士多德也曾对垄断作过明确论述。他在《政治学》第1卷第11章中提道：

> 曾经有一个赚钱的故事讲到米利都人泰利斯：由于泰利斯以智慧有名于世，这个故事就归属到他的名下；这个特殊的赚钱方法是可以普遍应用的。世人曾经轻侮泰利斯以哲学见称却贫困得几乎难以自给，讥笑哲学并非救贫的学问。某年冬，他凭借星象学预测明年夏油橄树将获丰收，于是把自己所有的一些资金，完全交给启沃岛和米利都城的各油坊作定金，租得了各油坊的榨油设备；这时谁都不去同他竞争，订定的租金很低。收获季节来临，需要榨油的人一时纷纷到各油坊，谁都愿意照他所要求的高额支付榨油设备的租金。他由此获得大量金钱，向世人证明哲学家不难致富，只是他的志趣却不在金钱。这个故事的本意在显示泰利斯的智慧，恰好也因此说明了造成垄断的方法——这种原理可以普遍应用于致富的各个门径。[1]

泰利斯所为被中世纪经院哲学家视为哲学家睿智的体现，而非人性贪婪的表现。因此，亚里士多德关于垄断的论述，并未出现在中世纪关于公平价格或经济强制的讨论中。[2]

二、公平价格理论的规范体系及其调整对象

为了支撑上述价值诉求，中世纪经院哲学家以亚里士多德本质目的论为依托，推进罗马法文本的体系化，试图将罗马法文本打造为没有矛盾、合乎逻辑的统一体，并注入基督教教义。该体系化过程主要涉及五方面内容。

（一）明确协议因同意而具有拘束力

根据罗马法文本，协议可大致分为两类：一类是不享有市民法上的诉权、不受市民法保护的协议，称为简约。另一类是受市民法保护的协议，称为契约。根

---

〔1〕［古希腊］亚里士多德：《政治学》，吴寿彭译，商务印书馆1965年版，第34～35页。

〔2〕 See Odd Langholm, *The Legacy of Scholasticism in Economic Thought: Antecedents of Choice and Power*, Cambridge University Press, 1998, p. 94 – 95.

据市民法，买卖、租赁、委任、合伙因同意而具有约束力，被归类为"合意契约"或"诺成契约"。无息借款、使用借贷等因交付而具有约束力，被归类为"要物契约"。现金、借贷、口头契约、书面契约因完成规定的形式而具有约束力，被归类为"要式契约"。帝政以后，逐步出现新的契约，若一方已履行其义务即受法律保护，被归类为"无名契约"。[1]

上述这些概念相互之间本来并没有逻辑联系。在罗马法中，每个制度的规范群或概念都严格地隔离着，甚至经过这么漫长的岁月，也没有走向综合或者合成一体的趋势。从这种意义上讲，罗马法从未发展出契约的一般理论，而只发明了契约的个别形式。[2]

经院哲学家将这些概念打造成为没有矛盾的统一体，[3]提炼出"协议因同意而具有拘束力"的一般原则。经院哲学家认为，万民法中的简约是自然发明而产生的自然债务，具有万民法上的约束力。这些简约满足市民法规定的固有仪式后，产生市民法上的约束力，享有市民法上的诉权而成为契约。但市民法不发明这些契约，市民法仅赋予自然债务以诉权。[4] 简约与契约的不同之处仅在于是否享有市民法上的诉权：简约不享有诉权，仅产生抗辩；契约享有诉权。简约与契约的共同之处在于，皆因同意而具有约束力。至于各种不同契约其他要件之间的差异，只能归因于市民法的规定，并不影响契约因同意而具有约束力的一般原则。

（二）讨论允诺为何具有约束力

根据罗马法文本，允诺是指一方当事人的单方同意；契约是一项允诺被另一方当事人接受，或者说，契约是双方当事人对同一件事情的同意。罗马人提到了同意、允诺以及一致同意，但并不用这些概念解释一个合同一般在何时具有约束力。[5] 这些术语没有被渗透到具体规则中，以可适用性的观念予以看待。罗马法学家的任务是对已发生的案件提供解决方法，并通过观察这些方法在具体案

---

〔1〕 参见周枏：《罗马法原论》（下册），商务印书馆 1994 年版，第 684 页、第 708 页。

〔2〕 参见［美］艾伦·沃森：《民法法系的演变及形成》，李静冰、姚新华译，中国法制出版社 2005 年版，第 23～24 页。

〔3〕 参见［德］弗朗茨·维亚克尔：《近代私法史——以德意志的发展为观察重点》，陈爱娥、黄建辉译，上海三联书店 2006 年版，第 33～51 页。

〔4〕 参见［美］詹姆斯·戈德雷：《现代合同理论的哲学起源》，张家勇译，法律出版社 2006 年版，第 51～57 页。

〔5〕 同上书，第 40 页。

件中的效果而检验和修正他们的主要观点。即使存在概念或规则,也不能脱离它们得以归纳的案件的具体情况。一项法律规则仅被视为某种限定和指明类型的案件所作判决中共同要素的一种概括。尽管偶尔也假设存在似乎能包容所有法律的广泛原则,但罗马法学家一直都怀疑运用希腊哲学的更高体系来满足裁判案件的实际需要的可能性。他们的使命是确定了的,社会政策秩序的基本目标不会作为问题而被讨论,法律观念体系已人所共知,无须很多讨论。他们是解决问题者,在这个制度之内工作,没有被要求去解决涉及人类的需求与命运的各种根本性问题。希腊的辩证法被罗马人从一种发现技艺转变为一种判决技艺,并且这种判决技艺的目的不是说明一般原则,只是将案件简化为单纯的裁定,易于解决问题,并且也无须对其中的争议点予以分析。毕竟,对于"精英集团"之外的人,法学家本身的权威已经足够;对于"精英集团"内部的人,则能很好地理解其中道理。[1]

11世纪和12世纪西欧的法学家将希腊的辩证法推向了一个更高的抽象层次。他们试图将法律规则系统化为一个统一的整体,将这些规则综合为原则,又将原则本身综合为完整的制度。他们将罗马规则视为具有普遍效力的独立原则。[2]

沿着这种思路,经院哲学家将亚里士多德本质目的论与罗马法文本相融合,逐步提炼出认定允诺是否具有约束力的分析框架:首先,允诺必有其本质目的,要么践行慷慨、要么践行交往正义。例如,赠与践行慷慨,无偿地给予合适的人以合适的物。买卖践行交往正义,为取得价款而给予某物,价格必须符合交往正义之要求。其次,允诺人是否理解允诺的本质目的,如果理解发生错误,则允诺不具有约束力。一旦本质目的无法实现,无论是自始欠缺还是嗣后丧失,允诺都因缺失本质目的而无效。最后,允诺人是否具有受其约束的意图,如果缺乏这种意图,如受到欺诈或胁迫,允诺人可寻求救济。[3]

(三)将罗马法关于公平价格的规定改造为一般原则

罗马法关于公平价格的规定,原本属于特别规定,不适用于土地之外的其他客体,也不保护购买者。但它们却被经院哲学家改造为一般原则,适用范围拓展

---

〔1〕 参见[美]哈罗德·J.伯尔曼:《法律与革命——西方法律传统的形成》,高鸿钧等译,中国大百科全书出版社1993年版,第157页、第160~184页。

〔2〕 同上书,第171页。

〔3〕 参见[美]詹姆斯·戈德雷:《现代合同理论的哲学起源》,张家勇译,法律出版社2006年版,第90~114页。

至所有物品，受保护的主体扩展至出售者与购买者。[1] 对此，伯尔曼（Harold Berman）提出：

> 这项规则（从它表面上看像是对于没有得到价款的卖主的救济）第一次在西欧重新出现是在12世纪早期的一本罗马法教科书《罗马法纲要》（Btachylo-gus）中，在那里，它被有代表性地扩大适用于各种买卖契约。教会法学家应用了同一原则。通过进一步的精心阐述，正当价格学说被发展成为一种检验任何契约有效与否的首要原则。[2]

不仅如此，罗马法关于公平价格的规定，还被经院哲学家融入是否构成欺诈的分析当中。经院哲学家提出：欺诈，分为成因欺诈与附带欺诈。成因欺诈是指让本来不会订立合同的当事人订立了合同，法律后果是契约无效。附带欺诈是指使当事人以更差的条款订立了合同，法律后果是契约有效，受害人可以诉请返还损失。附带欺诈可再区分为故意的欺诈与自然产生的欺诈。故意的欺诈是有意实施的欺诈，受害人可以诉请返还他实际支付的价格和本来应当支付的价格之间的差额，不管差额可能多么微不足道。自然产生的欺诈，是指如果一方当事人支付过多或过少，另一方当事人并没有有意做任何事情欺骗他，只有当差额超过公平价格的一半时，受害方才可以诉请返还损失。[3]

（四）探索何为公平价格

一旦从文本转向实践，与公平价格相关的规范体系，就必须直面何为公平价格的难题。对此，经院哲学家首先在术语层面区分基于个体需求的价格和基于

---

〔1〕 参见［美］默瑞·N. 罗斯巴德：《亚当·斯密以前的经济思想：奥地利学派视角下的经济思想史》第1卷，张凤林等译，商务印书馆2012年版，第61～62页。在具体适用时，关于购买者的保护标准，存在争议。假如一件物品的价值是10元，交易价格是16元。一种观点认为，购买者不应获得救济，因为交易价格并没有高于公平价格的两倍，即20元。另一种观点认为，购买者应当获得救济，因为交易价格高于公平价格再加上公平价格的一半，即15元。See John W. Baldwin, *The Medieval Theories of the Just Price: Romanists, Canonists, and Theologians in the Twelfth and Thirteenth Centuries*, Transactions of the American Philosophical Society, Vol. 49:4, 1959, p. 22－23.

〔2〕 ［美］哈罗德·J. 伯尔曼：《法律与革命——西方法律传统的形成》，高鸿钧等译，中国大百科全书出版社1993年版，第306页。

〔3〕 参见［美］詹姆斯·戈德雷：《现代合同理论的哲学起源》，张家勇译，法律出版社2006年版，第83页。

共同需求的价格。基于共同需求的价格,被界定为公平价格,以正义或共同的善为基础,具有道德属性,功能在于评估或约束个体需求的价格。

具体到何为公平价格或基于共同需求的价格,经院哲学家强调,它自身难以捉摸,并非固定不变,会因为受到成本、需求、稀缺性或公共管制等因素的影响而浮动。具体浮动范围,则取决于习俗或制定法的规定,最终依赖经验和类推。

在实践操作层面,大主教圣阿尔伯特(Albert the Great)认为,公平价格的认定方法有三种:一是市场上的价格(competitive market price),二是交易主体之间的协议(agreement reached by the exchangers),三是公共管制(government decree)。市场上的价格难以确定,公共管制不具有实效性,通常只能依赖第二种方式,这需要考察交易主体通过讨价还价而达成协议时的态度,确保其不受强制或欺诈。这样,所谓公平价格,原则上只是自愿情形下交易主体共同估计的价格。须强调的是,这种共同估计并不是整个社会共同体的共同估计,而是特定交易中交易双方之间的共同估计或讨价还价。[1] 正如《优士丁尼法典》第4卷第44题第8节所阐述的:"如果你设想一下买卖契约缔结的过程就不难发现:买方总是想以较低的价格买进,而卖方又总是想以较高的价格卖出。但在多次讨价、还价之后,双方终于接受了这一契约:卖方适当地降低了要价,买方也相应地提高了买价,并在某一价格上达成一致。"

(五)分析受到经济强制时的决策是否构成自愿

既然公平价格原则上是自愿情形下交易主体共同估计的价格,那就需要考察交易主体是否自愿。但经院哲学家对于自愿的评判标准存在分歧,态度也不断发生变化。该分歧集中于,受到经济强制时的决策,是否构成自愿。

在中世纪之前,与强制相关的难题主要是,遭受威胁的当事人,因屈从威胁而实施特定行为,是否构成自愿并为此承担道德责任。亚里士多德认为,只要当事人的行为被完全控制,就不应承担相应的道德责任。然而,在受到威胁的情况下,当事人是可以作选择的,选择的后果也是偶然的。受到威胁时所实施的行为,属于自愿与非自愿的混合体,但更倾向于是自愿行为,遭受威胁的当事人应当承担该行为的道德责任。

---

[1] See Odd Langholm, *The Legacy of Scholasticism in Economic Thought: Antecedents of Choice and Power*, Cambridge University Press, 1998, p. 82 - 88, 100 - 105.

但是，如果观察视角从遭受威胁的一方转向施加威胁的另一方，即便遭受威胁的当事人不因受到威胁而免责，施加威胁的当事人也不应当从中获益。对此，罗马法学家曾提出，如果威胁源自物理上的强制，如基于死亡或身体折磨的恐惧，遭受威胁的当事人并没有同意。除物理上的强制之外，在面对其他威胁时，遭受威胁的当事人确实是同意了。

在后世的发展过程中，圣奥古斯丁（St. Aurelius Augustinus）采用仅强调一方主体的分析思路，认为遭受威胁的当事人应当为此承担道德责任。而大主教圣阿尔伯特却主张受到死亡或身体折磨的威胁时，行为不产生效力，但受到其他威胁时，行为的效力不受影响。13 世纪以后，经院哲学家将免除道德责任的范围，从物理上的强制扩展至经济强制。经院哲学家以罗马法关于垄断的规定为依据，即《优士丁尼法典》第 4 卷第 59 题，强调垄断直接对他人实施强制，是一种罪。除垄断外，经院哲学家还认为，低买高卖人为造成稀缺、价格歧视人为改变价格、共谋则创设垄断性权力，在所有这些情形下，对方当事人的交易行为均受到经济强制，都不构成自愿行为。可到了 15 世纪晚期，经院哲学家又主张，在垄断等情形下，对方当事人的交易行为虽然受到经济强制，但仍是自愿行为。与欺诈和物理上的强制不同，在价格歧视、垄断或共谋等经济强制下，即使自愿是有条件的，交易主体通过协议所确立的价格也足以构成公平价格。[1]

总之，罗马法文本经过亚里士多德本质目的论的改造而被体系化，用以承载基督教教义。该规范体系的调整对象或与之相应的社会现象是孤立的、极具个性化的特定交易，它被理解为交易双方当事人之间的彼此合作，本质在于互惠，价格应当公平。[2] 这种特定交易属于亚里士多德公平价格理论所指涉的两方交换，或者孤立的交换。孤立的交换被定义为双方当事人同自己的主观偏好相联系而进行的产品交换，在交换中不考虑任何其他市场机会。与市场交换不同，孤立的交换没有价格变动、没有大量市场参与者的相互作用。每项孤立的交换都只是一个双边过程，在这个过程中，双方当事人的境况作为一种交换的结果会变得更好。它以交换双方当事人均拥有剩余物品为前提，以满足人的需要为目

---

〔1〕 See Odd Langholm, *The Legacy of Scholasticism in Economic Thought: Antecedents of Choice and Power*, Cambridge University Press, 1998, p. 15 – 76, 88 – 99.

〔2〕 Ibid., p. 162, 101.

的,但不应成为积累财富的手段。剩余物品的价值取决于交换双方当事人的主观估计,当双方发生争执时,由一个与此项交换无关的第三者来作出评判。[1]

须着重强调的是,一方面,在公平价格理论中,与经济强制、行动自由相应的社会现象是特定交易,它是指交易双方当事人之间的合作,既不是《谢尔曼法》早期判例所认为的对抗自由,也不是《联邦贸易委员会法》或《克莱顿法》立法者眼中的公平对抗。一旦对事实的认知出现偏差,就无法正确理解与之相应的具体规则,更难以把握行动自由与其他价值目标之间的共性与区别。另一方面,自愿或行动自由被确立为认定公平价格的原则,经济强制被视为考察是否构成自愿的重要因素,但它们都只是落实交往正义的分析工具,内涵有赖交往正义在特定交易中的具体化。无论是行动自由还是经济强制,自身既不构成独立的行为违法性评价基础,也不具有可操作性,与之相关的实践只能依赖经验和决疑。公平价格理论对它们的定位,与本书关于《谢尔曼法》早期判例的评述观点相一致,即免于干涉的自由不应被视为法律的调整宗旨、私人利益自身不具有实质正当性。

第二节　从公平价格到自由意志再到理性意志

在成为一般性理论的同时,公平价格理论旋即被解构,与公平价格相关的规范体系、社会事实和价值诉求均发生实质性变化。以本质目的为依托的规范体系,被以自由意志为出发点的规范体系所取代。与规范体系相应的社会事实,也不再是特定交易关系中彼此合作的交易主体,而是完全个体化的人,人以其自由意志为特征。这种以自由意志为出发点的规范体系,只是尽可能重述既定法源,无法阐明自由意志何以具有拘束力,最终走向虚无。在该规范体系的基本框架内,法学家用交易公平、交易安全或诚实信用来填充自由意志的内涵,试图将理性融入意志,却无济于事,目前仍面临重大挑战。上述这种演变的源头,其实内含于公平价格理论自身的哲学基础,即亚里士多德本质目的论。

---

〔1〕 参见[美]小罗伯特·B. 埃克伦德、[美]罗伯特·F. 赫伯特:《经济理论和方法史》(第4版),杨玉生等译,张凤林校,中国人民大学出版社2001年版,第14~16页。

一、亚里士多德本质目的论被抛弃

中世纪公平价格理论的价值诉求是，将基督教教义注入罗马法文本，借助罗马法文本统合并改造欧洲各民族多样的生活惯习。为了落实上述价值诉求，中世纪经院哲学家以罗马法文本和亚里士多德哲学理论为论证基础，运用亚里士多德本质目的论，将罗马法文本打造成为没有矛盾、合乎逻辑的统一体，同时注入基督教教义。可问题在于，为了将欧洲各民族的多样性统合于基督教教义之下，是否只能以经过亚里士多德本质目的论改造的罗马法体系为中介？仅凭基督教教义本身，或者原汁原味、未被体系化所扭曲的罗马法文本，难道不能实现同样目的？事实上，以亚里士多德本质目的论为基础的经院哲学，并非中世纪基督教神学的唯一理论。

首先，将欧洲各民族的多样性统合于基督教教义，只是基督教在特定历史阶段的特定价值诉求。在中世纪之前，基督教神学家的任务是论证基督教信仰的正确性，强调基督教应当与包括古罗马在内的所有尘世国度保持距离，神学家不需要关注尘世律法。例如，圣奥古斯丁区分天国之城与尘世之城，强调只有信仰真正的上帝，人们才能践行真正的正义，才会有真正的国家。原罪之前，人的本性尚未破裂，爱足以缝合人类社会。但人性因原罪而完全毁损。上帝出于善意或眷顾，为束缚人们的仇恨和杀戮的冲动，让人们建立政治权力。这些人不靠信仰而活，只寻求尘世和平，讲究财富和尘世生命的诸种好处，在接受统治和保持服从时处于和谐状态。而基督徒却是靠信仰而活的人，他们的命运与任何一个尘世国度都不相同，基督教无须与政治或历史的过渡形式结合得过于紧密。即尘世一无是处，只是通往天国的过渡；基督徒向往天国，但却无意于改变世界。〔1〕

其次，基督教信仰被确立之后，基督教倾向于跟尘世在一个彻底的基督教文明中达成和解，需要将欧洲各民族多样的生活惯习统合于基督教教义之下。经

---

〔1〕 参见[法]菲利普·内莫：《教会法与神圣帝国的兴衰——中世纪政治思想史讲稿》，张竝译，华东师范大学出版社2011年版，第126～135页、第225页。

院哲学家试图将多样性统合于理性，同时强调理性与信仰之间的相互依赖。[1]例如，阿奎那（St. Thomas Aquinas）借助自然法，将多样的人法统合于上帝的永恒律法。阿奎那提出，上帝的本质是永恒律法。上帝的自由意志会主动实现永恒律法，不会与永恒律法相悖。与其他创造物相比，上帝赋予人以独特的理智和自由意志。人通过理智可以创设并认知实践领域的永恒律法，即自然法。同时，由于上帝造人的目的或意志是实现上帝的本质，人的本质目的就是参与永恒律法，服从自然法。因此，拥有自由意志的人，也应当选择服从自然法。然而，虽然没有被完全毁损，人性还是或多或少地被原罪所损害，人的理智及自由意志被原罪所损伤。人只能认知到一些最基本的首要原则，具体问题的解决则容易受到激情与无知的影响，这就需要在具体情形下指示出何者为善。即使人可以认知到善，人也很可能不去选择践行善，这就需要一定的强制力来保障人的自由意志去选择善，因而需要人法。自然法作用于人法的途径有两种：一是逻辑，作用范围极其有限。二是具体化（determinatio），作用范围广泛。离开一般性越远，结论越容易发生例外，也就趋于多样化。但问题是，人法如何能持续地指示并落实善，如何防止人的理性受到原罪的影响？对此，阿奎那强调，恩典恢复人的本性，若无恩典，人便无法依从其本性。[2] 即信仰帮助理性成就自身。

再次，经院哲学家将多样性统合于理性的分析工具是亚里士多德本质目的论，即人是一个有自然目的的自然存在者，但该分析工具不得对基督教信仰造成负面影响，否则将被抛弃。当时，许多亚里士多德文本经由伊斯兰哲学家阿维森纳（Avicenna）和阿威罗伊（Averroës）的评注而被重新引入欧洲基督教，因而具有异教根源，并与伊斯兰教联系紧密，这是一种不祥的神学政治威胁。亚里士多德主义的兴起往往被视为阿威罗伊主义的兴起，人们越来越怀疑伊斯兰教会影响基督教思想。教会试图颁布法令来限制有可能颠覆神学的发展变化，明确谴责亚里士多德主义。[3]

---

〔1〕 参见［意］登特列夫：《自然法：法律哲学导论》，李日章等译，新星出版社2008年版，第34～52页。

〔2〕 参见［法］菲利普·内莫：《教会法与神圣帝国的兴衰——中世纪政治思想史讲稿》，张竝译，华东师范大学出版社2011年版，第280～300页。

〔3〕 参见［美］迈克尔·艾伦·吉莱斯皮：《现代性的神学起源》，张卜天译，湖南科学技术出版社2019年版，第28～30页。

最后，唯名论取代经院哲学，试图将多样性统合于信仰或意志，不需要再运用亚里士多德本质目的论将多样性统合于理性。例如，奥卡姆（William of Ockham）主张，神是全能的，他可以做一切可能之事，即任何不产生矛盾的事情。只是因为神意愿，每一个事物才存在；每一个事物如此这般地存在，只是因为神这样意愿它。创世纯粹是一种恩典行为，只有通过启示才能理解。神创造世界，并且继续在其中行动，既不受制于世界的法则，也不受他以前决定的约束。除非通过启示，不存在可被人理解的不变的自然秩序或理性秩序，不存在关于神的知识。对奥卡姆而言，唯一必要的存在是神本身，所有其他事物都是神的意志的偶然创造。神选择产生的事物已经有了本质，但这些本质本身并不是普遍的，而是只适用于每一个个体事物。这些“本质”不会在任何实际意义上约束神的意志，除非它们包含了不可能的东西，即逻辑矛盾。它们既不被其他任何东西所蕴含，也不是其他任何东西的前提。所谓共相，只是帮我们理解这个彻底个体化的世界的有用虚构。不仅如此，它们还会歪曲实在。在奥卡姆看来，唯名论逻辑的指导原则便是他那著名的“剃刀原则”：如无必要，勿要增加共相。虽然我们作为有限的存在，没有共相就无法理解世界，但每一次概括都使我们更加远离实在。我们越少概括，就越接近真理。既然没有共相，也就不可能存在有待实现的普遍目的，因此，人没有被规定的自然目的。然而，人没有被规定的自然目的并不意味着人没有道德义务。道德律继续限制着人的行为，但这种律令只有通过启示才能知晓。到 15 世纪，中世纪以这种对神的唯名论看法的胜利而告终。[1] 据此，本质目的根本不存在，更不需要借助经过亚里士多德本质目的论改造的罗马法文本来落实基督教教义。

二、以自由意志为出发点的规范体系及其调整对象

唯名论不仅提出了一种新的对神的看法，而且提出了一种新的对人的看法，它比以前更强调人的意志的重要性。一方面，唯名论摧毁了经院哲学所设想的介于神与人之间的世界秩序，而代之以混乱无序的完全个体化的存在者。人从社会秩序或城邦中的公民转变为完全个体化的存在者。另一方面，唯名论在强

---

〔1〕 参见［美］迈克尔·艾伦·吉莱斯皮：《现代性的神学起源》，张卜天译，湖南科学技术出版社 2019 年版，第 30～41 页。

调神的意志时,也突出人的意志。因为人是按照神的形象造的,和神一样主要是意志的而不是理性的。人可以自由接受或拒绝称义的恩典,他们会选择那些能够增加其得救机会的方式行事。

以自由意志为基础,唯名论引发出两种不同思想运动。一是人文主义,强调人与神以同一种方式意愿,即创造性意愿。人文主义用独立自主的个体取代某个城邦的公民,将个体的人置于万物的中心,并主张人的自由意志不仅是一种被创造的意志,而且是一种自我创造的意志。神把意志的能力赋予了人,然后人把自己变成了他想要变成的样子。人文主义设想了一种更加注重道德实践而不是信仰和仪式的基督教,很容易推出无须恩典便可得救的结论。二是宗教改革,强调人意愿神之所愿,而不是人与神以同一种方式意愿。没有神,人就什么也不是。这两种思想运动都陷入一种无法逃避的自相矛盾:对于人文主义而言,如果没有神的全能和意志,人的意志何以可能;对于宗教改革而言,如果人不能对自己的行为负责,那么罪恶之源就是神而不是人,仁慈的神何以可能。

面对二者的自相矛盾,一些思想家试图寻找一条新的道路,不再把神和人作为研究的基础,而是诉诸自然界。例如,埃克哈特(Meister Eckhart)提出,神与其造物之间的无限差异意味着,神不能作为"是什么"或本质存在于事物之中。神在一种不同的意义上存在于万物之中,即作为万物的如何,作为决定万物变化的起作用的力量。神是纯粹的意志,变化中的世界就是神的意志,世界是由神的意志所决定的持续不断的运动,神的意志被理解成动力因果性或机械因果性。即神不再是宇宙万物最终的本质或"是什么",而是宇宙万物的变化或"如何"。要想发现神所规定的世界的特征,就必须研究变化,发现支配万物运动的法则。就这样,神学与自然科学成了一回事儿。[1] 如此,整个世界像一台机器,人们不再寻求本质目的,而是实事求是地分析这台机器,试图发现其运作规律。同时,由于这台机器是上帝创造的,人类便只能知其然,而无法了解其所以然。在社会科学领域,社会也被视为一个独立的领域,加以客观、严格的研究。人们认为社会的基本组成因素是完全个体化的存在者,并以此为出发点寻求社会这台机器的运转法则,然后用这个法则推演出其他结论。与自然科学相同,人们仅描述而不

---

〔1〕 参见[美]迈克尔·艾伦·吉莱斯皮:《现代性的神学起源》,张卜天译,湖南科学技术出版社2019年版,第38~48页。

再进一步解释社会运转法则，将其视为不证自明的第一原理。具体而言，首先阐明不证自明的第一原理，如人性恶、人性善、趋利避害、个体意志等；其次从第一原理出发逻辑地推出整个社会规范。[1]

具体到法学，遵循上述这种以完全个体化的人为中心的观察视角，以及运用第一原理推演整个规范体系的方法，法学家剔除亚里士多德本质目的论，将罗马法文本重述为以自由意志为出发点的规范体系，但并不讨论自由意志何以具有拘束力。这种规范体系的转变，在法律概念上体现为，允诺逐步演化成意思表示或法律行为。1794 年《普鲁士普通邦法》首次在立法中采纳了意思表示的概念，意在将法律行为意义上的行为确定为人的意志的结果。该法规定，所谓意思表示，是应该发生某事或者不发生某事的意图的客观表达。[2] 萨维尼（Friedrich Carl von Savigny）将意思表示视同为法律行为，将其定义为行为人意欲发生私法效果的行为。仅仅依据意思表示的定义，便可得出如下结论：首先，区分意思本身与为何作此意思的理由，即动机与意思相分离，同时强调动机错误不影响意思表示的效力。其次，内在意思与外在表示必须一致，意思表示才能生效。[3] 这样，在没有涉及意思表示之深层效力渊源的前提下，仅以意思表示的定义为基础，便可逻辑地推出法律行为制度的全部内容：行为人是否具备意思能力、动机错误是否影响意思表示的效力、如何确定内在意思与外在表示的具体内容、当外在表示不符合内在意思时应如何处理。法律行为制度的具体规定则直接取自罗马法文本；实质正当性理由仅在于，它们均来自罗马法，而罗马法则是民族法信念的具体化。

在以自由意志为出发点的规范体系中，只要在逻辑上难以纳入意思表示的定义，罗马法的规定就会被置于意思表示制度之外，被视为法律行为的例外、限制或校正。罗马法关于垄断和公平价格的规定，便成为法律行为的限制，涵摄于

---

〔1〕 参见［美］罗兰·斯特龙伯格：《西方现代思想史》，刘北成、赵国新译，中央编译出版社 2005 年版，第 65～95 页；［德］弗朗茨·维亚克尔：《近代私法史——以德意志的发展为观察重点》，陈爱娥、黄建辉译，上海三联书店 2006 年版，第 245～317 页。

〔2〕 参见［德］汉斯·哈滕豪尔：《法律行为的概念——产生及发展》，孙宪忠译，载孙宪忠编译：《德语民法学精读译文集》，北京大学出版社 2019 年版，第 149 页。

〔3〕 参见［美］詹姆斯·戈德雷：《现代合同理论的哲学起源》，张家勇译，法律出版社 2006 年版，第 236～237 页。

《德国民法典》第 138 条“违反善良风俗的法律行为”之下,并被弱化甚至悬置。

一方面,等价交换不再属于一般性原则,而是被视为例外。暴利行为的认定增加了新的要件,即“利用他人处于急迫情势、无经验、欠缺判断力或意志显著薄弱”,救济措施也被限缩于合同无效,受害人无法像《优士丁尼法典》第 4 卷第 44 题第 2 节和第 8 节所规定的那样在合同生效的基础上主张损害赔偿。[1]

另一方面,包括垄断等在内的经济强制,原则上被视为合法。在 1897 年萨克森州木纸浆案中,卡特尔协议约定,卡特尔成员要通过一个卡特尔指定的中间商销售纸浆。德国最高法院认为,该协议没有损害公共利益,并且具有普遍的益处:如果特定行业的企业结成同盟消除或控制价格下降,那么假如价格一直太低,有可能给企业带来经济灾难的话,他们的合作不仅可以被视为正当利用了自我保护的动机,而且可以被视为(作为一项一般规则)服务于公众的举动。1900 年 1 月 1 日《德国民法典》生效后,卡特尔或经济强制纠纷被纳入第 138 条,卡特尔和垄断问题陷入了定义和区分何为违反善良风俗的“泥潭”。[2]

三、从自由意志扩展至理性意志

在以自由意志为出发点的规范体系中,自由意志只是重述既定法源的逻辑起点,法学家并不论证自由意志何以具有拘束力。与之相应,自由意志也不影响法律规范的具体适用,个案裁决事实上取决于既定法源,如罗马法或日耳曼法。

当既定法源的权威受到挑战时,为了在法律实施过程中确定法律规范的具体内容,法学家就不可避免地要返回整个规范体系的逻辑起点,思考自由意志何以具有拘束力。如果说所有法律关系都是自由意志之间的关系,那么,自由意志为何能产生法律义务,法律主体为什么要受到自身自由意志的约束?康德伦理学对此的回应是,法律主体是思辨、理性、自律的人,是压制欲望的人格人。由人格人所表示的意志是理性自由的反映。因此,意志的拘束力来自理性的自律,法律的合理性也来自理性,自由意志与法律义务因理性而相互叠合。理性为自由

---

〔1〕 参见[美]詹姆斯·戈德雷:《现代合同理论的哲学起源》,张家勇译,法律出版社 2006 年版,第 197 页、第 250 ~ 258 页。

〔2〕 参见[美]戴维·J. 格伯尔:《二十世纪欧洲的法律与竞争》,冯克利等译,中国社会科学出版社 2004 年版,第 111 ~ 115 页。与经济强制相关的其他案例,参见[德]卡尔·拉伦茨:《德国民法通论》,王晓晔等译,法律出版社 2003 年版,第 604 ~ 613 页。

意志设定了一个标准,将无约束的自由转变为自我约束的自由。[1]

一旦引入理性,就意味着意志不再具有决定意义,意志本身无法决定法律后果。康德伦理学将尊重每个人的人格尊严上升为最高道德,但自由意志并非私人之间交换关系赖以建立的唯一法律原则。除保障自由意志之外,法律规范还要保护信赖利益、维护合同公平等,[2]既要尊重私人安排自己法律关系的意愿,又要保护相信一项合同意思表示为可靠的人,为社会交往提供可靠的交易基础。[3]

为将这些原则统合为一个整体,法学家一方面强调,尽管这些原则之间会发生冲突,但它们不是对立的,而是互补的。例如,拉伦茨(Karl Larenz)强调:

> 现实生活中并不存在某种仅仅以法律或法官判词为基础的,强加于个人的"合同公平性",那种认为合同自由能单独保障当事人之间的利益均衡的观点也是不现实的。合同自由需要合同公平来修正,合同公平又是以合同自由为前提的。否则,公平就会转变为专横,公平的法律思想就会丧失殆尽,那些认为可以整个儿抛弃合同公平性的人就是这样做的。[4]

法学家另一方面也尝试重新解释意志,将它从个体的自由意志转换为共同体制度体系下的理性意志,将个体的意志力转变为共同体成员的法律地位。契约不再是孤立的、两个个体之间的关系,而是整个民族体制的框架之内的个体关系。契约的具体内容最终取决于社会共同体的制度。[5]

可问题在于,社会共同体制度的实质正当性理由是什么?这便是私法学所面临的主要挑战。对此,维亚克尔(Franz Wieaker)提出:

---

〔1〕 参见[德]罗尔夫·克尼佩尔:《法律与历史——论〈德国民法典〉的形成与变迁》,朱岩译,法律出版社2003年版,第146~147页。

〔2〕 参见[德]卡尔·拉伦茨:《德国民法通论》,王晓晔等译,法律出版社2003年版,第45~64页。

〔3〕 参见[德]莱因荷德·齐柏里乌斯:《法学导论》(原书第4版),金振豹译,中国政法大学出版社2007年版,第86~87页。

〔4〕 [德]卡尔·拉伦茨:《德国民法通论》,王晓晔等译,法律出版社2003年版,第64页。

〔5〕 参见[德]卡尔·拉伦茨:《私法的重构》,魏曦岚、韦冠鹏译,载张双根等主编:《中德私法研究》总第10卷,北京大学出版社2014年版,第59~69页。

> 契约、损害平衡与限制财产权，涉及的不仅是私人间利益的平衡，其毋宁亦具有总体经济上的作用；民事司法毫不犹豫地追随此见。如是，对私法体系也必须提出，私权、私法自治、契约、财产权与结社自由等中心概念之新正当化根据何在的原则性问题。无论如何，现代社会国之法治国性质已预先决定，私法必须也被理解为自由范围与自由限制的体系……我们的法秩序（以及，与自由主义的企业主社会相对之社会主义市场经济的经济宪法）同时赋予契约、财产权利、土地所有权、资本、生产工具与经济结社以整体经济上的作用。它们被当作正当的财货分配、培植财产与确保生存的手段……如何将此一新的价值定位，以合乎方法、具有体系的方式加以处理，并呈现为平衡的释义学体系，或许是我们这个时代私法学的最急迫问题。[1]

总之，自中世纪公平价格理论以来，与公平价格相关规范体系的核心，经历了从自愿到自由意志再到理性意志的演变。一方面，与这种演变相应，规范体系的调整对象不断发生变化。以自愿为核心的规范体系，依托本质目的，关注孤立的、极具个性化的特定交易，探索自愿是否遭受经济强制。以自由意志为逻辑起点的规范体系，依托既定法源，关注完全个体化的人，梳理动机、意思和表示的关系。以理性意志为框架的规范体系，依托社会共同体制度，关注身处社会共同体中的个体以及社会整体框架内的特定交易关系，研究特定交易关系对于整个经济运行体系的影响。另一方面，尽管自愿、自由意志或理性意志先后盘踞规范体系的核心，但它们自身从来都不具有实质正当性，也不具有可操作性。自愿是落实交往正义的分析工具，内涵有赖交往正义在特定交易关系中的具体化。自由意志是重述既定法源的逻辑起点，具体内容有赖既定法源的规定。理性意志强调自由意志应受到公平原则、信赖保护原则等其他原则的限制，这种限制的具体内容则有赖社会共同体的制度安排。在此背景下，法学试图援引经济学理论，从维护市场竞争的角度，论证法律规范的实质正当性，提升法律实践的可操作性。这就要求法学正确理解市场竞争理论自身的价值诉求、社会事实与规范体系。

---

〔1〕［德］弗朗茨·维亚克尔：《近代私法史——以德意志的发展为观察重点》，陈爱娥、黄建辉译，上海三联书店2006年版，第586～587页。

第三节 经济学理论中的市场竞争

竞争(competition),是经济学的关键术语之一。"competition"源于拉丁语"cum-"与"peto-"这两个词根的组合。其中,"cum-"意指共同,"peto-"意指谋求或进攻,二者的组合演化出两种不同含义。一种是英语"competition",强调合作,意指两个以上不同主体为了同一目标共同努力。另一种是法语"concurrence",强调对抗,意指参与竞赛或在竞赛中获胜,即两个以上不同主体为了同一目标而相互对抗。因此,仅从文义来看,竞争是合作与对抗的综合,相互对抗的竞争者之间存在某种共识、受到某种程度的约束。[1]

竞争这种合作与对抗并存的文义,延续至经济学中。作为经济学的专业术语,竞争统合了自由与限制、对抗与合作、变革与秩序、创新与均衡,并呈现为竞争过程与竞争机制这两种不同定义。如果只是将竞争定义为竞争过程,那就是强调自由、对抗、变革或创新,但却容易遮蔽竞争自身所具有的秩序功能,给人以变革不需要秩序的错误印象。相反,如果只是将竞争定义为竞争机制,那就是强调限制、合作、秩序或均衡,但容易割裂竞争与变革之间的逻辑关系,让人忘记变革是使竞争成为可能的预设前提,竞争所带来的秩序又是促进变革的重要保障。事实上,竞争既是不同市场主体之间争夺交易机会的对抗过程,也是整个经济运行体系内所有市场主体之间的合作机制,它为变革提供秩序保障。可以说,如果把整个经济运行体系比作一个人,那么,市场竞争就是这个人的血液循环系统,它既维持稳定,同时也催生变化,实乃成长所必需。之所以如此,皆源自经济学自身独特的价值诉求、研究对象和规范体系。

一、经济学的价值诉求与研究对象

人们常说,经济学是关于资源配置的科学。这是对的,但容易引起误解。毕竟,在经济学产生之前,伦理学或哲学同样也解决资源配置问题。与其他学科相比,经济学有其特殊性,它以资源稀缺为前提,从提高生产效率的角度出发,探索

---

[1] See Kenneth Dennis, "*Competition*" *in the History of Economic Thought*, Arno Press, 1977, p. 1 – 16.

优化资源配置的方案。[1] 也就是说，在经济学看来，生产与配置相互影响，资源配置是一个动态体系，如果能够掌握生产与配置的互动机制或运行规律，便可以提出生产上更加有效或更为经济的资源配置方案。这样，资源配置就凸显为一个相对独立的领域或现象，研究资源配置自身运行规律的科学便是经济学。

然而，资源配置这种特殊社会现象的凸显和独立，并非唾手可得，它是社会功能分化的结果。在社会发生功能分化之前，不存在排斥其他系统、自身专门负责特定功能的子系统。诸如政治统治、资源配置、文化教育等社会功能，并不具有独立性，而是被看作家长、等级成员、社团成员或不动产所有权人等特定身份的附属物。所有社会功能都分散在众多平等且自治的领主身上，处于一片混沌之中。[2] 这时，正如中世纪公平价格理论那样，资源配置被统揽于正义、宗教或习俗之中，人们很难从无限的社会现象中截取出一片被称作资源配置的独立领域。

资源配置之所以被视为一种相对独立的社会现象、中世纪公平价格理论之所以逐步转变为经济学，其中一项重要因素是，主权国家的出现。[3] 主权国家有两项基本特征：一是存在一个独立并且统一的国家权力，二是政治秩序成为人们可以决定或者改变的对象。[4] 一个独立并且统一的国家权力的出现，或者说是主权的创设，首先将政治统治这项特殊的社会功能或社会现象从混沌之中凸显出来，提炼出一个独立的政治领域。有了主权，处于中间层次的那些所有分散的统治权限均被消除，社会共同体被凝聚为以领土为基础的国家。政治统治从社会功能中独立出来之后，就形成了政治统治功能与其他社会功能的分离，通常表述为国家与社会的分离。这种分离催生出关于政治统治作用范围的困惑。对此，人们先后提出两种不同观点。一种观点主张，主权是绝对的、永恒的，不受人类法律的限制，人们不可改变。这种主权被视为意志人格化的主权。另一种观

---

〔1〕 See Amos Witztum, *Interdependence, the Invisible Hand, and Equilibrium in Adam Smith*, History of Political Economy, Vol. 42:1, 2010, p.162 – 163.

〔2〕 参见[德]迪特儿·格林：《现代宪法的诞生、运作和前景》，刘刚译，法律出版社 2010 年版，第 2 ~3 页、第 61 页。

〔3〕 See Erich Roll, *History of Economic Thought*, Prentice-Hall, Inc., 1939, p. 64. 另参见闫茂旭：《中国共产党经济思想史》，中共党史出版社 2021 年版，第 13 ~20 页。

〔4〕 参见[德]迪特儿·格林：《现代宪法的诞生、运作和前景》，刘刚译，法律出版社 2010 年版，第 72 页。

点主张，主权并非不可改变，而是可以人为创设和改变的。政治统治的论证应当依靠科学推理，而不是超自然力和迷信。这种主权被称作理性化的主权。[1] 在第二种观点的激励下，人们在思考政治统治作用于其他社会功能的范围时，为了推进主权的理性化，总是需要实质正当性理由或特定价值诉求来做支撑。随着价值诉求的不断丰富，站在不同价值诉求的立场上，人们抽取出资源配置、文化教育、社会保障等子系统，推进社会功能和社会现象的分化。

伴随主权国家的出现，国家应在多大程度上干预资源配置这一问题，激励人们创设出提升国民财富这一特殊价值诉求。站在提升国民财富的立场上，人们关注的社会事实也开始发生变化，逐步从中世纪公平价格理论中的特定交易以及唯名论视野下完全个体化的人，转向经济运行体系。经济运行体系的创设，发轫于重商主义。

"重商主义"（mercantilism）一词首先以"重商主义体系"（systém mercantile）出现在米若比（Mirabeau）的《自1763年以来的哲学原理》（同佛朗西斯·魁奈合著）一书中。若干年后，该词又以"重商主义体系"出现在斯密的鸿篇巨著《国富论》的第四部分，即"论政治经济学体系"中。[2] 重商主义被用来描述似乎支配从16世纪初到差不多18世纪末的经济论述中的经济思想的松散体系。大多数重商主义者都是商人，他们之间缺乏或根本不存在交流，也没有可共享的和传给后代的共同的分析工具。[3] 尽管如此，重商主义者们仍具有某种共性，他们均以提升国家财富和权力为宗旨。[4] 大体而言，重商主义者认为，社会财富可借助贵金属的可靠性进行评估，如果出口大于进口，国家财富将会得以保障；因此，国家应鼓励出口、限制进口，贸易平衡不应交由市场来决定，而应通过政府的积极作为来保障。[5]

与重商主义相抗衡的，主要是重金主义。17世纪20年代，英格兰纺织业出

---

〔1〕 参见[美]罗兰·斯特龙伯格：《西方现代思想史》，刘北成、赵国新译，中央编译出版社2005年版，第77～95页。

〔2〕 参见[瑞典]拉尔斯·马格努松主编：《重商主义经济学》，王根蓓、陈雷译，上海财经大学出版社2001年版，第1～2页。

〔3〕 参见[美]小罗伯特·B. 埃克伦德、[美]罗伯特·F. 赫伯特：《经济理论和方法史》（第4版），杨玉生等译，张凤林校，中国人民大学出版社2001年版，第34～41页。

〔4〕 See Diana Wood, *Medieval Economic Thought*, Cambridge University Press, 2004, p.111.

〔5〕 See Lefteris Tsoulfidis, *Competing Schools of Economic Thought*, Springer, 2010, p.7.

现衰退。与此同时,波兰、德国降低他们货币的重金属含量,欧洲出现劣币危机。关于衰退原因以及应对方案,重金主义者与重商主义者提出不同主张。其中,重金主义者认为,英格兰的财富是被劣币骗走的,只要有贸易就存在交易不公,管制进出口贸易无济于事,国家应管制汇率。重商主义者认为,如果一个国家的进口超过出口,这会使外币的需求量增加;外币需求量增加,导致外币实际价格上升,需用更多国内货币去购买相同数量的外币,进而导致国内货币量减少。因此,货币量减少的根源在于贸易不平衡,国家应对进出口贸易施加管制。[1]

与重金主义者相比,重商主义者提出了特殊的价值诉求、研究对象、论证方法和主要内容,并据此奠定了经济学的话语体系。

一是提出新的价值目标与论证方法,合乎道德的财富分配被替换为物质世界的财富生产,形而上学的沉思则转换成对客观世界的分析。重商主义者从经验出发,整理贸易统计资料,并保持了系统的记录,希望以此为基础探索提升国民财富的具体方案。“这种对收集和保持关于实际世界数据统计资料的嗜好,可能是重商主义者留给现代经济学的最重要的遗产。在重商主义时期,分析的洞察力虽然不怎么好,然而却是从非常认真的经验主义形成的。作为第一批经济学者的重商主义者更多地关心实际经验,而不是形而上学的沉思。他们把经济问题放在第一位,而且在这样做的时候,预先为下一阶段的经济思想进步创造了条件。”[2]

二是创设新的研究对象和术语,经济运行体系取代了孤立的、极具个性化的特定交易。在重商主义者看来,每一单特定交易之间都相互影响,总的交易量将会影响特定交易的价格。物质世界的财富生产,或者说是经济,被视为一个运行体系,它像一台机器,中世纪公平价格理论所提及的商品、价格、需求、稀缺性等各种因素开始按照特定机制发生交互。

三是挖掘新的实证内容,因果关系开始从自然科学进入社会领域。重商主义者认为,供给、需求与价格之间存在因果关系,并且供需关系可以作用于国民

〔1〕 See Lars Magnusson, *Mercantilism: The Shaping of an Economic Language*, Routledge, 1994, p. 60 –67.

〔2〕 [美]小罗伯特·B.埃克伦德、[美]罗伯特·F.赫伯特:《经济理论和方法史》(第4版),杨玉生等译,张凤林校,中国人民大学出版社2001年版,第40~41页。

财富,供给与需求的交互构成国民财富增长或衰退的基础。[1]

二、竞争在经济学规范体系中的内涵

从重商主义开始,"竞争"取代"公平价格",逐步在经济学说中占据显著地位。站在提升国民财富的立场,围绕国家应在多大程度上干预资源配置这一具体问题,包括重商主义、重农主义等在内的经济学说,提出了诸多主张或规范体系。尽管这些规范体系并不完全一致,甚至大相径庭,但它们均将"竞争"作为重要的分析工具。只不过"竞争"在不同规范体系中具有不同内涵。大体而言,"竞争"可分为三类,即作为国家之间相互对抗的(国家)竞争、作为个体经营者行动自由的(自由)竞争以及作为市场运行机制的(市场)竞争。

(一)作为国家之间相互对抗的(国家)竞争

在重商主义者看来,"竞争"并非个体经营者之间的讨价还价,而是指国家与国家之间的对抗或者冲突,它对于国民财富具有消极影响。[2]

重商主义者认为,货币是国民财富的重要标志,国民财富源自流通环节,而非生产环节。[3] 这种观点所隐含的假设前提是,世界总财富固定不变。经院哲学家利用相同假设已经推断出,当贸易发生在个人之间时,一个人所获得的必然是另一个人所失去的。重商主义者将这一推理应用于国家之间的贸易,得出结论说,一国财富与经济权力的增加,是在损害其他国家财富与权力的情况下实现的。因此,重商主义者强调国际贸易是增加一国财富与权力的一种手段,并且特别集中研究国家之间的贸易平衡问题。[4]

重商主义者主张,为了提升国民财富,国家不仅应保障国际贸易的顺利进行,还应确保所谓的贸易顺差。具体而言,国家应设立"公司"并授予其"垄断权",对贸易施加管制,积极应对国际"竞争"。这种方案的正当性理由是,垄断

---

〔1〕 See Lars Magnusson, *Mercantilism: The Shaping of an Economic Language*, Routledge, 1994, p.9-12. 另参见[瑞典]拉尔斯·马格努松主编:《重商主义经济学》,王根蓓、陈雷译,上海财经大学出版社2001年版,第1~15页。

〔2〕 See Kenneth Dennis, "*Competition*" *in the History of Economic Thought*, Arno Press, 1977, p.28, 37.

〔3〕 See Lefteris Tsoulfidis, *Competing Schools of Economic Thought*, Springer, 2010, p.8-9.

〔4〕 参见[美]哈里·兰德雷斯、[美]大卫·C. 柯南德尔:《经济思想史》,周文译,人民邮电出版社2014年版,第48页。

或联合既能克服资金障碍,为防御外敌提供必要资金,有利于保障贸易安全,同时也能够控制产量,人为创设稀缺性,提高国内产品在国际市场上的销售价格,确保"贱买贵卖"。[1] 但这种方案也存在不足:人为创设稀缺性并提高国际市场销售价格的垄断,对于那些愿意提高产量的国内生产商而言是否有利?或者说,垄断在国际贸易中所获得的赢利,如何转换为国内市场或者每个成员的好处?在重商主义的规范体系内,个体自由与国民财富之间的冲突与协调问题即将破土而出。

(二)作为个体经营者行动自由的(自由)竞争

随着个人主义观念的兴起,重商主义那种强调国家管制的观点遭到批判。尤其是在1763年以后,重农主义者试图从农业的角度论证,个体自由有利于提升国民财富,国家应当维护"自由竞争",不应当再对贸易施加管制。

重农主义者认为,货币只是中介,并非财富源泉,只有自然的产出物才是财富源泉。国民财富源自生产环节,而非流通环节。并且,只有农业才能生产出比投入更多的产出,制造业和商业仅是转移财富而已,并不提升财富。[2] 在国内创设垄断的贸易管制政策,为了提升国内产品在国际市场上的销售价格,人为减少产量,限制了自然产出。只有取消管制,消除贸易或市场的进入障碍,提高经营者数量进而带来"竞争",才能使自然资源获得最大化发展。[3]

在重农主义者看来,参与竞争的主体并不只是有国家,还有个体经营者,并且竞争对于国民财富具有积极影响。然而,这种积极影响,仅仅是指防止管制给国民财富造成负面影响。那么,竞争自身是否有利于提升国民财富呢?对此,重农主义者认为商业只能转移财富,不能创造财富,因此无法对竞争自身的合理性作出解释。对他们而言,竞争内涵模糊,更多地是指中世纪经院哲学家所强调的"共同估计",并不是后世经济学家所说的保障经济运行秩序的主导性机制。总体而言,重农主义强调国家不应当对贸易施加管制、不应当限制个体自由,但却

---

[1] See Kenneth Dennis, "*Competition*" *in the History of Economic Thought*, Arno Press, 1977, p.27–33.

[2] See Lefteris Tsoulfidis, *Competing Schools of Economic Thought*, Springer, 2010, p.10–11.

[3] See Kenneth Dennis, "*Competition*" *in the History of Economic Thought*, Arno Press, 1977, p.76, 78.

难以证成国家应当维护竞争，因而只是一种针对重商主义的批判性理论。[1] 它与重商主义分属两个极端：国民财富的源泉是农业，还是商业；国家应当限制个体自由，还是保障个体自由。

（三）作为市场运行机制的（市场）竞争

面对重商主义和重农主义这两个极端，人们不得不思考，国家取消管制是否有利于提升国民财富，是否会导致社会无序。对此，斯密提出，国家取消管制，人人追求自利，社会不会陷入混乱，反而会在竞争的主导下实现融合，并能够实现国民财富最大化。

1. 竞争能够确保秩序

斯密认为，在自利和竞争的共同主导下，所有生产者终将以几乎统一的价格销售商品，市场价格趋于自然价格。这种社会组织形态便是市场，它是一个自我规制的系统，不需要协调中心，能够维持稳定、促进融合。市场所依赖的动力有两种，分别是自利和竞争。[2]

自利，是市场主体决策的源动力。对此，斯密的解释是：

> 我们所需的食物不是出自屠宰业者、酿酒业者、面包业者的恩惠，而仅仅是出自他们自己的利益的顾虑，我们不要求助于他们的爱他心，只要求助于他们的自爱心。我们不要向他们说我们必需，只说他们有利。除了乞丐，没有一个人的生活，主要是仰给于同胞市民的恩惠。乞丐也不能一味依赖于这个。乞丐生活的全部基金，实际上是出自善人的慈悲。[3]

竞争，就像一只“看不见的手”，引导自利，推动市场价格不断趋于自然价格，促进社会融合，确保社会秩序。斯密的论证思路是：先假定一个自然价格，自

---

〔1〕 See Kenneth Dennis, "*Competition*" *in the History of Economic Thought*, Arno Press, 1977, p. 83, 38 – 39.

〔2〕 See Lefteris Tsoulfidis, *Competing Schools of Economic Thought*, Springer, 2010, p. 25.

〔3〕［英］亚当斯密：《国富论》，郭大力、王亚南译，上海三联书店 2009 年版，第 9 页。关于自利的讨论，参见［美］大卫·格雷伯：《债：第一个 5000 年》，孙碳、董子云译，中信出版社 2012 年版，第 313 页；Matthew Levering, *Biblical Natural Law: A Theocentric and Teleological Approach*, Oxford University Press, 2008。

然价格确立固定不变的有效需求。再假定一个投资,投资决定供给。如果市场上的实际供给量小于有效需求,市场价格将高于自然价格,经营者获得利润,诱使其他产业的经营者进入该产业,增加市场上的实际供给量,这会降低市场价格。如果市场上的实际供给量大于有效需求,市场价格将低于自然价格,经营者无法获取利润,转投其他产业,减少市场上的实际供给量,这会提高市场价格。[1] 可以说,在斯密看来,竞争是指假定自然价格或有效需求不变,为追求自身利润最大化,供给者的决策行为或过程。[2]

在自利和竞争的共同主导下,市场价格终将趋于自然价格。这说明整个经济运行体系是有秩序、有规律的。既然经济运行体系是有规律的,人们自然就希望把握这种规律。据此,经济学说便步入社会科学的殿堂,成为一门以经济运行体系为研究对象、以经济规律为研究主题的科学。[3]

2. 竞争能够实现国民财富最大化

斯密认为,国民财富不只是局限于贵金属或农业,而是包括社会上的所有物品。[4] 国民财富的决定性因素有两种:一是劳动生产力,二是有效使用或生产性使用的劳动者的比例。其中,劳动生产力取决于劳动分工,劳动分工又取决于市场范围与资本积累。市场越大可销售的数量越多,劳动分工的机会就越多,劳动生产力也就越高。[5] 因此,流通环节和生产环节都将对国民财富产生影响。

当市场价格在竞争的推动下达到自然价格时,国民财富实现最大化。斯密的论证思路是:竞争推动市场价格不断趋于自然价格,市场份额将因此持续集中到成本较低的企业,扩大该企业的生产规模。生产规模的扩大,能够深化企业内

---

〔1〕 See Lefteris Tsoulfidis, *Competing Schools of Economic Thought*, Springer, 2010, p. 30 – 33; Neri Salvadori and Rodolfo Signorino, *The Classical Notion of Competition Revisited*, History of Political Economy, Vol. 45:1, 2013, p. 157 – 163. 另参见[英]亚当斯密:《国富论》,郭大力、王亚南译,上海三联书店 2009 年版,第 32 ~ 33 页。

〔2〕 See G. B. Richardson, *Adam Smith on Competition and Increasing Returns*, in Andrew S. Skinner and Thomas Wilson ed., Essays on Adam Smith, Clarendon Press, 1975, p. 359.

〔3〕 See G. B. Richardson, *Information and Investment: A Study in the Working of the Competitive Economy*, Clarendon Press, 1990, p. 2; Lefteris Tsoulfidis, *Competing Schools of Economic Thought*, Springer, 2010, p. 31.

〔4〕 See Lefteris Tsoulfidis, *Competing Schools of Economic Thought*, Springer, 2010, p. 23.

〔5〕 参见[美]哈里·兰德雷斯、[美]大卫·C. 柯南德尔:《经济思想史》,周文译,人民邮电出版社 2014 年版,第 94 ~ 97 页。

部劳动分工，提升专业化水平，促进既有知识的充分运用，同时也有助于新知识的创造。知识的运用和创造将提高劳动生产力，可进一步降低成本。[1] 随着成本的降低，市场价格也不断降低，当达到自然价格时，各个产业的利润率持平，经济增长趋于停滞。[2] 但斯密也强调，市场价格趋于自然价格的过程非常漫长，并且人们无法对其进行理论分析。[3]

可以说，在斯密看来，竞争在推动市场价格趋于自然价格的过程中，将会持续优化生产规模，生产规模的优化将深化劳动分工，劳动分工的深化会促进知识的运用与创造，继而提升劳动生产力以及国民财富。市场是不断优化生产规模的一种方式，因此也是持续深化劳动分工的一种方式。而竞争则是市场的运作机制，能够推动最优生产规模以及劳动分工模式的实现。国家应当为市场创设框架，除此之外，如果竞争能充分发挥作用，国家就不应再干预资源配置，[4] 而应静待竞争将市场价格推动到自然价格，届时便能实现最优生产规模或劳动分工模式，实现国民财富最大化。当然，这一过程相当漫长，国家需要有足够的耐心。

3. 竞争能够融通秩序与变革

综上所述，对斯密而言，经济运行体系事实上可以分解为秩序和变革两个环节，秩序与变革都需要竞争提供支撑。[5] 竞争，表面上只是经营者的决策行为或者相互对抗的过程，但它更是一种促进变革的合作机制，对于实现国民财富最

---

〔1〕 See G. B. Richardson, *Adam Smith on Competition and Increasing Returns*, in Andrew S. Skinner and Thomas Wilson ed., Essays on Adam Smith, Clarendon Press, 1975, p. 350 – 360.

〔2〕 See Lefteris Tsoulfidis, *Competing Schools of Economic Thought*, Springer, 2010, p. 39 – 42.

〔3〕 See Amos Witztum, *Interdependence, the Invisible Hand, and Equilibrium in Adam Smith*, History of Political Economy, Vol. 42: 1, 2010, p. 191; Lefteris Tsoulfidis, *Competing Schools of Economic Thought*, Springer, 2010, p. 29, 33. 另参见[英]亚当斯密：《国富论》，郭大力、王亚南译，上海三联书店2009年版，第34～35页。

〔4〕 See Alain Marciano and Steven G. Medema, *Market Failure in Context: Introduction*, History of Political Economy, Annual Supplement to Volume 47, 2015, p. 2. 另参见[美]哈里・兰德雷斯、[美]大卫・C. 柯南德尔：《经济思想史》，周文译，人民邮电出版社2014年版，第89页。

〔5〕 See G. B. Richardson, *Adam Smith on Competition and Increasing Returns*, in Andrew S. Skinner and Thomas Wilson ed., Essays on Adam Smith, Clarendon Press, 1975, p. 350 – 351.

大化具有不可或缺的积极作用。[1]

一方面，竞争是过程，更是机制，能够确保秩序。作为对抗行为或过程，竞争在保障个体自由的同时也限制个体自由，应被视为一种机制或规律。斯密用"自由竞争"这一术语来表述竞争，将竞争与自由紧密联系在一起，但同时也强调竞争具有规制或者限制的效果。后世古典经济学家强化竞争这种限制个体自由的效果，认为竞争能够促使价格接近于成本，使相同生产要素的回报率基本持平，实际上是一种规律。李嘉图（David Ricardo）于1811年首次提及"竞争的一般规律"，托伦斯（Torrens）于1815年在出版物中正式提出，同重力法则一样，竞争也是人类无法改变的规律，尽管供需改变价格，但价格变动最终还是由固定的规律所主导，即竞争的永恒规律。[2]

另一方面，竞争是对抗，更是合作，能够促进变革。作为对抗行为或过程，竞争以寻求变革为逻辑前提，并为变革提供秩序保障，应当被视为一种促进变革的合作机制。斯密认为，竞争推动市场价格不断趋于自然价格，不仅能实现社会融合，而且有助于深化劳动分工、推动技术进步。尽管在讨论劳动分工、技术进步等变革时，斯密并没有提及竞争，但在某些片段确实论述了竞争所具有的变革趋势。[3] 比如，斯密提出：

> 由竞争促起的非常需要，比之印度贸易大洋，不过涓涓一滴而已。况且，需要增加，在当初容或有提高价格倾向，行之已久，又势必促起价格跌落。因为购买竞争，会奖励生产，增大生产者间之竞争。各生产者为要使自己的出品，较他人的出品低廉，必迫着采用新的分工，和技术上新的改良……受经商之事，不外购买一地货物，在有利条件下，运往他地出售。买则务求其廉，售则务求其贵，双方竞争，其需要供给关系，

---

〔1〕 See J. S. Metcalfe and R. Ramlogan, *Competition and the Regulation of Economic Development*, The Quarterly Review of Economics and Finance, Vol. 45, 2005, p. 215 – 235; Antonio Nicita, *The Legacey of R. Coase* (1910 – 2013), International Review of Economics, Vol. 61, 2014, p. 93 – 108.

〔2〕 See Kenneth Dennis, "*Competition*" *in the History of Economic Thought*, Arno Press, 1977, p. 95 – 100, 113 – 116; Lefteris Tsoulfidis, *Classical vs. Neoclassical Conceptions of Competition*, Discussion Paper Series from Department of Economics, University of Macedonia, No. 11/2011, p. 13 – 19.

〔3〕 See Kenneth Dennis, "*Competition*" *in the History of Economic Thought*, Arno Press, 1977, p. 101 – 102.

> 乃至为繁赜,至多变动。在此繁赜变动情形下,对于各种货物的品质数量,又必运用技巧判断,以期适合。当着这样一种俨如不断变化的战争,只有私人商家,才能随时注意警戒,希望胜利,若以合股公司执事先生当之,那能持久呢![1]

然而,不可否认的是,斯密的竞争理论也存在不足。竞争如此重要,斯密却说人们无法对竞争发挥作用的过程作出预测,因此也就难以判断竞争是否遭受扭曲。一旦按照斯密的主张取消管制,国家必会面对应当如何促进并保障竞争的难题,彼时将陷入“一抓就死,一放就乱”的窘境。更为严重的是,如果市场价格趋近于自然价格的过程非常漫长,人们又无法作出预测,那么自然价格这一理想状态本身是否存在就值得怀疑。[2] 毕竟,在斯密那里,自然价格仅是一个假定而已,他没有分析自然价格是如何确定的。[3] 换句话说,斯密基于对经验或人性的观察而得出一个观点,即竞争推动市场价格趋于自然价格,促使供给等于需求,经济运行体系不会陷入混乱,但并未论证自然价格或经济秩序何以可能。[4] 如果自然价格根本不存在,那也就无所谓市场价格趋于自然价格的过程,国家应当取消管制的建议也将沦为虚妄。基于此,在斯密之后,经济学家面临两项重大挑战:一是自然价格是否存在,二是如何预测市场价格趋于自然价格的过程。而效率便是经济学家应对这些挑战的分析工具。

---

〔1〕 [英]亚当斯密:《国富论》,郭大力、王亚南译,上海三联书店2009年版,第395页、第398页。

〔2〕 See Kenneth Dennis, “*Competition*” *in the History of Economic Thought*, Arno Press, 1977, p. 152 - 160, 180 - 183.

〔3〕 See Lefteris Tsoulfidis, *Competing Schools of Economic Thought*, Springer, 2010, p. 31.

〔4〕 参见黄国信:《市场如何形成:从清代食盐走私的经验事实出发》,北京师范大学出版社2018年版,第5~11页。

第三章　市场竞争与经济效率的渊源

效率,是判断市场竞争是否充分发挥作用的分析工具。具体操作可分为两步:第一步,首先阐明竞争遭受扭曲或阻碍将会损害哪些效率。这些效率包括配置效率、生产效率和动态效率。其中,判定配置效率的基本标准是帕累托最优,它是指在现有技术条件下,没有任何改变可以使一个人的境遇得到改善而又不使另一个人的境遇有所恶化的状态。即每个成员的个体需求获得最大化满足。为了衡量配置效率的程度,经济学家提出"剩余"的概念,包括"消费者剩余"和"生产者剩余",二者之和为"社会总剩余"。[1] 一旦竞争遭受扭曲或阻碍,社会总剩余将会减少。1966 年,莱伯斯坦(Harvey Leibenstein)提出,竞争提升配置效率的同时,通过经理人的有效配置,能够促进"X－效率",也称生产效率,即在现有技术条件下,企业内部有效组织或管理所带来的效率。这样,竞争既影响市场价格,也影响生产成本。[2] 沿此思路,经济学家进一步提出,竞争提升配置效率和生产效率,同样促进动态效率,即生产要素重新组合所带来的平均总成本的降低。[3] 接下来,第二步,如果特定行为导致配置效率、生产效率或动态效率的降低,便可推定其扭曲或阻碍竞争。

---

〔1〕 参见吴汉洪编著:《产业组织理论》(第 2 版),中国人民大学出版社 2018 年版,第 228 ~ 229 页。须注意的是,"消费者剩余"是指买者愿意为一种物品支付的量减去其为此实际支付的量;"生产者剩余"是指卖者出售一种物品得到的量减去其生产成本。这两个概念容易使人产生误解,因为谁在消费谁在生产实际上无关紧要。虽然"需求者剩余"和"供给者剩余"这两个概念比较准确,但尊重传统,经济学一般还是使用"消费者剩余"和"生产者剩余"。参见[美]哈尔 · R. 范里安:《微观经济学:现代观点》(第 9 版),费方域、朱保华等译,格致出版社、上海三联书店、上海人民出版社 2015 年版,第 180 页。

〔2〕 See Harvey Leibenstein, *Allocative Efficiency vs.* "*X-efficiency*", The American Economic Review, Vol. 56:3, 1966; William S. Comanor and Harvey Leibenstein, *Allocative Efficiency, X-efficiency and the Measurement of Welfare Losses*, Economica, Vol. 36:143, 1969.

〔3〕 See Harvey Leibenstein, *Competition and X-efficiency*, Journal of Political Economy, Vol. 81:3, 1973; OFT, *Competition and Growth*, OFT1390, November 2011.

然而,上述这种方法在论证逻辑上存在问题。举例而言,我们经常“骗”小孩儿说,吃鱼能让人变聪明,人如果不经常吃鱼就会变傻。小孩儿记下这话,也喜欢上了吃鱼。当在幼儿园被问及其他小朋友为什么算不出 1 加 1 等于 2 时,小孩儿便抢答道:“因为他没有吃鱼!”上述判断竞争是否遭受扭曲的方法,便如同这小孩儿的反应。事实上,竞争遭受扭曲或阻碍将导致效率损失,既不等于竞争运作正常就必然没有效率损失,也不意味着所有效率损失都应归因于竞争没能充分发挥作用。竞争在推动市场价格不断接近于自然价格的过程中,能够借助市场份额的变化,优化生产规模,继而深化劳动分工,促进知识运用与创造。但竞争毕竟不是知识运用或创造本身,不是技术进步的全部。[1] 即竞争并非影响效率的唯一因素,不应仅以特定行为造成效率损失为由推定其扭曲或阻碍竞争。

为了克服上述缺陷,竞争法律实践采取的一种应对策略是,首先分别考察特定行为对于配置效率、生产效率和动态效率的影响,如果对其中一种效率产生消极影响,对另一种效率产生积极影响,那就要在不同效率之间进行权衡取舍,然后对特定行为是否扭曲或阻碍竞争作出决断。[2] 这种应对策略将配置效率、生产效率和动态效率视为各自独立并可能冲突的价值目标,割裂了三者之间的逻辑联系。事实上,配置效率受损,阻碍生产规模的优化,劳动分工难以持续深化,生产效率和动态效率将因此遭受损失;生产效率或动态效率受损,生产成本居高不下,人们参与市场竞争的动力不足,资源配置只能借助市场竞争之外的其他组织方式,[3] 配置效率必然受到损害。一旦配置效率、生产效率与动态效率相互作用的内在机理被遮蔽,竞争作用于经济增长的机制也沦为神奇且神秘的“黑盒子”,竞争真就成了一只“看不见的手”。如此,在效率冲突及其权衡的框架内,竞争法律实践的价值目标空泛虚无,调整对象杂乱模糊,规范体系武断盲目。这就像施特劳斯(Leo Strauss)所批判的那样:“我们对于我们据以做出选择的最

---

〔1〕 See Joseph Schumpeter, *The Instability of Capitalism*, in Richard V. Clemence ed., Essays on Entrepreneurs, Innovations, Business Cycles and the Evolution of Capitalism, Routledge, 1989, p. 47 – 72; J. S. Metcalfe and R. Ramlogan, *Competition and the Regulation of Economic Development*, The Quarterly Review of Economics and Finance, Vol. 45, 2005, p. 215 – 235.

〔2〕 参见辜海笑:《美国反托拉斯理论与政策》,中国经济出版社 2005 年版,第 49 ~ 64 页。

〔3〕 参见[英]约翰·希克斯:《经济史理论》,厉以平译,商务印书馆 1987 年版,第 45 ~ 65 页。

终原则、对于它们是否健全一无所知;我们最终的原则除却我们任意而盲目的喜好之外并无别的根据可言。我们落到了这样的地位:在小事上理智而冷静,在面对大事时却像个疯子在赌博;零售的是理智,批发的是疯狂。"[1] 显然,这绝非经济学家引入效率这一分析工具的初衷。

回顾历史,效率的角色定位其实非常清晰,它一直都只是分析工具,不应被视为用以论证竞争之正当性或填充竞争之内涵的价值目标。进入经济学之初,效率仅是帕累托最优,是论证自然价格是否存在的分析工具,只是由于被误以为是自然价格的构成要素,才偷偷溜进理想状态的"外衣"之下,好像是借此完成了从分析工具到价值目标的华丽转身。事实上,一旦人们的关注点发生改变,从自然价格是否存在转向如何预测市场价格趋于自然价格的过程,帕累托最优就立马被剥离出理想状态,效率也被打回其作为分析工具的原形:配置效率是判断均衡过程是否受到扭曲或阻碍的标准,生产效率和动态效率则成为评估竞争是否充分发挥作用的因素。随后,作为澄清竞争如何作用于经济增长的分析工具,包括配置效率、生产效率和动态效率在内的经济效率盘踞竞争法律实践的核心。

第一节　市场竞争与帕累托最优的融合与分离

帕累托最优的引入,始于术语的转换。新古典经济学的先驱者们用"均衡"(equilibrium)取代"自然价格",借以指称供给等于需求的理想状态。均衡,本是力学概念,意指各方力量平衡。[2] 进入经济学之后,均衡具有两种不同内涵:一是均衡状态,强调供给等于需求的静态结果,不涉及经济运行体系从非均衡状态趋于均衡状态的动态过程。二是均衡分析,假定经济运行体系必将从非均衡状态趋于均衡状态,解释并预测这种非均衡状态趋于均衡状态的动态过程,同时强调该过程不影响均衡状态本身。[3]

帕累托最优,是论证均衡状态是否存在的"副产品",却被视为均衡状态自

---

〔1〕［美］列奥·施特劳斯:《自然权利与历史》,彭刚译,生活·读书·新知三联书店2003年版,第4页。

〔2〕 See John Hicks, *Methods of Dynamic Economics*, Clarendon Press, 1985, p.11.

〔3〕 See Neil Hart, *Alfred Marshall and Modern Economics: Equilibrium Theory and Evolutionary Economics*, Palgrave Macmillan, 2013, p.8-9.

身的构成要素。与此相应，竞争从斯密所说的推动市场价格不断接近于自然价格的过程，转变成为达到自然价格时的理想状态，因而与帕累托最优融为一体。作为分析工具，帕累托最优最多只能证明均衡状态是存在的，无法解释非均衡状态趋于均衡状态的动态过程。随着经济学家把研究重点从均衡状态转向均衡分析，竞争便从实现均衡之后的结果回归到实现均衡的过程，帕累托最优也不再被视为均衡状态的构成要素，竞争与帕累托最优据此发生分离。

一、均衡状态视角下市场竞争与帕累托最优的融合

为了论证经济运行体系是否存在秩序或者规律，新古典经济学的先驱者们从均衡状态的定义出发，将供给与需求分别视为关于价格的函数，借助数学推理，证明均衡状态的存在性、唯一性和稳定性。[1] 这种论证方法并不只是将斯密的经验性叙事转换为数学上的逻辑推理，而是完全改变了均衡状态的内涵和基础，将帕累托最优视为均衡状态的构成要素，把竞争从非均衡状态下的动态过程转换成为均衡状态本身或者均衡状态下的决策过程，推动竞争、均衡状态与帕累托最优三者融为一体。

首先，均衡状态的内涵发生改变，帕累托最优被融入其中。均衡状态，原本与帕累托最优无关，仅指供给等于需求。在斯密的理论中，供给等于需求的理念是存在的，只是并没有被表述为“均衡”。但对斯密而言，需求仅限于生存必需品。当均衡状态得以实现时，人们对生存必需品的“需要”(needs)获得最大化满足，或者说弱者地位获得最大化改善。在新古典经济学的先驱者们这里，需求不再限定于生存必需品，而是指每个成员的个体“需求”(wants)。当均衡状态得以实现时，不是人们对生存必需品的需要获得最大化满足，而是每个成员的个体需求获得最大化满足，即帕累托最优。[2] 只要可以证明存在一个价格，能使供给等于需求，便足以证明均衡状态的存在性，同时帕累托最优也必将存在。这样，帕累托最优，连同供给等于需求、市场价格反映真实机会成本一道，被视为均衡状态的构成要素。[3]

---

〔1〕 See Kenneth Dennis, "*Competition*" *in the History of Economic Thought*, Arno Press, 1977, p. 209 - 210, 225.

〔2〕 See Amos Witztum, *Interdependence, the Invisible Hand, and Equilibrium in Adam Smith*, History of Political Economy, Vol. 42:1, 2010, p. 162 - 163.

〔3〕 Ibid., p. 166.

其次，均衡状态得以实现的基础发生改变，从社会交往的本性转变为个人利益最大化的诉求。在斯密那里，均衡状态之所以存在、经济运行体系之所以有秩序或者规律，一是源于人类社会交往的本能，二是出于提升国民财富的考虑。基于社会交往的本能，人们必将生产出远远超出生存所必需的物品，把它们作为礼物用于社会交往，进而推进专业化和贸易。无论采用什么组织方式，市场、管制还是其他，人们都将推进专业化和贸易，强化相互之间的依赖程度，提供生存必需品，确保社会秩序。专业化和贸易能够保障生存必需品的供给，提升国民财富。意识到这一点之后，基于提升国民财富的考虑，人们才决定参与劳动分工，进一步推进专业化和贸易。但是，劳动分工不一定必然实现均衡，只有在自然价格水平上组织劳动分工才能够实现均衡，确保生存必需品获得最大化满足。即提升国民财富的考虑，无法确保均衡的实现。但在新古典经济学的先驱者们这里，基于个人能力的有限性，人们必将参与劳动分工，希望借此推进专业化和贸易，继而实现个体需求的最大化满足。〔1〕 借助数学推理，新古典经济学的先驱者们认为，劳动分工必将实现均衡。也就是说，人人追求个人利益最大化，必能带来均衡，这一点可以通过数学推理来证明。

最后，竞争与均衡状态的关系发生改变，竞争从推动非均衡状态趋于均衡状态的过程，转变成为均衡状态本身，或者均衡状态下均衡价格的实现过程，进而与帕累托最优融为一体。在斯密那里，竞争是推动市场价格趋于自然价格的过程。该过程非常漫长，在竞争的主导下，绝大多数时间，供给都不等于需求，人们对生存必需品的需要无法获得最大化满足。〔2〕 也就是说，竞争并非均衡状态本身。但在新古典经济学的先驱者们这里，竞争被视为一种理想状态，即实现均衡状态之后的结果，它具有两种不同内涵：一是均衡状态，即帕累托最优本身。均衡状态被称为“完全市场”，它具有经营者数量多、产品同质、产品无限可分、信息完全、生产要素流动性强、不同产业的利润率持平、需求弹性无穷大等特点。这些特点之后被统称为“完全竞争”。〔3〕 二是均衡状态下均衡价格的实现过程，

---

〔1〕 See Amos Witztum, *Interdependence, the Invisible Hand, and Equilibrium in Adam Smith*, History of Political Economy, Vol. 42:1, 2010, p. 155 - 191.

〔2〕 Ibid., p. 191.

〔3〕 See Kenneth Dennis, “*Competition*” *in the History of Economic Thought*, Arno Press, 1977, p. 174 - 179, 267 - 282.

或者说理想状态下的经营者决策过程。新古典经济学的先驱者们试图对理想状态下的经营者决策过程进行定量分析，但并未形成共识。杰文斯（William Stanley Jevons）认为，均衡状态本身可以进行定量解释，但均衡状态下的经营者决策过程却无法进行定量解释。瓦尔拉斯（Léon Walras）试图运用数学推理来解释理想状态下的经营者决策过程。埃奇沃思（Francis Edgeworth）认为，瓦尔拉斯的交易公式只是界定一个均衡状态，无法对决策过程提供任何信息。埃奇沃思强调市场交易中共同妥协的重要性，认为经营者的决策是通过“不断变动合同的过程”或者“讨价还价的过程”来实现的。[1] 显然，埃奇沃思所强调的“不断变动合同”或者“讨价还价”，同样无法对理想状态下的经营者决策作出令人满意的解释，更无法对非均衡状态下的经营者决策作出预测。

二、均衡分析视角下市场竞争与帕累托最优的分离

经济运行体系，作为一种独立的社会现象，因均衡状态的创设和证明而得以确认。但这种社会现象的本质却不是静止的均衡状态，也不是机械式的循环。在马歇尔看来，经济现象的本质是演化。经济演化不是达尔文式的优胜劣汰，也不是一个状态突变到另一个状态，而是在既定状态基础上有目的地调整，涉及人类的进步以及经济组织的变革。经济演化可以分解为秩序与变革两个环节，市场竞争和企业共同构成秩序，这种秩序内含有变革的因素，将特定环节的变革传导至整个经济运行体系，同时为新的变革提供足够多的资源。[2] 在竞争、专业化和知识转移的相互配合下，经济组织时刻处于演化中：大型企业的生产规模，有助于推进企业内部劳动分工，能够促进既有知识的运用、扩散和共享，可以进一步激励新知识的创造。但是，随着生产规模的不断增长，企业的有效管理将受到限制，这可能会阻碍知识的运用或创造，最终导致大型企业被小型企业所取代。[3] 这样，竞争就不再被视为静态结果，而是回归斯密所说的经营者在非均

---

〔1〕 See Kenneth Dennis, "*Competition*" *in the History of Economic Thought*, Arno Press, 1977, p. 174 – 179, 219 – 241.

〔2〕 See J. Stanley Metcalfe, *Alfred Marshall's Mecca: Reconciling the Theories of Value and Development*, The Economic Record, Vol. 83, Special Issue, 2007, p. S1 – S21.

〔3〕 See Neil Hart, *Equilibrium and Evolution: Alfred Marshall and Marshallians*, Palgrave Macmillan, 2012, p. 43 – 70, 51, 81 – 84, 88.

衡状态下的决策过程,并被视为传播、巩固与激励变革的一种方式。

(一)预测经济演化的方法

既然经济现象的本质是演化,经济学就应当对条件变化所带来的演化作出解释和预测。演化,既可被视为一整个连续过程,也可被拆分为一系列离散阶段。相应地,解释和预测演化的方法大致可分为两类:一是动态均衡分析,直接考察整个连续过程本身。二是静态均衡分析,将整个连续过程分解为互不影响的不同阶段。首先假定特定时期内需求和资源保持不变,存在一个理想状态,即均衡状态,考察各个阶段实现均衡的过程,然后再对所有不同阶段进行综合分析。

自斯密提出竞争推动市场价格趋于自然价格的观点以来,经济学家关于经济演化的解释,大多是静态均衡分析。[1] 马歇尔亦是如此,他强调,经济演化本身过于复杂,经济学家只好采用“逐步推进”的方法作出部分解释,首先研究局部,然后将局部连接成或多或少的整体。[2] 只不过,马歇尔将这种逐步推进的方法贯彻得更为彻底。

按照逐步推进的研究思路,静态均衡分析还可以再区分为两类,即一般均衡分析和局部均衡分析。斯密采纳的是一般均衡分析。农业被斯密视为唯一生产性劳动,其余皆为消费。假定在特定时期内需求和资源保持不变,再假定一个有效需求,生产者决定一个再生产的投资,投资决定市场上的实际供给量。在给定有效需求的前提下,市场上的实际供给量决定市场价格,市场价格决定利润,利润再影响投资,进而影响市场上的实际供给量和市场价格。一系列特定时期的变动,促使市场价格不断接近于自然价格。斯密的论述存在三项假定:第一,特定时期内需求和投资保持不变,需求和投资的影响仅限于特定时期,对下一时期不产生影响。第二,需求和投资可量化为同一标准,即需求和投资是同质的、可通约的。第三,农业之外的其他产业均被视为消费。对于这三项假定,李嘉图认为,农业之外的其他产业也是生产性行业,不应被界定为消费。不同产业的生产周期不同,需求、投资和产出也不具有同质性,因而不可通约。在静态均衡分析

---

[1] See John Hicks, *Methods of Dynamic Economics*, Clarendon Press, 1985, p. 23 - 28.

[2] See Neil Hart, *Equilibrium and Evolution: Alfred Marshall and Marshallians*, Palgrave Macmillan, 2012, p. 71 - 78.

的框架中,特定时期内的需求和资源很难被假定为保持不变,需求、投资和产出很难进行统一计算。[1] 为了避免不同产业生产周期不同、需求和投资不具有同质性所带来的难题,马歇尔在静态均衡分析的基础上增加了一项新的假定,将研究对象限缩至特定产业,假定不同产业互不影响。在特定产业特定时期内需求和资源保持不变的前提假定之下,考察投资和供给,阐述特定产业实现均衡的过程。这种方法分析的社会现象更为狭窄,因此被称为局部均衡分析。

无论是一般均衡分析,还是局部均衡分析,经济演化都是借助经营者在非均衡状态下的决策而实现的。斯密所采纳的一般均衡分析,只是研究经营者的投资或供给决策,没有论及经营者的具体定价策略或供给量决策。[2] 也就是说,斯密的分析只是局限在经营者进入或退出市场的决策,不涉及在位经营者的定价策略或供给量决策。与斯密相比,马歇尔所采纳的局部均衡分析,试图从特定产业的整体状况出发,[3]对在位经营者的定价策略或供给量决策作出定量分析,进而对经营者的决策作出更为细化的解释和预测。

为此,马歇尔继续深化逐步推进的方法,在特定产业的基础上增加其他新的假定。首先,马歇尔将成本分为两类:一是随产量变化的最初成本,即可变成本;二是不随产量变化的补充成本,即不变成本。其次,假定特定产业在特定时期内需求和资源保持不变、生产规模不变、不变成本不变,引入边际分析,对在位经营者的定价策略或供给量决策作出定量解释。这被称为短期均衡分析。最后,假定特定产业在特定时期内需求和资源保持不变、生产规模可变、所有成本都可变,再考察生产规模和所有成本都发生变化时经营者进入或退出市场的决策。[4]

---

〔1〕 See John Hicks, *Methods of Dynamic Economics*, Clarendon Press, 1985, p. 42.

〔2〕 经济学家区分"供给"与"供给量"。供给曲线的移动被称为"供给变动"。沿着一条固定供给曲线的变动被称为"供给量的变动"。参见[美]曼昆:《经济学原理:微观经济学分册》(第7版),梁小民、梁砾译,北京大学出版社2015年版,第87页。在斯密的论证中,不存在"供给量的变动",只有"供给变动"带来市场上实际供给量的改变。See Lefteris Tsoulfidis, *Competing Schools of Economic Thought*, Springer, 2010, p. 30 – 33; Neri Salvadori and Rodolfo Signorino, *The Classical Notion of Competition Revisited*, History of Political Economy, Vol. 45:1, 2013, p. 157 – 163.

〔3〕 See A. Leijonhufvud, *The Varieties of Price Theory: What Microfoundations for Macrotheory?*, UCLA Economics Working Papers, 1974, p. 5; Neil Hart, *Alfred Marshall and Modern Economics: Equilibrium Theory and Evolutionary Economics*, Palgrave Macmillan, 2013, p. 24 – 25.

〔4〕 See John Hicks, *Methods of Dynamic Economics*, Clarendon Press, 1985, p. 44 – 47. 另参见[美]哈里·兰德雷斯、[美]大卫·C. 柯南德尔:《经济思想史》,周文译,人民邮电出版社2014年版,第294~297页。

这被称为长期均衡分析。

须强调的是,马歇尔局部均衡分析所研究的对象是实现均衡的过程,该均衡过程是经济演化的一部分,内含有变革的因素。这种变革因素体现为,成本在短期均衡分析与长期均衡分析中将发生实质性变化。在长期均衡分析中,生产规模不断发生改变,将导致平均总成本因"报酬递增"(increasing returns to scale)而发生变化。"报酬递增"与"规模经济"(economies of scale)并不是一回事儿。[1] 前者源自新知识的创造,被称为"外部经济"(external economies);后者源自既有知识的充分运用,被称为"内部经济"(internal economies)。生产规模扩大,有助于深化劳动分工,促进既有知识的充分运用,带来"规模经济";既有知识的充分运用,能够为创造新知识提供更多资源,促进新知识的创造,继而带来"报酬递增"。[2] 在马歇尔看来,同一经营者在长期均衡分析中的成本,并不等于短期均衡分析中可变成本与不变成本的数学加和。[3]

总体而言,马歇尔局部均衡分析仍属静态均衡分析,研究对象是程度较低、附加限制性条件的均衡过程。局部均衡分析无法全面解释整个连续过程,却能为处理复杂问题提供一种具有可操作性的方法,并取得较为接近的结果。[4]

(二)对于完全竞争的均衡过程的解释和预测

在马歇尔所处的时代,制造商通过销售商销售产品,产品价格由销售商确定,制造商只是价格接受者,不是价格制订者。[5] 这种情形被后世称为完全竞争。马歇尔运用上述短期均衡分析与长期均衡分析相结合的方法,对这种情形下的经营者决策进行定量分析,据此对实现均衡的过程作出解释和预测。

就短期均衡分析而言,首先,个体经营者寻求自身利润最大化。当边际成本等于边际收益,并且边际收益递减、边际成本递增时,个体经营者实现自身利润最大化。这个结论可通过数学推理来说明。利润是关于产量的函数。当函数的

---

〔1〕 See Brian J. Loasby, *Industrial Organization*, in Raffaelli T., Becattini G. & Dardi M. eds., The Elgar Companion to Alfred Marshall, Edward Elgar Publishing Ltd., 2006, p. 375.

〔2〕 See Neil Hart, *Equilibrium and Evolution: Alfred Marshall and Marshallians*, Palgrave Macmillan, 2012, p. 53-58.

〔3〕 Ibid., p. 97-105.

〔4〕 See John Hicks, *Methods of Dynamic Economics*, Clarendon Press, 1985, p. 22.

〔5〕 Ibid., p. 49-50.

一阶导数等于零,也就是边际成本等于边际收益时,函数存在极值;当二阶导数小于零,也就是边际收益递减、边际成本递增时,函数存在最大值。

其次,鉴于人的有限理性,个体经营者的边际成本先递减后递增,并且边际成本曲线穿过平均总成本的最低点。只要边际成本小于平均总成本,平均总成本就下降;只要边际成本大于平均总成本,平均总成本就上升。曼昆(N. Gregory Mankiw)对此的解释是:

> 为了说明其原因,考虑一个类比。平均总成本就像你的累积平均绩点,边际成本就像你下一门课将获得的成绩。如果你下一门课的成绩小于你的平均绩点,你的平均绩点就下降;如果你的下一门课的成绩高于你的平均绩点,你的平均绩点就上升。[1]

最后,由于不具有控制价格的能力,个体经营者的边际收益等于单个产品的价格,个体经营者所面临的边际收益曲线是水平的。如果产品价格低于平均总成本,个体经营者停止生产;如果产品价格高于平均总成本,个体经营者生产并销售产品,并努力使供给量接近于边际成本等于边际收益时的产量,寻求自身利润最大化。

就长期均衡分析而言,如果产品价格高于平均总成本,个体经营者销售产品,获得利润,诱发潜在竞争者进入市场,增加供给。供给增加,导致产品价格下降。如果产品价格下降到平均总成本以下,在位竞争者退出市场,减少供给。供给减少,导致产品价格上升。如此反复,直到产品价格等于平均总成本,即个体经营者所面临的边际收益曲线与平均总成本曲线相切时,实现均衡。[2]

(三)从完全竞争到不完全竞争的拓展与澄清

马歇尔选取上述被后世称为完全竞争的情形为样本,对实现均衡的过程作出分析。但他并没有说均衡状态只有在完全竞争的前提假定下才能实现,更没有说局部均衡分析只能运用于完全竞争。在马歇尔看来,非均衡状态下的讨价还

---

〔1〕[美]曼昆:《经济学原理:微观经济学分册》(第7版),梁小民、梁砾译,北京大学出版社2015年版,第288页。

〔2〕同上书,第312页。

价,能为市场主体提供信息或知识,帮助他们接近均衡价格。均衡状态的实现,不以知识的完全为前提;局部均衡分析的研究对象也不只是限定于完全竞争。[1]

尽管如此,马歇尔还是被误解了,完全竞争被误以为是局部均衡分析乃至均衡状态得以实现的前提假定。这种误解始于斯拉法(Piero Sraffa)。斯拉法提出,马歇尔局部均衡分析存在两项相互矛盾的前提假定:一是边际成本递增,二是完全竞争。在完全竞争中,企业能够购买到任意一种投入品的任意产量,一旦边际成本大于平均总成本,企业将立即调整成本结构,使之回到平均总成本最小的状态。边际成本既不递增也不递减,而是保持不变。一旦边际成本不变、平均总成本不变,再加上销售价格不变,企业面临的需求曲线是水平的,边际成本曲线也是水平的,并且两者重合,如此便无法对企业定价策略或供给量决策进行解释和预测。这样,如果坚持完全竞争的前提假定,就应当采用不同产业之间相互竞争的分析模型,即一般均衡分析。如果坚持局部均衡分析,就必须放弃完全竞争的前提假定。[2]

斯拉法对于马歇尔局部均衡分析的误解和批判,引发了三种不同应对方案。

一是将完全竞争视为均衡状态得以实现的前提假定,只要能创设出完全竞争这种条件,无论企业如何决策,经济运行体系必定会达到均衡状态,也就无须再对实现均衡的过程进行解释和预测。完全竞争,原本被新古典经济学的先驱者们用来表述均衡状态的特征,是实现均衡状态之后的结果。但在斯拉法之后,完全竞争却被视为均衡状态得以实现的决定性前提。[3] 沿此思路,作为实现均衡状态的决定性前提,完全竞争被奥地利学派浓缩为知识完全性,被可竞争市场理论限定为进出市场的自由。[4] 在他们看来,保障知识完全性或维护市场进出

---

[1] See Neil Hart, *Equilibrium and Evolution*: *Alfred Marshall and Marshallians*, Palgrave Macmillan, 2012, p.76 – 77, 83.

[2] See Lefteris Tsoulfidis, *Competing Schools of Economic Thought*, Springer, 2010, p.217 – 233; Neil Hart, *Equilibrium and Evolution*: *Alfred Marshall and Marshallians*, Palgrave Macmillan, 2012, p.108 – 122.

[3] See Kenneth Dennis, "*Competition*" *in the History of Economic Thought*, Arno Press, 1977, p.279 – 282. 也有中国学者持类似观点。参见陈秀山:《现代竞争理论与竞争政策》,商务印书馆 1997 年版,第 36 ~ 40 页。

[4] See Michael E. Bradley, *Adam Smith's System of Natural Liberty*: *Competition*, *Contestability and Market Process*, Journal of the History of Economic Thought, Vol. 32:2, 2010, p.258.

自由分别构成唯一或最优的均衡过程;只要能够确保这些决定性前提,就没有必要再对实现均衡的具体过程进行分析。如此,作为研究对象,实现均衡的过程完全被遮蔽。

二是放弃局部均衡分析。张伯伦(Edward Chamberlin)的垄断竞争理论认为,马歇尔以完全竞争为前提假定,而这种前提假定与现实并不一致。市场的现实状况是,产品具有多样性,每个经营者都具有一定程度的控制价格的能力。同时,消费者对于产品的偏好不断发生改变,经营者也具有改变产品的能力,因此每个经营者也都面临着某种程度的竞争。将特定产业区分为垄断与竞争的方法难以解释现实,经济学理论不应再试图以纯粹垄断或纯粹竞争为典型推进特定产业的类型化,而应当以企业为核心,研究企业的产品特性、成本与价格。[1]

在张伯伦看来,马歇尔局部均衡分析的前提假定与现实相脱离,因此一定是错误的,应当被放弃。事实上,这种以前提假定与现实不符为由的论证思路并不合理。实证科学的最终目的是发展出一种理论或假说,对尚未观察到的现象做出正确而有意义的预测,而不是对已知现象做出描述。描述的准确性并不等于分析的相关性或者预测的精确性。描述的作用在于特殊化,理论或假说的职能则是一般化,它不考虑无数的差异,而是要抓住不同现象中重要的共同元素。一种理论或假说能以少来解释多、能通过已知预测未知,那就意味着它从大量复杂现实中抽象出了共同的关键因素,只凭借这些关键因素便可以做出精确预测。因此,理论或假说的意义越重大,它所包含的前提假定与现实之间的关系就越远。前提假定的合理性并不取决于它们与现实是否相符,而是取决于借助它们所预测出的结果是否精确。回到张伯伦的垄断竞争理论,该理论只是批评马歇尔的前提假定与现实不符,完全没有触及马歇尔在预测经营者决策时出现了什么矛盾或错误。[2]

更重要的是,张伯伦强调价格变动、资源在不同产业之间持续流动,但并没有分析这种流动的结果,甚至都没有阐明均衡状态的可实现性,无法为考察实现

---

〔1〕 See Edward H. Chamberlin, *Monopolistic Competition Revisited*, Economica, Vol. 18:72, 1951, p. 343 – 362.

〔2〕 参见[美]米尔顿·弗里德曼:《实证经济学论文集》,柏克译,商务印书馆 2014 年版,第 3 ~ 48 页;[美]乔治·J. 施蒂格勒:《产业组织》,王永钦、薛锋译,格致出版社、上海人民出版社 2018 年版,第 313 ~ 323 页。

均衡的过程提供具有可操作性的方法。对此,张伯伦自己也承认,他并不在乎垄断竞争理论的实践意义。[1] 与张伯伦相比,特里芬(Robert Triffin)试图将垄断竞争理论运用于实践,主张以企业为核心,用企业、商品和要素来取代产业。然而,特里芬事实上只是如实描述了复杂现象,并未从经验中抽象出一般性理论,无法对不同企业之间的依赖关系做出分析,仍然难以对经营者决策做出预测。[2] 一旦面向实践操作,即便是以企业为核心来分析经营者决策,除了考察企业自身状况之外,仍然还是要分析特定产业的整体状况。[3]

三是坚持局部均衡分析,但不再以完全竞争为前提假定。罗宾逊(Joan Robinson)的不完全竞争理论认为,个体经营者面临的需求曲线不是水平的,而是向下倾斜的,即个体经营者具有某种程度的控制价格的能力。就短期均衡分析而言,首先,个体经营者寻求自身利润最大化,当边际成本等于边际收益时,实现利润最大化。其次,个体经营者的边际成本先递减后递增,边际成本曲线穿过平均总成本曲线的最低点。再次,如果个体经营者采取单一定价策略,没有实施价格歧视,那么经营者的边际收益小于单个产品的价格,边际收益曲线位于需求曲线之下。最后,个体经营者将努力使供给量接近边际成本等于边际收益时的产量,该产量并非供给等于需求时的产量。这将给个体经营者带来垄断利润,同时也导致无谓损失。就长期均衡分析而言,在位竞争者获取垄断利润,诱发潜在竞争者进入市场,减少在位竞争者面临的需求,导致在位竞争者所面临的需求曲线向左平移,降低在位竞争者的利润。如果利润过低,在位竞争者将退出市场,增加其他在位竞争者面临的需求,导致在位竞争者所面临的需求曲线向右平移,增加在位竞争者的利润。如此反复,直到在位竞争者所面临的需求曲线与平均总成本曲线相切时,实现均衡。实现均衡状态时,个体经营者的定价或产量处于边际成本等于边际收益时的水平,与供给等于需求时的定价或产量并不相同,帕累托最优并未被实现。这样,即便没有实现帕累托最优,同样也能实现均衡。

---

〔1〕 See Almarin Phillips and Rodney E. Stevenson, *The Historical Development of Industrial Organization*, History of Political Economy, Vol. 6:3, 1974, p.336.

〔2〕 参见[美]乔治·J. 施蒂格勒:《产业组织》,王永钦、薛锋译,格致出版社、上海人民出版社 2018 年版,第 313 ~ 323 页。

〔3〕 参见[美]辛西娅·蒙哥马利:《重新定义战略》,蒋宗强、王立鹏译,中信出版社 2016 年版,第 20 ~ 27 页。

在上述三种应对方案中,前两种方案无法对实现均衡的过程做出预测,第三种方案将局部均衡分析的研究对象从完全竞争拓展到不完全竞争,澄清了马歇尔局部均衡分析的原意。[1] 经过不完全竞争理论的再澄清,竞争推动非均衡状态趋于均衡状态,但均衡状态仅指供给等于需求,帕累托最优并不是均衡状态的构成要素。"新产业组织理论认为,市场机制本身并不能实现资源配置的最优状态,而且由于市场中存在各种不确定的因素,所以资源配置的常态并非总是帕累托最优的,而往往是一种次优的纳什均衡状态。"[2] 据此,只要能实现均衡状态,即供给等于需求,任何一种实现过程都是好的,也就不存在理想的或最优的均衡过程或市场类型。人们只能针对不同市场类型解释并预测该市场类型所特有的均衡过程,运用比较静态分析,加深对现实世界中特定行为的理解和体验。[3] 既如此,作为经营者在非均衡状态下的决策过程,竞争便与帕累托最优发生分离,二者之间不存在必然联系。

第二节　市场竞争与经济效率之间关系的重塑

罗宾逊的不完全竞争理论澄清了马歇尔的本意,但无法克服马歇尔局部均衡分析固有的内在冲突:竞争在推动非均衡状态趋于均衡状态的同时促进变革,持续改变均衡状态自身,因而导致均衡过程难以预测。这种冲突集中体现在长期均衡分析。竞争者进入或退出市场,影响每个个体经营者的产量或者供给量,改变其生产规模。生产规模的调整,将改变个体经营者内部劳动分工,影响知识的运用与创造,进而改变平均总成本。这样,在完全竞争中,随着竞争者进入或退出市场,个体经营者所面临的边际收益曲线上下移动,平均总成本曲线同时也不断变化,很难预测二者的切点。[4] 在不完全竞争中,随着竞争者进入或退出市场,个体经营者所面临的需求曲线左右移动,平均总成本曲线同时上下移动,

---

〔1〕 See Lefteris Tsoulfidis, *Competing Schools of Economic Thought*, Springer, 2010, p. 227 – 229.

〔2〕 吴汉洪编著:《产业组织理论》(第2版),中国人民大学出版社2018年版,第229页。

〔3〕 See Kenneth Dennis, "*Competition*" *in the History of Economic Thought*, Arno Press, 1977, p. 281, 315.

〔4〕 See Neil Hart, *Equilibrium and Evolution: Alfred Marshall and Marshallians*, Palgrave Macmillan, 2012, p. 81 – 95.

难以对二者的切点做出准确预测。如此,长期均衡乃至整个均衡过程都只能描述而无法预测,马歇尔局部均衡分析无法实现其初衷。

为了克服这种内在冲突,经济学家将变革的因素从均衡过程中剔除出去,把经济演化分解为均衡与变革这两个相对独立并且相互影响的环节。竞争构成均衡与变革的中介:作为个体经营者的决策行为或过程,竞争的直接功能是推动非均衡状态趋于均衡状态,在实现均衡的过程中,间接地将市场份额集中到成本较低的企业,改变生产规模,深化企业内部劳动分工,促进既有知识的充分运用,为创造新知识提供足够多的资源,激励变革。这样,尽管竞争具有促进变革的间接功能,但这种间接功能的发挥必须以推动非均衡状态趋于均衡状态为前提。因此,竞争虽然具有打破均衡的间接功能,但应当被明确界定为实现均衡的过程。

在实践操作中,配置效率成为判断竞争自身或者均衡过程是否遭受扭曲的标准,生产效率或动态效率则构成考察竞争是否充分发挥其激励变革的间接功能的因素。[1] 前者通常被称为反垄断政策,站在流通环节的立场,专注于特定产业,以剥离变革因素之后的马歇尔局部均衡分析为基本框架,以配置效率为分析工具,保障竞争自身不被扭曲。后者大多被纳入反不正当竞争政策的范畴,站在生产环节的立场,专注于特定产业中极具个性化的特定交易,以交易成本理论为基本框架,以生产效率或动态效率为考察因素,促进竞争充分发挥其激励变革的间接功能。

一、均衡与变革的分离

均衡与变革本为一体,共同构成经济演化。为了对经济演化做出相对准确的预测,经济学家目前只能采取逐步推进的方法将二者相互分离,分别进行考察。均衡与变革的分离,大致可分为三个阶段。

第一阶段是将变革从均衡过程乃至经济演化中剔除出去。具体做法是,把报酬递增转变为规模经济。在长期均衡分析中,不存在报酬递增,平均总成本曲线不再因生产规模的变化而上下移动。生产规模的改变仍将影响企业内部劳动分工,但只能促进既有知识的充分运用,无法激励新知识的创造。既有知识的充分运用将带来规模经济,使长期均衡分析中的平均总成本先递减后递增,平均总

---

〔1〕 See Paul J. McNulty, *On the Nature of Theory of Economic Organization: the Role of the Firm Reconsidered*, History of Political Economy, Vol. 16:2, 1984, p. 233 – 253.

成本曲线是“U”型的。这种做法遭到马歇尔的明确反对，但被后世主流经济学所接纳。[1] 据此，马歇尔局部均衡分析所研究的社会现象，不再含有变革的因素，而是在技术不变的前提假定下，非均衡状态趋于均衡状态的过程。

第二阶段是重新引入并强调变革，明确区分均衡与变革，相对忽视均衡。熊彼特（Joseph Schumpeter）认为，经济演化包括均衡和创新两个过程。创新的实质是生产要素的重新组合，核心在于平均总成本的降低。创新的源泉是企业家精神，但需要借助均衡过程来扩散或吸收。一旦被扩散或吸收，创新便促使一个均衡状态演化至另一均衡状态。关于创新过程的解释和预测，仍应限定于特定产业中，但不应再沿用剔除变革因素之后的马歇尔局部均衡分析，需要探索其他分析方法。[2]

如此，在熊彼特的论述中，经济演化被细分为两种相互独立并相互影响的社会现象：一是不含有变革因素的均衡过程，二是变革过程或者创新过程。更重要的是，经济演化不再被视为一个内生性的连续过程，而是被拟制为一种均衡状态取代另一种均衡状态的外生性的突变或离散过程。[3] 在斯密和马歇尔的理论中，竞争实现均衡，同时也促进变革。市场价格在竞争的推动下，以参加短跑比赛的方式，一口气奔向自然价格那个山顶。而熊彼特却把山路改造为一层层楼梯，竞争只在同一层楼梯上发挥作用，帮助人们积蓄力量，却难以推动人们更上一层楼。在此基础上，变革或所谓的“动态竞争”逐步成为人们关注的焦点，均衡或所谓的“静态竞争”则很容易被遮蔽甚至被完全忽视。[4]

---

〔1〕 See Neil Hart, *Equilibrium and Evolution: Alfred Marshall and Marshallians*, Palgrave Macmillan, 2012, p. 97 – 108, 123 – 129.

〔2〕 See Joseph Schumpeter, *The Instability of Capitalism*, in Richard V. Clemence ed., Essays on Entrepreneurs, Innovations, Business Cycles and the Evolution of Capitalism, Routledge, 1989, p. 47 – 72.

〔3〕 See Neil Hart, *Equilibrium and Evolution: Alfred Marshall and Marshallians*, Palgrave Macmillan, 2012, p. 176; Neil Hart, *Alfred Marshall and Modern Economics: Equilibrium Theory and Evolutionary Economics*, Palgrave Macmillan, 2013, p. 37.

〔4〕 See Amanda B. Delp and John W. Mayo, *The Evolution of "Competition": Lessons for 21st Century Telecommunications Policy*, Review of Industrial Organization, Vol. 50:4, 2017. 关于创新过程的分析，大多被称为“动态分析”；剔除变革因素之后的马歇尔局部均衡分析，大多被称为“静态分析”。See Neil Hart, *Alfred Marshall and Modern Economics: Equilibrium Theory and Evolutionary Economics*, Palgrave Macmillan, 2013, p. 140. 熊彼特主张，应当放弃“静态”和“动态”的表述。See Joseph Schumpeter, *The Instability of Capitalism*, in Richard V. Clemence ed., Essays on Entrepreneurs, Innovations, Business Cycles and the Evolution of Capitalism, Routledge, 1989, p. 60. 尽管如此，熊彼特还是被视为动态竞争理论的代表。See OFT, *Innovation and Competition Policy, Part I-Conceptual Issues*, OFT377, March 2002, p. 16 – 18.

第三阶段是明确区分均衡与变革,更加突显均衡对于变革的重要作用。熊彼特之后,经济学家强调,变革需要秩序保障,均衡能为变革提供有效的秩序保障,经济演化不是从一个均衡状态突变到另一个均衡状态,而是在原有均衡状态下的持续调整。经济演化是内生性的连续过程,不是外生性的离散阶段。[1]

首先,变革需要秩序保障。经济学家提出,变革不是偶然变化,而是一种具有目的性的智识设计。它包括两部分内容:一是试错,二是在失败的时候探索新策略。一旦变革成功,成功的变革会被固化,继而节省精力,为后续的试错与探索提供足够多的资源。[2] 然而,人的理性是有限的,无法掌握所有成功的变革,难以全面理解所有知识。因此,人们需要相互合作,也就是参与劳动分工,借此充分掌握既有知识,这样才有足够多的精力或资源去创造新知识。但是,人的有限理性同样会给劳动分工造成障碍,人们需要尽可能降低劳动分工的实施成本,提升劳动分工的有效性,为创造新知识提供更多资源,因而需要确立劳动分工的组织方式,为劳动分工提供秩序保障。[3]

其次,均衡能够为变革提供秩序保障。经济学家认为,劳动分工受到生产规模的影响,生产规模的优化有助于深化劳动分工。市场是资源配置的一种方式,当然也是优化生产规模、组织劳动分工的一种方式。竞争是市场的运转动力或运作机制,推动市场价格不断接近于均衡价格。在实现均衡的过程中,市场份额集中到成本较低的企业,扩大其生产规模。生产规模的扩大,将深化企业内部劳动分工,促进既有知识的充分运用,能够为新知识的创造提供更多资源。新知识的创造与运用将进一步降低生产成本,企业因此占有更多市场份额,继续扩大生产规模。随着企业规模的扩大,企业内部用于组织额外交易的费用会增加,企业家越来越无法将生产要素用在价值最大之处,无法充分利用生产要素。这样,相对于大企业,小企业将更具优势,并通过竞争获取市场份额,借此扩大生产规模,

---

〔1〕 See Brian J. Loasby, *Industrial Organization*, in Raffaelli T., Becattini G. & Dardi M. eds., The Elgar Companion to Alfred Marshall, Edward Elgar Publishing Ltd., 2006, p. 371 -378.

〔2〕 See Tiziano Raffaelli, *The General Pattern of Marshallian Evolution*, Evolutionary and Institutional Economics Review, Vol. 4, 2008, p. 36 -45.

〔3〕 See Brian J. Loasby, *Cognition and Market*, in Stan Metcalfe and Alan Warde ed., Market Relations and the Competitive Process, Manchester University Press, 2002, p. 58 -72.

固化自身的优势。因此,企业规模的大小最终还是由竞争所决定。[1] 在竞争的主导下,生产规模不断优化,劳动分工持续深化,能为新知识的创造提供取之不尽、用之不竭的动力,为变革提供秩序保障。[2] 这种观点在经济学教科书中被浓缩为:"市场通常是组织经济活动的一种好方法。"[3]

经过上述三个阶段的发展,经济演化的内涵得以明确,它由均衡与变革共同组成,均衡能够为变革提供秩序保障。剥离变革因素之后的马歇尔局部均衡分析,可以解释和预测均衡过程,但难以分析变革过程。变革源自经济主体的选择和探索,需借助其他工具进行分析。[4] 在此基础上,有经济学家改造马歇尔局部均衡分析,试图对均衡与变革进行统一解释和预测。[5] 但竞争法律实践却继续坚持对均衡与变革分而治之的策略,在探索变革模型的同时,沿用剥离变革因素之后的马歇尔局部均衡分析,解释和预测实现均衡的过程。[6]

二、判断竞争自身是否遭受扭曲的工具或认定标准:配置效率

作为非均衡状态下的经营者决策,竞争在推动非均衡状态趋于均衡状态的过程中促进变革。一旦竞争遭受扭曲,均衡过程受到阻碍,变革将难以获得有效的秩序保障。因此,人们需要对均衡过程做出预测,判断竞争自身是否遭受扭曲。与此相对应的理论与实践,通常被称为反垄断政策。

以保障竞争自身不被扭曲为宗旨,反垄断政策分析大致可分为两步:第一步,借助剥离变革因素之后的马歇尔局部均衡分析,解释和预测特定产业实现均衡的过程。如前所述,马歇尔局部均衡分析试图从特定产业的整体结构出发,推

〔1〕 参见罗纳德·H. 科斯:《企业的性质(1937)》,载[美]奥利弗·E. 威廉姆森、[美]西德尼·G. 温特编:《企业的性质——起源、演变与发展》,姚海鑫、邢源源译,商务印书馆 2017 年版。

〔2〕 See Brian J. Loasby, *Market Institutions and Economic Evolution*, Journal of Evolutionary Economics, Vol. 10, 2000, p. 297 - 309.

〔3〕 [美]曼昆:《经济学原理:微观经济学分册》(第 7 版),梁小民、梁砾译,北京大学出版社 2015 年版,第 10 页。

〔4〕 See Tiziano Raffaelli, *The General Pattern of Marshallian Evolution*, Evolutionary and Institutional Economics Review, Vol. 4, 2008, p. 36 - 45.

〔5〕 See J. Stanley Metcalfe, *Alfred Marshall's Mecca: Reconciling the Theories of Value and Development*, The Economic Record, Vol. 83, Special Issue, 2007, p. S1 - S21.

〔6〕 See OFT, *Innovation and Competition Policy*, *Part I-Conceptual Issues*, OFT377, March 2002; OFT, *What does Behavioral Economics Mean for Competition Policy?*, OFT1224, March 2010.

断个体经营者的决策,据此预测实现均衡的过程。产业状况不同,市场类型不同,均衡过程亦不同。目前,经济学家已经凝练出四种不同市场类型,分别是完全竞争、垄断、垄断竞争和寡头。第二步,在特定均衡过程的背景下,借助配置效率来评估特定行为对于均衡过程的影响。如果特定行为减少社会总剩余,造成或扩大无谓损失,便可推定其阻碍均衡过程、扭曲竞争。上述两步操作是一个整体,应当时刻紧密结合在一起:之所以要对市场类型进行区分,目的不在于描述市场实然状况,而在于预测均衡过程,为后续考察特定行为对于配置效率的影响提供基础或框架;作为判断竞争自身是否遭受扭曲的分析工具,配置效率只能在马歇尔局部均衡分析所阐明的均衡过程的框架内发挥作用。下文分别介绍完全竞争、垄断、垄断竞争和寡头这四种不同市场类型中的均衡过程,以及判断竞争是否遭受扭曲的方法。

(一)完全竞争

完全竞争具有三项特征:一是市场上有许多买者和许多卖者;二是各个卖者提供的物品大体上是相同的;三是企业可以自由地进入或退出市场。大体而言,完全竞争中的经营者不具有控制价格的能力,或者说没有任何市场力量。完全竞争的均衡过程,前文在介绍马歇尔局部均衡分析时已做阐述,此不赘言。当完全竞争达到均衡状态时,实现帕累托最优。

在完全竞争中,如果特定行为使得经营者具有控制价格的能力,或者说提升经营者的市场力量,便可推定其阻碍均衡过程、扭曲竞争。特定经营者的市场力量可借助需求价格弹性进行评估,需求价格弹性越大市场力量越小。然而,需求价格弹性难以计算,不具有可操作性。[1] 鉴于此,马歇尔运用消费者剩余来评估市场力量的提升程度,强调消费者剩余会因市场力量的提升而减少。与马歇尔不同,勒纳(Abba Lerner)于1934年主张,评估市场力量提升程度的标准应是消费者剩余与生产者剩余的总和,即社会总剩余。[2] 市场力量提升将减少社会

---

〔1〕 See Edward S. Mason, *Price and Production Policies of Large-Scale Enterprise*, The American Economic Review, Vol. 29:1, Supplement, Papers and Proceedings of the Fifty-first Annual Meeting of the American Economic Association, 1939, p. 62.

〔2〕 See A. P. Lerner, *The Concept of Monopoly and the Measurement of Monopoly Power*, The Review of Economic Studies, Vol. 1:3, 1934.

总剩余,造成或扩大无谓损失。[1] 1966 年,社会总剩余被博克(Robert Bork)法官表述为"消费者福利"(consumer welfare),据此进入反垄断实践。[2] 以社会总剩余这项评估标准为基础,经济学家提出如下四项考察市场力量的具体因素:一是市场份额。市场份额越大,个体经营者面临的需求弹性越小,市场力量就越大,越可能导致无谓损失。二是市场需求弹性。市场需求弹性越大,个体经营者面临的需求弹性也越大,市场力量就越小,越不可能导致无谓损失。三是从属企业的供给弹性。从属企业的供给弹性越大,个体经营者面临的需求弹性也越大,市场力量就越小,越不可能导致无谓损失。四是市场竞争者之间的相互依赖程度。依赖程度越大,个体经营者面临的需求弹性越大,市场力量也就越小,越不可能导致无谓损失。依赖程度为 1,所有经营者采取一致行动,个体经营者市场力量翻倍;依赖程度为 -1,其他经营者采取相反的经营策略,个体经营者不具有市场力量。[3]

(二)垄断

垄断,是指一个企业是其产品唯一的卖者,其产品也没有相近的替代品。就短期均衡分析而言,垄断者的决策过程,前文在介绍罗宾逊不完全竞争理论时已做阐述,此处不再赘言。就长期均衡分析而言,垄断行业排除潜在竞争者进入的可能性,因此与完全竞争的在位竞争者不同,垄断者在短期内获得的利润在长期内不会因为潜在竞争者的进入而消失。垄断者在长期内可以保持利润,并可通过改变规模而获取更高利润。[4] 须注意的是,马歇尔评估福利损失的标准是消费者剩余。如果特定行为在既定状态的基础上进一步减少消费者剩余,便应被认定为扭曲竞争。勒纳的评估标准则是社会总剩余。特定行为,如价格歧视,如

---

〔1〕"垄断的福利损失也称'无谓损失',是指实际收入的损失,或由于垄断、关税、配额或其他破坏所引起的消费者剩余和生产者剩余损失。"参见吴汉洪:《垄断经济学》,经济日报出版社 2008 年版,第 241 页。哈伯格(Arnold C. Harber)以垄断者边际成本保持不变为前提假定,考察垄断所带来的福利损失。这种福利损失,被称为"哈伯格三角形"。See Arnold C. Harber, *Monopoly and Resource Allocation*, The American Economic Review, Vol. 44:2, 1954.

〔2〕See Gregory J. Werden, *Essays on Consumer Welfare and Competition Policy*, (March 2, 2009), http://ssrn.com/abstract=1352032. 随后,消费者福利被泛化——有时指社会总剩余,有时指消费者剩余,有时甚至是指经济增长。参见兰磊:《反垄断法上消费者利益的误用批判(上)》,载《竞争政策研究》2016 年第 5 期;兰磊:《反垄断法上消费者利益的误用批判(下)》,载《竞争政策研究》2016 年第 6 期。

〔3〕参见辜海笑:《美国反托拉斯理论与政策》,中国经济出版社 2005 年版,第 73 ~ 75 页。

〔4〕参见吴汉洪:《垄断经济学》,经济日报出版社 2008 年版,第 39 ~ 40 页。

果在既定状态的基础上减少无谓损失，即便是把消费者剩余变为零，也不应被认定为扭曲竞争。马歇尔与勒纳的这种差异经常成为反垄断实践的争议焦点。

（三）垄断竞争

垄断竞争具有三项特征：一是市场上有许多卖者争夺相同的顾客群体；二是产品存在差别，每个企业都不是价格接受者，而是面临一条向右下方倾斜的需求曲线；三是企业可以无限制地进入或退出市场。垄断竞争的均衡过程，前文在介绍罗宾逊不完全竞争理论时已做阐述，此处亦不赘言。就短期均衡分析而言，采取单一定价策略的经营者，为实现自身利润最大化必将导致无谓损失。就长期均衡分析而言，经营者进入或退出市场将对无谓损失造成影响，这种影响难以评估。当达到均衡状态时，无谓损失依然存在。若以无谓损失为基准评估竞争是否遭受扭曲，短期均衡分析可判断出无谓损失是否扩大，但长期均衡分析即便能判断出竞争者是否受到排挤，也很难评估无谓损失的变化。这经常令反垄断实践头疼不已。

（四）寡头

寡头，是指只有少数几个卖者提供相似或相同产品。从预测经营者决策的角度看，寡头这种市场类型非常特殊，主要是因为寡头的需求曲线具有不确定性。由于寡头市场经营者数量少，相互依赖性较高，寡头进行产量价格决策时，既要考虑他的决策对市场所产生的直接影响，又要考虑到他的对手对其决策的反应，转而又影响到自己的决策。因此，在决策时必须假定对手的反应方式，反应方式不同，需求曲线的形状、位置也就不同。但对手的反应千变万化，不易把握，因而无法精确、确切地得出自己产品的需求曲线。与此不同，在完全竞争、垄断竞争和垄断这三类市场中，经营者的需求曲线基本上是确定的，这三类厂商面临的问题是根据各自确定的需求曲线并结合边际收益曲线、平均成本曲线和边际成本曲线来确定短期和长期的均衡产量和均衡价格。但对寡头行为的研究远远超出了边际收益与边际成本，不得不借助于一些其他工具。

目前，预测寡头决策的模型大致可分为三类。一是强调寡头之间的竞争，如埃奇沃思模型，认为价格既不确定也不稳定，除非相互勾结，否则价格始终波动。二是强调寡头之间的合作，如张伯伦模型，认为寡头意识到相互之间的依存关系，即使根本不存在勾结也会制定统一价格，使其联合利润达到最大化，维持价格稳定。三是强调寡头之间具有既合作又竞争的复杂关系,如对策论模型,认为寡头价格低于垄断价格,但高于竞争价格。但总体而言,这些模型对于说明寡头的行为方式、推动寡头理论的发展,起过并将继续发挥着积极作用,但与人们曾经希望的能给他们的研究带来革命相比还相差甚远。人们仍然无法得到为多数人所接受的关于寡头市场产量和价格的一般性理论。[1]

从反垄断实践的角度看,这些不同寡头模型的争议点在于,意思联络是否构成共谋的违法性要件。以张伯伦模型为基础的观点认为,即使没有意思联络,共谋也具有稳定性,意思联络不应被视为共谋的违法性要件。以埃奇沃思模型为基础的观点则坚称,如果没有意思联络,共谋根本不可能维持,意思联络应构成共谋的违法性要件之一。与张伯伦模型或埃奇沃思模型相比,对策论模型以特定理想状态为前提假定,在不考虑行为人现实考量的前提下解释决策过程。它只是界定一个理想状态,无法对理想状态的实现过程做出预测,[2]无法对上述法律争议提供具有可操作性的解决方案。

面对这种情况,反垄断实践运用比较静态分析,通过考察市场份额、需求弹性、相互依赖程度等这些以社会总剩余为基础的因素,判断特定行为是否提升市场力量。具体而言,在垄断协议制度中,先是判断存在共谋的可能性。这需要分析市场集中度、竞争者数量、市场进入壁垒、市场自身的成熟程度与创新能力、市场透明度、竞争者市场份额的差异程度、产品差异化程度等因素。如果存在共谋的可能性,再考察特定行为对上述各类因素的负面影响与积极效果。在经营者集中制度中,将可能存在共谋的市场条件界定为"共同支配地位"(collective dominance)。如果市场条件有助于经营活动的联合,或者经营者之间的联系有助于共谋,便认定寡头们具有共同支配地位,经营者集中制度将提供事前救济。在滥用市场支配地位制度中,适用经营者集中制度中的"共同支配地位"来认定市场支配地位,具体考察导致寡头们相互联合的经济联系或因

---

〔1〕 参见吴汉洪:《西方寡头市场理论与中国市场竞争立法》,经济科学出版社1998年版,第10页、第12~37页、第115页。

〔2〕 See Neil Hart, *Alfred Marshall and Modern Economics: Equilibrium Theory and Evolutionary Economics*, Palgrave Macmillan, 2013, p.61-67. 正是基于对策论的这种不足,经济学将关注点转向现实情况下的行为决策,据此提出行为经济学。但行为经济学只描述现实,依然无法对实现均衡的过程做出预测。See OFT, *What does Behavioral Economics Mean for Competition Policy?*, OFT1224, March 2010.

素，如此便将寡头拟制为垄断或垄断竞争。如果具有共同支配地位，接着考察特定行为对于无谓损失以及市场进入或退出的影响，继而认定其是否扭曲竞争。[1]

三、考察竞争是否充分发挥作用的工具或考察因素：生产效率或动态效率

如前所述，竞争在推动非均衡状态趋于均衡状态的过程中，借助市场份额的调整优化生产规模、深化劳动分工，促进知识创造与运用，能够为变革提供秩序保障。然而，优化生产规模、深化劳动分工的组织方式有很多，除市场之外，至少还有权威。市场依赖竞争，权威依赖计划或者管制。如果竞争的运行成本高于竞争激励变革所能带来的收益，市场这种组织方式将不会被接纳，竞争也就无法充分发挥其激励变革的间接功能。更重要的是，随着市场规模的扩大，原材料价格会因原材料需求增加而上升，商品销售价格会因商品供给增加而下降，市场所带来的收益因而是递减的。如果不能持续降低市场这一分工组织方式的运行成本，市场必将被计划或管制等其他组织方式所取代。[2] 如此，竞争也就无法充分发挥其激励变革的积极作用，最终导致整个经济运行体系的效率降低。因此，人们需要从激励变革的角度出发，探索降低竞争运行成本的方案。与之相应的理论和实践大多被纳入反不正当竞争政策的范畴，主要涉及外部性理论和交易成本理论。其中，外部性理论主张，应当用政府管制取代市场竞争，国家应当实施管制政策或者财税政策，不需要实施以保障竞争自身不被扭曲为宗旨的反垄断政策，或者以促进竞争充分发挥作用为宗旨的反不正当竞争政策。交易成本理论则主张，应当以市场竞争为基础，寻求竞争与管制的配合方案，国家应当注重产权政策、企业政策、消费者保护政策与反不正当竞争政策之间的相互配合。

（一）外部性理论

外部性理论认为，当私人成本与社会成本不一致时，存在外部性，即便竞争

---

〔1〕 参见董笃笃：《中国软件产业中默示共谋的竞争法规制》，载《中国物价》2014 年第 8 期。

〔2〕 参见[英]约翰·希克斯：《经济史理论》，厉以平译，商务印书馆 1987 年版，第 45 ~ 62 页、第 150 ~ 151 页。从这个意义上讲，变革或创新是使市场得以存续的逻辑前提。See Brian J. Loasby, *Market Institutions and Economic Evolution*, Journal of Evolutionary Economics, Vol. 10, 2000, p. 299 – 301. 明清以来，中国之所以没有发展出市场经济，正是因为中国缺乏市场得以存续的必要前提——创新精神。参见陈春声：《市场机制与社会变迁——18 世纪广东米价分析》（增订版），北京师范大学出版社 2020 年版，第 230 ~ 240 页。

本身没有遭受扭曲,还是会存在一些本来可以达成但却没能达成的交易,无法实现帕累托最优,国家应借助管制、税收或补贴进行补救。[1]

首先,外部性理论所追求的理想目标是交易成本为零的帕累托最优。这种特殊目标隐含于外部性理论中,于1979年被达尔曼(Carl J. Dahlman)所开示。

在外部性理论看来,如果存在外部性,竞争还是能推动非均衡状态趋于均衡状态。只不过这种均衡状态不是理想的或应然的均衡状态,仍存在一些本来可以达成但并未达成的交易,因此没能实现帕累托最优。

对此,达尔曼提出,那些本来可以达成的交易,没有达成的唯一原因是交易成本太高,远远超出交易本身可能带来的收益。所谓存在外部性,往往暗含存在交易成本的意思。如果交易成本为零,外部性将不会给资源配置带来任何负面影响。交易成本是外部性理论中一切非效率的根源。

交易成本具有三种不同内涵:一是运输成本。二是与交易量无关的促成交易的成本。这两类成本是任何交易都必须承担的,如果成本过高就说明不达成交易要比达成交易更好,因此,它们不会导致偏离帕累托最优的后果。三是科斯所界定的交易成本,具体包括信息搜索成本、信息交互成本、讨价还价或决策成本、履行成本。这些成本均与缺乏信息相关,是信息不完全所带来的资源损失。但这种交易成本也并不必然导致帕累托最优的偏离。

以排污所带来的负外部性为例,具体可分为四种情形:第一种情形,受害人正确地预测出为减少排污所付出的谈判成本小于收益,受害人将因达成交易而获益,排污者将承担排污的负外部性。第二种情形,受害人正确地预测出为减少排污所付出的谈判成本高于收益,这说明不谈判、不交易会更好,受害人将承担排污的负外部性。第三种情形,受害人只关注谈判成本,忽略履行成本,错误地认为该项交易的总成本小于总收益,达成交易,却付出更多对价。第四种情形,受害人错误地认为该项交易的总成本高于总收益,因此拒绝交易。在这四种情形中,只有最后一种情形才可能导致本来可以达成的交易并未达成。可即便是第四种情形,由于受害人作决定时的信息并不完全,只有当他嗣后发现自己的错误时,才能说本来应达成的交易并未达成。这就意味着,对外部性理论而言,最

---

〔1〕 See Carl J. Dahlman, *The Problem of Externality*, Journal of Law and Economics, Vol. 22:1, 1979, p. 141.

优状态下的信息,要比实际状态下的信息更多、更完全。申言之,最优状态下,信息是完全的,不存在交易成本;实际状态下,信息是不完全的,存在交易成本。[1]

其次,外部性理论认为,如果存在外部性,竞争须让位于计划或管制,由权威计算出应然的最优产量或均衡价格,然后借助管制、税收或补贴予以落实。但是,计划或管制无法建立像竞争那样的激励机制,使分散在许多不同地方的有价值的信息能被利用起来,[2]很难确保实际产量或价格趋于最优产量或均衡价格。哈耶克(Friedrich August von Hayek)对此的解释是:

> 这些生产管理者的任务乃在于按照一种可以使他们生产的边际成本尽可能地与价格一样低甚至与价格相等的方式去安排生产……由于按照业已规定的价格,他们没有手段去激励他们的供应商为他们提供多于他们愿意提供的东西,或者由于按照业已规定的价格,他们没有手段去激励他们的购买者按照业已规定的价格从他们那里购买多于他们愿意购买的产品,所以他们也常常会无力去贯彻当局给他们下达的命令。或者,我们至少可以说,如果他们按照业已规定的价格不能获得更多的所需材料,那么对于他们来说,扩大生产以使其成本与价格相一致的唯一方式,便是使用低质量的替代品或使用其他不经济的方法;此外,当他们按照业已规定的价格无法出售他们的产品或者他们在价格未通过行政命令降低以前无力出售他们的产品的时候,他们也就只能停产了。然而众所周知,在真正竞争的条件下,他们早就可以通过降价的方法把这个问题给解决了。[3]

总之,外部性理论将交易成本为零的帕累托最优视为理想目标。站在交易成本为零的立场上,只要交易成本不为零,外部性就会导致帕累托最优的偏离。此时,竞争应让位于计划或管制。可计划或管制又难以确保帕累托最优的实现,无法实现外部性理论的初衷。因此,如同瓦尔拉斯一般均衡理论和对策论一样,

---

〔1〕 See Carl J. Dahlman, *The Problem of Externality*, Journal of Law and Economics, Vol. 22:1, 1979, p. 141 – 162.

〔2〕 参见吴敬琏:《中国经济改革进程》,中国大百科全书出版社 2018 年版,第 39 页。

〔3〕 [英]弗里德利希·冯·哈耶克:《个人主义与经济秩序》,邓正来编译,复旦大学出版社 2012 年版,第 213 页。

外部性理论只是试图界定均衡状态,但无法对均衡过程或变革过程做出解释和预测,难以为评估经营者决策提供任何具有可操作性的分析框架。从实践的角度看,外部性理论其实只是在呼吁:管制优于竞争,[1]不用再绞尽脑汁地去分析特定行为是否扭曲竞争或阻碍竞争充分发挥作用了!

(二)交易成本理论

与外部性理论相比,交易成本理论并未将交易成本为零的帕累托最优视为理想目标,[2]而是站在生产的立场上,将交易视为生产的一个环节,从降低生产成本、提升生产效率或动态效率的角度出发,[3]运用比较静态分析,[4]在不同劳动分工组织方式之间进行权衡取舍。

劳动分工的组织方式,大致可分为市场和权威两种类型。权威可呈现为企业、产权等具体形态,核心在于创设权利。权利,意指一个空间,在该空间内,权利主体享有专有管辖权或者行动的自由,并且他人不得侵扰。[5] 权利总是与行动上的拘束力紧密相连。社会规范大致可分为两类:一是具有良心拘束力的行动要求;二是既具有良心拘束力又具有行动拘束力的行动要求。并非所有具有良心拘束力的行动要求都应当具有行动上的拘束力,只有那些对社会秩序具有重大影响的行动要求才应具有行动上的拘束力。[6] 如果人们对于具有良心拘束力的行动要求是否应当具有行动上的拘束力这一问题尚未达成共识,仍需进一步讨论,此项行动要求便被称为一项责任。责任制度强调行动主体应当符合

---

[1] See Carl J. Dahlman, *The Problem of Externality*, Journal of Law and Economics, Vol. 22:1, 1979, p. 155.

[2] Ibid., p. 159 - 160. 另参见[英]罗纳德·H. 科斯:《1991 年诺贝尔奖获得者演讲:生产的制度结构》,载[美]奥利弗·E. 威廉姆森、[美]西德尼·G. 温特编:《企业的性质——起源、演变与发展》,姚海鑫、邢源源译,商务印书馆 2017 年版,第 304 ~ 305 页。

[3] See Paul J. McNulty, *On the Nature of Theory of Economic Organization: the Role of the Firm Reconsidered*, History of Political Economy, Vol. 16:2, 1984, p. 233 - 253. 另参见[英]罗纳德·H. 科斯:《1991 年诺贝尔奖获得者演讲:生产的制度结构》,载[美]奥利弗·E. 威廉姆森、[美]西德尼·G. 温特编:《企业的性质——起源、演变与发展》,姚海鑫、邢源源译,商务印书馆 2017 年版,第 298 ~ 303 页。

[4] See Carl J. Dahlman, *The Problem of Externality*, Journal of Law and Economics, Vol. 22:1, 1979, p. 159 - 160. 另参见[英]杰弗里·M. 霍奇逊:《演化与制度:论演化经济学和经济学的演化》,任荣华等译,中国人民大学出版社 2017 年版,第 205 页。

[5] 参见[美]兰迪·巴奈特:《一位法学教授对于自然法与自然权利的导读》,董笃笃译,载《时代法学》2011 年第 3 期。

[6] 参见《阿奎那政治著作选》,马清槐译,商务印书馆 1963 年版,第 119 ~ 120 页。

哪些伦理要求,站在受行动影响之主体的角度分析特定行动的影响,探索哪些伦理要求应具有行动上的拘束力,无法明确回应能否强制行动主体履行特定作为或不作为的问题。一旦人们对此达成共识,此项行动要求便被称为一项权利。权利制度强调能否强制他人作为或不作为,站在权利主体的角度分析非权利主体应当如何行动。〔1〕 权利制度的具体实施方式有两种,分别是财产规则和责任规则。财产规则要求在获取财产之前先进行协商,而责任规则允许先获取后赔偿;财产规则允许权利主体拒绝转让财产,但责任规则却不允许;财产规则保护选择,责任规则保护转移。在责任规则下,法院、陪审团或法令将决定客体对权利主体的价值,但在财产规则下,任何人想取走它,都必须先与权利主体协商它的价钱。〔2〕 须强调的是,与权利制度相对的责任制度,与作为权利制度具体实施方式的责任规则并不相同。在责任制度下,人们对于特定行动要求是否应具有行动上的拘束力这一问题尚未达成共识。在责任规则下,人们对此已然达成共识,只是通过事后赔偿的方式间接地落实行动上的拘束力。

在交易成本理论看来,无论是市场还是权威,任何一种组织方式的效率都不是绝对的,而是取决于它与既有替代方案相比较的结果。〔3〕 沿着交易成本理论的思路,威廉姆森(Oliver Williamson)的不完全契约理论提出,特定交易的资产专用性程度越高、契约不完全性程度越高,与市场相比,权威的收益就越大。其中,资产专用性,是指特定交易的双方当事人之间存在一种相互依赖关系。评估资产专用性程度的因素,并不是转换交易相对人所导致的实际利润损失,而是转换交易相对人所带来的转换成本。评估契约不完全性程度的因素主要包括,合同的不确定性程度、策略性背叛的可能性以及法院及时合理解决纠纷的能力。〔4〕 在实践操作中,考虑到计划或管制无法从根本上解决信息问题和激励问题,在引入

---

〔1〕 参见董笃笃:《竞争政策法制化研究》,法律出版社 2017 年版,第 71 ~ 76 页;[德]格奥尔格·罗曼:《论人权》,李宏昀、周爱民译,上海人民出版社 2018 年版,第 76 ~ 81 页。

〔2〕 参见[美]劳伦斯·莱斯格:《代码:塑造网络空间的法律》,李旭等译,中信出版社 2004 年版,第 197 页;[美]吉多·卡拉布雷西、[美]A. 道格拉斯·梅拉米德:《财产规则、责任规则与不可让与性:一个权威的视角》,明辉译,载徐爱国编译:《哈佛法律评论·侵权法学精粹》,法律出版社 2005 年版。

〔3〕 See Antonio Nicita and Matteo Rizzolli, *Hold-up and Externality: the Firm as a Nexus of Incomplete Rights*, International Review of Economics, Vol. 59, 2012, p. 160.

〔4〕 See Steven Tadelis and Oliver Williamson, *Transaction Cost Economics*, (March 12, 2012), https://ssrn.com/abstract=2020176.

权威之前,应当首先以特定产业的整体状况为背景,思考如何降低该产业内特定交易的资产专用性或契约不完全性程度,借此促进竞争充分发挥作用。这在法律实践中的具体呈现是:所有权的客体仅限于有体标的;对于无体标的,如果没有特别法的明确规定,就原则上类推适用债法。[1]

仅就促进竞争充分发挥作用而言,与之相关的制度演化大致经历了两个发展阶段。

第一阶段,从中世纪公平价格理论转变为以私法自治为核心的民法。公平价格理论认为,允诺必有其本质目的,允诺人如果对本质目的发生理解错误,允诺不具有约束力;一旦本质目的无法实现,无论是自始欠缺还是嗣后丧失,允诺都因缺失本质目的而无效。与之相比,民法确立私法自治原则,具体包括两个方面:一是动机与意思相分离,动机错误原则上不影响意思表示的效力;二是每个人都享有普遍的行动自由,除非他人有过错,否则风险自担。在当时市场尚未得以创设、特定交易的资产专用性程度普遍较高的背景下,相对于中世纪公平价格理论,私法自治原则有助于降低契约不完全性程度,有利于促进竞争充分发挥作用继而培育市场。

第二阶段,从民法扩展到反不正当竞争法。当市场得以创设之后,如果特定交易的资产专用性和契约不完全性程度仍然很高,民法首先借助民事救济对私法自治原则施加限制,如《德国民法典》第 138 条第 2 款有关暴利行为的规定、第 313 条关于交易基础障碍的规定,德国《反不正当竞争法》,意大利 1998 年《工业外包法》(Law No. 192 of 18 July 1998 on Industrial Subcontracting)第 9 条关于滥用经济依赖性的规定。如果民事救济无法有效降低资产专用性和契约不完全性程度,法律便引入行政救济,如德国 2021 年《反限制竞争法》第 20 条(1973 年《反限制竞争法》第 26 条)关于滥用相对优势地位的规定,意大利 2001 年(Law No. 57 of March 5th 2001)对于滥用经济依赖性所增设的行政责任。

以不完全契约理论为基础,禁止滥用相对优势地位的论证逻辑是,竞争是市场这种劳动分工组织方式的运行机制,具有激励创新的积极作用。相对于其他组织方式所依赖的计划或管制,竞争激励创新的效果更好。但市场自身存在运行成本,如果运行成本过高,市场将被其他组织方式所取代。具体而言,如果资

---

〔1〕 参见[德]罗尔夫·克尼佩尔:《法律与历史——论〈德国民法典〉的形成与变迁》,朱岩译,法律出版社 2003 年版,第 235～276 页。

产专用性程度高,契约不完全性程度也很高。也就是说,合同内容不确定,交易对方容易背叛公平交易的精神,法院又难以及时提供合理救济,那么,交易当事人很可能会决定不参与交易。这样,市场将被纵向一体化企业所取代,无法充分发挥竞争对于激励创新的积极作用。基于此,法律制止背叛公平交易精神的行为,降低契约不完全性程度,鼓励交易当事人参与交易,促进竞争充分发挥作用。但同时,法律也站在激励创新的立场,评估市场以及纵向一体化企业的各自效果,如果后者明显优于前者,法律便不再介入。

在具体操作中,滥用相对优势地位的认定,大致可分为四步。(1)明确争议行为及其实施主体。(2)分析交易双方当事人是否被锁定在双边依赖关系中。这需要评估资产专用性程度,考察行为主体的交易相对人是否对专用性资产进行投资、该投资转向其他用途之后的使用价值是否降低。(3)如果交易双方当事人被锁定在双边依赖关系中,评估这种依赖关系是否足以影响行为主体的交易相对人参与交易的决策。这需要考察契约不完全性程度,尤其是合同内容的不确定性以及行为主体策略性背叛的可能性,据此预测交易相对人在双边依赖关系中的决策。双边依赖关系中的决策,取决于交易双方的互动。因此,这种预测更注重博弈分析,需要重点考察交易双方地位是否对等、信息是否对称、各自市场的竞争是否充分,涉及的具体因素有很多,包括但不限于交易双方在信息质量和数量以及谈判能力之间的差异、行为主体的交易量在交易相对人所有销售量中的占比、行为主体的市场占有率和市场排名、行为主体的发展前景、交易相对人转向其他企业和拓展与其他企业的交易数额、交易双方经营规模的差异、供给是否紧缺、需求是否上涨等。如果双边依赖关系的特点不会对交易相对人参与交易的决策产生消极影响,无论资产专用性程度有多高,法律都不介入。否则,便认定行为主体相对于交易相对人具有相对优势地位。(4)以生产效率或动态效率为标准,评估争议行为对于激励创新的效果。这需要对比达成交易与不参与交易的各自效果,如果不参与交易的效果明显优于达成交易的效果,便不构成违法。否则,便构成滥用相对优势地位。

在上述演化进程中,无论是相对于中世纪公平价格理论的民法,还是相对于私法自治原则的反不正当竞争法,所有这些制度的调整对象都是极具个性化的特定交易。现有研究将其表述为与“横向关系”或“竞争关系”相区别的“纵向关系”或“交易关系”。[1] 但是，这些制度其实并不关注哪些行为不正当地损害了特定主体的私人利益，而是站在整个经济运行体系的立场，以降低资产专用性或契约不完全性程度、促进竞争充分发挥作用为宗旨，探索并推广更优的行为模式，禁止其他所有的替代模式。[2]

总之，如果继续把整个经济运行体系比作一个人，把市场竞争看作这个人的血液循环系统，那么，反垄断政策治疗血栓、心梗或脑梗，维护血液循环运转正常，反不正当竞争政策优化血压、血脂或血糖，促进人体充分吸收血液中的养分，而企业、产权或平台则更像是肠胃一样的身体组织。为了保证人能够健康成长，应当首先由血液循环系统进行新陈代谢，如果血液循环系统的代谢效果不好，就要借助肠胃等身体组织。如果人只是依赖血液循环系统，而不重视其他身体组织，那么人将成为水母。

第三节　经济增长视角下市场竞争与经济效率的统合

作为非均衡状态下的经营者决策，竞争在推动非均衡状态趋于均衡状态的过程中，借助市场份额的调整，优化生产规模、深化劳动分工，激励变革继而促进增长，能够为变革乃至增长提供秩序保障。国家需要实施反垄断政策与反不正当竞争政策，维护并优化市场秩序，保障并促进竞争充分发挥作用。但这并不意

---

〔1〕 参见孟雁北：《滥用相对经济优势地位行为的反垄断法研究》，载《法学家》2004 年第 6 期；李剑：《相对优势地位理论质疑》，载《现代法学》2005 年第 3 期；王丽娟、梅林：《相对优势地位滥用的反垄断法研究》，载《法学》2006 年第 7 期；徐士英、唐茂军：《滥用相对支配地位行为的法律规制研究》，载《东方法学》2008 年第 3 期；焦海涛：《反垄断法规制相对优势地位的基础与限度》，载《时代法学》2008 年第 3 期；王晓晔：《论滥用“相对优势地位”的法律规制》，载《现代法学》2016 年第 5 期；许光耀：《“相对优势地位”与“市场支配地位”的法理辨析——对〈反不正当竞争法(征求意见稿)〉第 6 条的不同阐释》，载《价格理论与实践》2016 年第 5 期；朱理：《滥用相对优势地位问题的法律规制——虚幻的敌人与真实的危险》，载《电子知识产权》2016 年第 6 期；戴龙：《滥用相对优势地位的法律规制研究》，载《中国政法大学学报》2017 年第 2 期；龙俊：《滥用相对优势地位的反不正当竞争法规制原理》，载《法律科学(西北政法大学学报)》2017 年第 5 期；侯利阳：《市场地位的反垄断剖析》，中国书籍出版社 2019 年版，第 182 页；董笃笃：《电子商务平台经营者不公平交易行为的规制、反思与完善——〈中华人民共和国电子商务法〉第三十五条和第八十二条的解释和实施》，载甘培忠主编：《商业法评论：新时代商业法制创新与发展》，华中科技大学出版社 2019 年版，第 175～176 页。

〔2〕 See John Perry Miller, *Unfair Competition: A Study in Criteria for the Control of Trade Practice*, Harvard University Press, 1941, p. 400.

味着市场竞争应被纳入法律保护的范围，不能就此推论应将国家反垄断政策和反不正当竞争政策转换为具有行动拘束力的竞争法。法律是具有行动拘束力的社会规范，并不规定所有善行，也不禁止所有恶行，只规制那些可能对社会秩序造成重大影响的行为。只有在市场竞争遭受扭曲有可能对变革或增长造成重大影响时，法律才应提供救济。站在法律实践的立场，人们需要从变革或增长的角度出发，明确市场竞争作用于变革乃至增长的机制，分析市场竞争对于变革以及增长的重要性程度。而包括配置效率、生产效率和动态效率在内的经济效率便成为其中重要的分析工具。

竞争确保秩序，激励变革，促进增长。为了系统认识经济增长的决定因素，经济学区分了经济增长的直接原因和根本原因。经济增长的直接原因是用宏观生产函数或总量生产函数来说明的。按照增长分析的总量生产函数方法，在柯布—道格拉斯生产函数中，经济增长的直接因素是实物资本（包括土地和资本）、劳动供给和技术水平。[1] 经济增长的根本原因是指与导致增长的直接原因有所差别的那些根源性原因，主要是地理、文化和制度方面的原因。在一国资源既定的条件下，其增长速度是由人类行为和社会制度决定的。其中，制度可以促进经济增长也可以抑制经济增长，这取决于制度能否保护民众努力的成果，取决于制度能否提供专业化分工的机会，也取决于制度能否允许民众拥有充分的行动自由。[2] 在这种经济增长理论的基本框架内，作为一种劳动分工的组织方式，市场竞争应被视为一种提供专业化分工机会的制度，它借助实物资本、劳动供给和技术进步作用于经济增长。

一、竞争作用于实物资本积累的机制

实物资本积累也可称作固定资产投资，是经济增长重要的直接来源。早期增长理论强调投资的重要意义，但同时认为，从长期来看，投资率必然会等于折旧率，经济增长停滞；经济增长就是从非均衡到均衡的进程。索洛（Robert

---

〔1〕 参见[英] A. P. 瑟尔沃：《发展经济学》（第9版），郭熙保、崔文俊译，中国人民大学出版社2015年版，第132～135页。

〔2〕 参见[英]阿瑟·刘易斯：《经济增长理论》，郭金兴等译，机械工业出版社2015年版，第2～4页、第37页、第41页。

Solow)的新古典增长理论也认为,随着人均资本量的增加,投资收益不断下降,投资水平不影响均衡状态本身,只影响实现均衡之进程的快慢。只有技术进步和教育才能带来长期经济增长。被索洛忽略的是,人均资本量的改变也会对技术进步和教育产生影响。[1] 技术进步既是人力资本投资和物质资本投资的函数,又需要通过投资作用于经济增长。因此,鼓励投资应被视作促进经济增长的长期政策。[2]

实物资本积累可用"行业资本存量"来表示。从长期看,均衡的行业资本存量越大,实物资本积累就越大;反之,均衡的行业资本存量越小,实物资本积累就越小。行业均衡资本存量受到生产效率、需求情况、成本、利率以及行业竞争程度的影响。其中,当其他条件不变时,需求越大、成本越低、经营者数量越多,行业均衡资本存量就越大。但生产效率与行业均衡资本存量之间的关系却相对复杂。当其他条件不变时,如果生产效率低于一定程度,行业资本存量随着生产效率的提高而提高;如果生产效率业已提升到特定程度,行业资本存量将随着生产效率的提高而降低。也就是说,如果市场没有相应的扩大,生产效率达到一定程度后反而影响其边际利润,从而影响资本的价值,最终导致均衡资本存量的减少。而市场需求的扩大则可以抵消生产效率给资本存量带来的负面效应。[3]

为了分析制度对于实物资本积累的影响,现有研究大多将这种影响分为两类:一是间接影响,涉及实物资本积累的数量;二是直接影响,涉及实物资本积累的质量或效率。[4] 前者主要涉及需求、成本、市场竞争程度等,后者则主要涉及效率。此处仅讨论竞争对于实物资本积累数量的影响,将涉及实物资本积累效率的影响放到竞争作用于技术进步的机制中一并讨论。

---

〔1〕 See Rick Szostak, *The Causes of Economic Growth: Interdisciplinary Perspectives*, Springer, 2009, p. 63 – 65.

〔2〕 参见杜两省:《投资与经济增长》,中国财政经济出版社 1996 年版,第 64 ~ 65 页、第 144 ~ 152 页。

〔3〕 参见王泽填、孙辉煌:《经济增长中的制度因素研究》,中国经济出版社 2010 年版,第 83 ~ 87 页。

〔4〕 See Janine Aron, *Growth and Institutions: A Review of the Evidence*, The World Bank Research Observer, Vol. 15:1, 2000, p. 123; Giuseppe Nicoletti and Stefano Scarpetta, *Regulation and Economic Performance: Product Market Reforms and Productivity in the OECD*, OECD Economics Department Working Paper, No. 460, 2005, p. 6.

竞争作用于实物资本积累数量的渠道，主要是降低交易成本，提高投资数量。如前所述，竞争之外的其他组织方式无法有效解决信息问题和激励问题。如果没有竞争，劳动分工的组织成本会更高。[1] 因此，竞争有助于降低交易成本、鼓励人们参与或调整劳动分工，它既能增加经营者数量，刺激初始资本的形成，也能够降低存量资本的转换成本。

二、竞争作用于劳动供给增加的机制

同实物资本积累一样，劳动供给增加也是经济增长重要的直接来源。劳动供给量取决于劳动力数量和劳动力质量。劳动投入量可能由于下述原因而增加：(1)劳动质量不变，但劳动的自然单位数增加；(2)劳动自然单位数不变，但劳动质量提高；(3)前两种情况在某种程度上的结合。在工人人数不变的情况下，劳动平均质量增加一倍所代表劳动投入的增量相当于在劳动质量不变的情况下，工人人数增加一倍时增加的劳动投入量。其中，劳动力数量可借助人数或就业率来估量，劳动力质量则可借助人力资本来估量。人力资本是指以较大的技艺、知识等形式体现于一个人的身上，而不是体现于一台机器之上的资本。人力资本有三条形成途径，分别是教育、卫生保健和移民入境。教育和卫生保健需要投资，而移民入境却不需要那么多投资。[2] 据此，产品市场竞争作用于劳动供给增加的渠道主要包括两个方面，分别是就业率和人力资本积累。

(一)产品市场竞争对于就业率的影响

产品市场竞争通过影响劳动市场监管制度而间接作用于就业率。产品市场竞争将会减弱工人联盟寻求较高谈判能力的努力，可以促使劳动市场监管制度放松管制，继而影响就业率。劳动市场监管制度越严格，产品市场竞争对就业率的影响就越显著。如果劳动市场监管程度原本就较为宽松，工人联盟的谈判能力也相应较弱，工人工资相对较低，就业率相对较高，甚至可能接近于完全的就业水平。产品市场竞争对就业率的影响不大。但如果劳动市场管制程度本来就很严格，工人联盟的谈判能力也相应较强，工人工资相对较高，就业率相对较低。

---

〔1〕 See Brian J. Loasby, *Market Institutions and Economic Evolution*, Journal of Evolutionary Economics, Vol. 10, 2000, p. 299 – 301.

〔2〕 参见厉以宁：《西方宏观经济学说史教程》，中国人民大学出版社 2015 年版，第 250 ~ 254 页。

产品市场竞争有利于降低工人联盟寻求较高谈判能力的努力，放缓劳动市场监管程度，降低工人工资，有助于提升就业率。[1]

（二）竞争对于人力资本积累的影响

产品市场竞争与劳动市场竞争共同作用于人力资本积累。制度通过两项渠道作用于人力资本积累：一是制度决定人力资本在整个经济体系内的最优比例，二是制度直接决定人力资本的收益。具体而言，首先，制度决定人力资本的占比，影响收入分配。其次，人力资本积累因提高产出和促进技术进步而提升人力资本积累的收益。最后，人力资本积累收益的提升促使那些未受教育的工人投资于教育。[2] 在此过程中，只有在运作良好的产品市场中，劳动力质量的提升才更可能提高产出、促进技术进步；也只有在运作良好的劳动市场中，劳动力质量的提升才能因提高产出而获得更高收益。因此，产品市场竞争和劳动市场竞争共同影响提升教育的收益，据此影响人力资本积累。

三、竞争作用于技术进步的机制

广义的技术进步大致可分为两大类：一是投入量的生产率，也称技术效率，包括投入量的配置效率与生产效率；二是全要素生产率，主要是动态效率。[3] 全要素生产率是指，总产出扣除资本和劳动的贡献以后剩下未被解释的部分。[4] “产量是由全部生产要素的投入所决定的；如果只研究劳动投入与产量之间的关系或资本投入与产量之间的关系，那就只是部分生产率，部分生产率不足以说明经济增长源泉。全部生产要素的投入同产量之比，才是说明经济增长源泉的关键……产值的增长一部分来自实际的资本投入量与劳动投入量的增加，另一部分就来自这些投入量的生产率的增加。当产量增长率与实际的生产

---

〔1〕 See Guiseppe Fiori, Giuseppe Nicoletti, Stefano Scarpetta and Fabio Schiantarelli, *Employment Effects of Product and Labor Market Reforms: Are There Synergies?*, The Economic Journal, Vol. 122:558, 2012, p. 79 – 104.

〔2〕 See Joilson Dias and Edinado Tebaldi, *Institutions, Human Capital and Growth: The Institutional Mechanism*, Structural Change and Economic Dynamics, Vol. 23:3, 2012, p. 306.

〔3〕 See Gaëtan Nicodème and Jacques-Bernard Sauner-Leroy, *Product Market Reforms and Productivity: A Review of the Theoretical and Empirical Literature on the Transmission Channels*, Journal of Industry, Competition and Trade, Vol. 7:1, 2007, p. 59.

〔4〕 参见易纲、张帆：《宏观经济学》，中国人民大学出版社 2008 年版，第 530 页。

要素投入量增长率确定后，两者的差额就是全部生产要素生产率的增长率。”[1]

这样，竞争作用于技术进步的渠道便可区分为三类，分别是配置效率、生产效率和动态效率。

（一）竞争对于配置效率的影响

竞争能使市场价格不断接近于边际成本，淘汰生产率较低的企业，使市场份额集中于生产率较高的企业，并吸引生产率较高的潜在竞争者进入市场。即便企业内部生产效率没有变化，竞争同样可以提升整个市场的生产率。[2] 竞争对于配置效率的影响是否显著取决于特定产业的发展阶段。如果处于起步阶段，这种影响较为显著；如果处于发展成熟期，这种影响则相对较弱。[3]

（二）竞争对于生产效率的影响

在竞争的主导下，降低成本对市场份额和利润的影响显著。竞争有助于缩小股东与经理人之间的信息不对称，帮助股东对经理人实施更有效的监督，防止其懒惰怠工，促使其优化管理结构，加快引入新技术的进程，降低成本。[4]

（三）竞争对于动态效率的影响

动态效率，多被称为创新，意指生产要素的重新组合。须强调的是，创新与创造发明并不相同：创造发明只有投入，没有回报；创新是创造发明的运用，借助创造发明在市场中获得回报。[5] 竞争对于激励创新的影响程度，主要取决于现有技术水平和市场竞争状况。

早期内生增长理论假定，创新仅来自市场外部，即潜在竞争者。潜在竞争者进入市场后，凭借创新成果与拥有传统技术的在位企业相互竞争。如果特定产业属于产品差异化程度较高的垄断竞争市场，竞争将减少潜在竞争者进入市场后的利润，不利于潜在竞争者将创新成果带入市场。如果特定产业的产品差异

---

〔1〕 厉以宁：《西方宏观经济学说史教程》，中国人民大学出版社 2015 年版，第 251 页。

〔2〕 See Gaëtan Nicodème and Jacques-Bernard Sauner-Leroy, *Product Market Reforms and Productivity: A Review of the Theoretical and Empirical Literature on the Transmission Channels*, Journal of Industry, Competition and Trade, Vol. 7:1, 2007, p. 55.

〔3〕 See OFT, *Competition and Growth*, OFT1390, November 2011, p. 7.

〔4〕 See Giuseppe Nicoletti and Stefano Scarpetta, *Regulation, Productivity and Growth: OECD Evidence*, Economic Policy, Vol. 18:36, 2003, p. 24.

〔5〕 See Spiridon Pralea and Clipa Paul, *Innovation: Variation on the Same Topic*, (October 6, 2010), http://ssrn.com/abstract=1688527.

化程度不高，而且是寡头市场，这种特殊的市场结构本身便能确保潜在竞争者进入市场后获取足够利润。如此，确保市场的可竞争性将有助于潜在竞争者携带创新成果进入市场。然而，一旦潜在竞争者成功进入市场，特定产业的市场结构将从寡头市场转换为垄断竞争市场，竞争将再次不利于创新。因此，早期内生增长理论强调，竞争不利于创新。

与之相对，新内生增长理论假定，除了潜在竞争者之外，在位企业也是创新主体。创新激励既取决于潜在竞争者进入市场后的收益，也取决于在位企业逃避竞争而获得的收益。就在位企业的创新激励而言，如果在位企业所采纳的技术与世界最前沿的技术相差不大，在竞争的压力下，在位企业为了逃避竞争将加快研发或引入新技术的进程，进而促进创新。如果在位企业所采纳的技术与世界最前沿的技术相差太远，在位企业研发或吸纳新技术的成本过高，即便面对竞争的压力，对引入创新成果的态度也会相对消极。这时，创新主体就只剩下潜在竞争者。竞争是否有利于创新，就如同早期内生增长理论所强调的一样，主要取决于特定产业的市场结构。[1]

总体而言，竞争是否促进创新，同时受到在位企业现有技术水平和特定产业市场竞争状况的影响。如果在位企业现有技术水平与前沿技术的差距不大，竞争有利于创新。如果二者差距很大，则应再分析特定产业的市场竞争状况，如果是垄断竞争市场，则竞争不利于创新；如果是寡头市场，则竞争有利于创新。

四、市场经济越发达，竞争对于增长的作用越显著，越需要法律保障

经济竞争作用于经济增长的机制，大致如图 1 所示。

---

〔1〕 See Gaëtan Nicodème and Jacques-Bernard Sauner-Leroy, *Product Market Reforms and Productivity: A Review of the Theoretical and Empirical Literature on the Transmission Channels*, Journal of Industry, Competition and Trade, Vol. 7:1, 2007, p. 57 – 58.

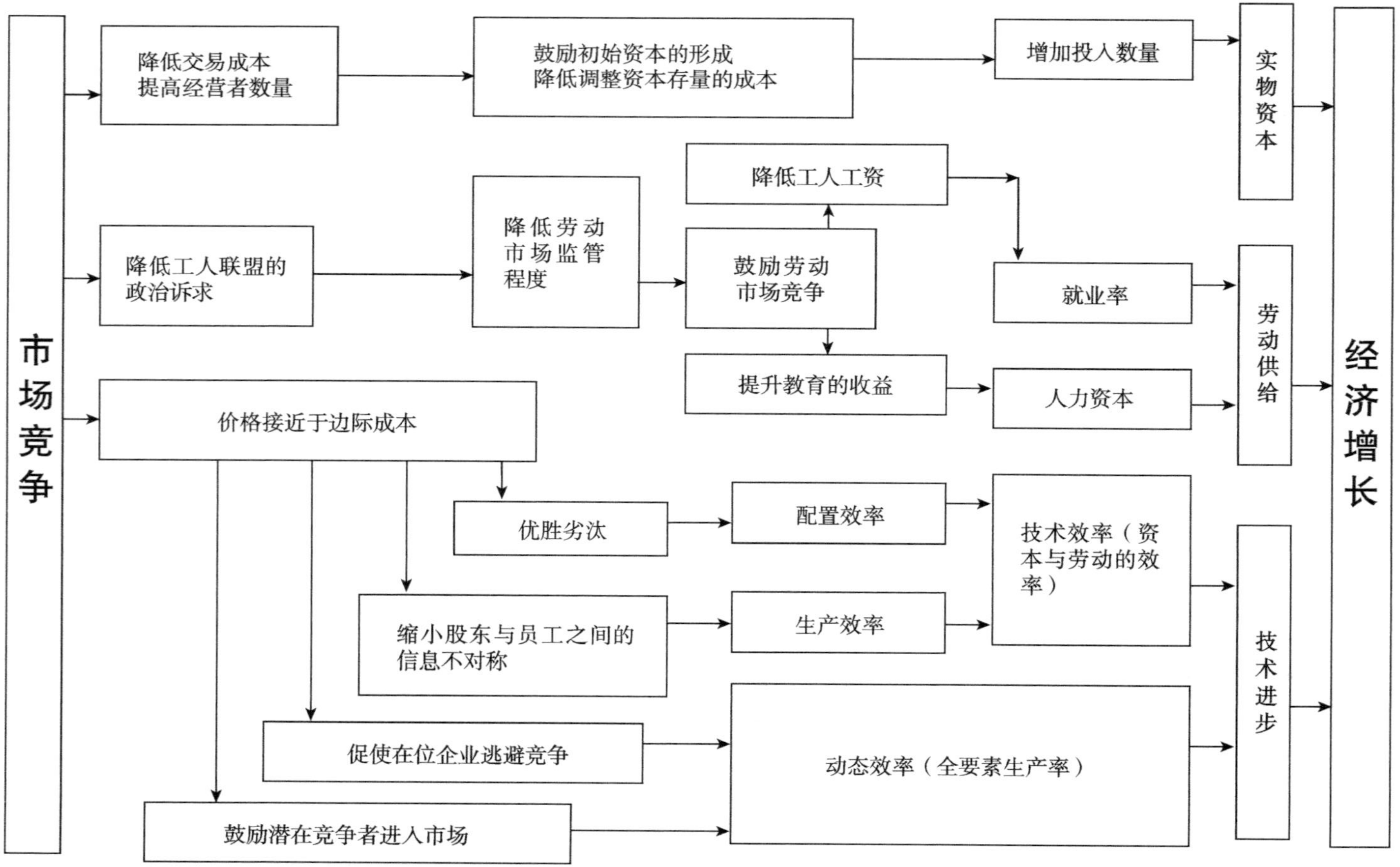

图 1　市场竞争作用于经济增长的机制

经济增长可分为启动增长和维持增长两个阶段。经济增长的发展阶段不同,作为一种制度或劳动分工的组织方式,竞争对于经济增长的作用也有所不同。

(一)竞争对于启动增长的影响

在启动增长阶段,仅需要范围较窄的制度变革。启动增长的关键是,识别出经济体系当时所面临最重要的限制和机遇。广泛而深刻的制度变革无法直接把握这种重要限制和机遇,在经济增长初期很难有效促进经济增长。[1]

对于停滞在低水平的经济体而言,短期最重要的问题是如何调动企业家在国内投资的积极性。一旦企业家活跃起来,资本积累和技术革新就很可能齐头并进。至于启动这一进程的具体方案,既可以是消除对企业家活动造成的负面影响,也可以由政府引导鼓励投资。[2] 仅以激励创新为例,鉴于现有技术与世界前沿技术之间存在较大差距,引进吸收先进技术并注重出口对有效需求的拉动作用,将能够有效提升全要素生产率。[3] 与之相比,竞争在启动增长阶段对于促进经济增长的作用并不显著。

(二)竞争对于维持增长的显著影响

在维持增长阶段,应当建立更高质量的制度,需要广泛、深刻、持续的制度变革与完善。“有时候人们更愿意集中精力解决某一个问题,并暂时不考虑其他因素。然而这只是一个暂时性的策略,因为成功突破了一个瓶颈,通常其他问题就会突显出来……虽然改革者开始时可能只能集中于某一要素,但他需要时刻牢记,如果要获得完全的成功,除了他现在关心的那些要素以外,很多其他的变革也是必需的。”[4]

作为一种制度,竞争对于维持增长的作用将更为显著。仅以激励创新为例,现有技术已逐步接近甚至赶超世界前沿技术,技术进步只能从引进吸收转向自

---

〔1〕 See Dani Rodik, *Growth Strategies*, in Philippe Aghion and Steven N. Durlauf eds. , Handbook of Economic Growth, Volume 1A, Elseriver B. V. , 2005, p. 990 – 997.

〔2〕 参见[意]法布里奇奥·齐利博蒂:《中国式增长及减速》,余江译,载吴敬琏主编:《比较》总第93辑,中信出版集团2017年版。

〔3〕 参见[土耳其]丹尼·罗德里克:《一种经济学,多种药方:全球化、制度建设和经济增长》,张军扩等译,中信出版集团2016年版,第40页。

〔4〕 [英]阿瑟·刘易斯:《经济增长理论》,郭金兴等译,机械工业出版社2015年版,第10页。

主自创新,而自主创新则更依赖竞争。“创新依赖于经济自由、公平竞争环境、不同背景和地位的人能够为创新而竞争,新的创新企业能够不受制于老的创新企业……新技术取代旧技术,新人代替旧人,新企业打破旧的垄断。这就需要有经济自由、公平竞争环境等制度来保证,一方面老企业的知识产权能够得到保护,另一方面老企业也不会通过现有的优势,打击新的创新者。”〔1〕

随着市场经济从启动增长阶段转向维持增长阶段,竞争对于经济增长的作用日益显著,竞争作用于经济增长的机制或途径更为多样化、复杂化,国家保障并促进竞争充分发挥作用的任务也愈加繁重。借助配置效率、生产效率和动态效率,人们可以识别出竞争作用于经济增长的特殊机制,并有针对性地实施引导和保障。然而,人的理性总是会被蒙蔽,认知理性难以持续把握原理,实践理性难以始终践行真理。这就需要具有行动拘束力的规范在特定情势下指明何者为善,并保障人的自由意志去选择善行。如此,人们应将保障竞争自身不被扭曲的反垄断政策以及促进竞争充分发挥作用的反不正当竞争政策纳入法治轨道,构建竞争法,推进保障并促进竞争这项国家经济职能的法制化。也就是说,“竞争法源于市场经济中的市场竞争规律,但成就于国家经济职能的实施”。〔2〕

〔1〕［土耳其］达龙·阿西莫格鲁:《制度视角下的中国未来经济增长》,载吴敬琏主编:《比较》总第74辑,中信出版社2014年版。

〔2〕吴宏伟:《竞争法有关问题研究》,中国人民大学出版社2000年版,第55页。

第四章　市场竞争如何注入法律实践

将国家促进并保障市场竞争的职能纳入法治轨道，不只是赋之以行动上的拘束力，而是要确保反垄断政策和反不正当竞争政策能够有效地将市场竞争这项价值目标转换为具体行动要求，继而注入法律实践。

表面上看，市场竞争注入法律实践的过程大致可分为四个环节。首先，市场竞争被确立为应当受到法律保障的价值目标；其次，市场竞争这项价值目标被转换为一系列概念或规范；再次，与市场竞争相应的概念或规范被社会共同体所接受，被赋予行动上的拘束力；最后，具有行动拘束力的规范对社会行动施加影响，产生特定社会效果。在上述四个环节中，只有第二个环节才是整个过程的内核。[1] 因此，市场竞争注入法律实践的过程，重点是将价值转换为规范。

价值转换为规范继而注入实践，实际上是一种价值权衡。[2] 毕竟，人应当参与的价值目标不是单一的而是多元的，不是静态的而是动态的。人的每一次行动都不可避免地要在不同价值目标之间进行权衡取舍，相应地，人所参与的每一项特定价值目标，都只能在不同价值目标之间的冲突与协调中获得不完美的实存。为了防止价值权衡的恣意，人们不仅需要明确谁有权来作出决断，探索价值权衡的具体操作模式或权威配置模式，也需要将价值权衡的具体方案确立下来，引导并约束日后行动。这种被确立下来的权衡方案，便构成一个社会共同体的规范体系。也就是说，市场竞争只是人类社会诸多价值目标当中的一种，人们不应只是盯住市场竞争这一项价值目标，而应在市场竞争与其他价值目标之间的互动关系中持续进行权衡取舍，并不断探索价值权衡的具体操作模式。

---

〔1〕 参见董笃笃：《竞争政策法制化研究》，法律出版社 2017 年版，第 40 ~ 41 页。

〔2〕 同上书，第 90 ~ 183 页。

第一节　市场竞争注入法律实践的模式

价值转换为规范继而注入实践的实施，主要包括设定行动准则的载体、搜集信息的机制、影响社会主体行动的工具等内容。[1] 具体模式大致可分为两类：一是以命令和控制为核心，二是以信任、交互和责任为核心。目前，市场竞争注入法律实践的实施模式基本上处于从第一类到第二类的转换进程中。

一、以命令和控制为核心的实施模式及其不足

以命令和控制为核心的实施模式，假定单一命令主体能够借助行动准则和惩罚机制有效地实施控制。政府负责告知，是命令和控制主体；企业负责落实，是接受命令和控制的主体；行动准则的制定与实施之间是线性关系。

随着市场经济的不断发展，以命令和控制为核心的实施方式越来越难以承担起将价值注入实践的重任。首先，市场经济越发达，社会问题就越复杂。市场范围扩大，发生交互的社会主体增多，利益冲突与价值取向更多元，这导致社会主体交往关系的复杂性大幅提升。社会问题的原因与后果之间不是线性关系。社会科学不大可能甚至根本不可能针对社会现实抽象出一整套有效的复杂模型，并以此模型来检验和控制社会现实。其次，知识和控制能力具有碎片化的特点。鉴于社会问题的高度复杂性，政府、经营者或消费者中的任何一方无论如何提升其处理信息和获取知识的能力，都很难单独掌控回应社会问题所需的全部信息或知识。这不仅仅是指政府与经营者之间、经营者与消费者之间的信息不对称，而且是因为没有任何一方能独自保障解决社会问题的有效性。最后，各类主体之间的相互依赖性更强。特定行动要求往往是交流沟通的结果，不再只是政府一方的命令。政府的价值诉求有赖经营者自行探索的具体行动方案予以支撑和落实，经营者的自我探索又需接受政府的审查。[2]

---

〔1〕 See Julia Black, *Critical Reflections on Regulation*, Australian Journal of Legal Philosophy, Vol. 27, 2002.

〔2〕 See Julia Black, *Decentring Regulation: Understanding the Role of Regulation and Self Regulation in a Post-Regulatory World*, Current Legal Problems, Vol. 54:1, 2001.

总体而言,以命令和控制为核心的实施方式对社会问题的本源缺乏足够认知,采纳过于刚性或僵化的行动准则,容易导致保障不足或控制过度。这种保障不足或控制过度的根源不是执法人员能力不足或者执法资源贫瘠,而是实施方式本身的质量低下。如果不调整实施方式本身,即便再怎么努力增强权威支持、强化执法资源,也都将无济于事。

二、以信任、交互和责任为核心的协同模式及其不足

价值注入实践的另外一种实施模式以信任、交互和责任为核心。这种模式并不强调单一命令主体施加有效控制,而是依赖政府、企业和其他组织之间的协同合作。[1] 这种模式经常被称为"谦抑""审慎监管""包容式监管""协同监管",[2]或者"自我规制""智慧监管"。[3]

以信任、交互和责任为核心的协同模式强调,在设置行动准则方面,政府应明确价值诉求,企业有责任主动探求具体行动方案,政府应阐明评判企业具体化方案是否合法的裁判规则。在搜集信息方面,不应只强调信息的占有或掌控,而应注重信息的利用。在影响社会主体的行动方面,除了命令与惩罚之外,同样应注重教育、标准化等其他规制工具。[4]

以信任、交互和责任为核心的协同模式,虽然有助于弥补以命令和控制为核心的实施模式的缺陷,但自身同样存在不足:它以政府、企业和其他组织之间的相互信任为前提,却无法在缺乏信任的前提下创设信任。这种不足将导致下述三种困境:一是政府为适应企业的需求而放弃自身的职能,将所有问题都托付给

〔1〕 See Julia Black, *Forms and Paradoxes of Principles Based Regulation*, Capital Markets Law Journal, Vol. 3:4, 2008.

〔2〕 "谦抑"更多地被用来讨论法院在国家治理体系中的角色定位,而不是法律在国家治理体系中的定位。它强调,法官应当运用未完全理论化协议,专注于个案纠纷的解决,不应将自己陷入不同整全性理论之间的争议当中。参见[美]凯斯·R. 孙斯坦:《法律推理与政治冲突》,金朝武等译,法律出版社2004年版。"审慎监管""包容式监管""协同监管"是《"十三五"市场监管规划》(国发〔2017〕6号)中的法定术语,意指改革传统监管模式,创新监管方式,提高监管效能。可惜,这些原本内涵清晰的专业术语经常被误读甚至被调侃为放松监管,进而丧失其应有的规范性内涵。

〔3〕 See Neil Gunningham and Peter Grabosky, *Smart Regulation: Designing Environmental Policy*, Oxford University Press, 1998; Michael G. Archbold, Hollis W. Hart and Joseph J. Minarik, *Smart Regulation: Changing Speed Bumps into Guardrails*, The Conference Board, Inc., 2019.

〔4〕 See Lawrence Lessig, *The Law of the Horse: What Cyberlaw Might Teach*, Harvard Law Review, Vol. 113:2, 1999.

企业。二是企业为符合政府的要求而放弃企业自身文化或商业模式,不再主动探索适合自身情形且高于最低要求的具体化方案。三是政府、企业或其他主体不再就调整宗旨和具体化方案做出探索、说明和论证,均在等待对方做出努力。企业不愿替政府承担职能,抱怨政府不作为;政府不愿成为企业的法律顾问,抱怨企业不主动;价值难以注入实践。〔1〕

显然,回归以命令和控制为核心的协同模式,无法有效弥补上述这些不足。人们只能在以信任、交互和责任为核心的协同模式的基础上寻求补救措施,如坚持企业微观行为规制与市场风险分析相结合、更强调问题导向与效果导向、威慑与协商并举、加强对企业内部组织的监管等。〔2〕

具体到市场竞争注入法律实践的实施,主要包括两个层面的内容:一是协同何以可能,涉及竞争法的核心价值目标和基本原则,具体呈现为行为违法性认定方法的确立;二是协同何以推进,涉及竞争法的规范类型和实施机制,实为竞争法的权威配置或治理体系。

第二节　协同何以可能:强化价值引领

以信任、交互和责任为核心的协同模式,依赖各方主体协同合作。而协同合作得以成为可能的前提是价值共识。有了价值共识,各方主体才能统一观察视角,截取相同的社会现象,寻求更加锐化的行为违法性认定方法,并在正当程序的保障下共同探索具体行动方案。

就市场竞争这项价值目标注入法律实践而言,价值共识自然是市场竞争。如此,以保障市场竞争自身不被扭曲为宗旨的反垄断政策,以及以促进市场竞争充分发挥其激励变革的间接作用为宗旨的反不正当竞争政策,便可统称为竞争政策。竞争政策是以市场竞争这项价值目标为核心与边界,是各种价值目标相互协调的过程与结果。在这些协调过程与结果之中,有些具有行动拘束力,有些

---

〔1〕 参见董笃笃:《竞争政策法制化研究》,法律出版社 2017 年版,第 29 ~ 30 页。

〔2〕 See Julia Black, *The Rise, Fall and Fate of Principles Based Regulation*, in Kern Alexander and Niamh Moloney eds., Law Reform and Financial Markets, Edward Elgar Publishing Ltd., 2011, p. 3 – 34.

不具有行动拘束力。具有行动拘束力的部分便称为竞争法。[1] 换个角度讲，竞争法的核心价值目标是“创制并保护有序的竞争格局和竞争环境”，[2]“通过保护竞争或维护竞争秩序来实现社会整体经济效率和社会实质公平”。[3] 在认定行为违法性时，竞争法应当遵循的基本原则是“分析不同类的反竞争行为对竞争运行与竞争政策实施的影响”，[4]以扭曲竞争或造成竞争损害为前提，确保市场竞争这项价值目标的落实与实现。

在具体操作中，与市场竞争相应的社会现象可分解为均衡过程和变革过程两类，解释和预测这两类社会现象的研究方法是一致的，都应采纳局部均衡分析。也就是说，竞争法应当在特定产业中预测经营者决策，评估特定行为是否扭曲竞争或者是否阻碍竞争充分发挥其激励变革的积极作用。局部均衡分析在实践操作中具体化为 SCP 范式，并借助相关市场界定得以确认和实施。

一、行为违法性认定的分析框架：SCP 范式

为了对经营者决策进行具有可操作性的预测和评估，梅森于 1939 年提出 SCP 范式的雏形，恢复并充实了马歇尔局部均衡分析。

首先，梅森提出 SCP 范式雏形的目的是评估经营者决策，并不是描述市场或产业的特点。[5] 梅森的论证思路是，价格政策备受关注，提到政策，那就和判断有关，具体涉及交易双方影响价格的各种深思熟虑的行动。对于价格政策的关注，意味着应将更多的制度性考察因素纳入价格分析之中。这些因素不仅包括市场条件，而且包括影响特定交易的特殊条件。这就需要为价格政策的分析提供一般性的参照框架。该框架当然包括市场结构，但市场结构只是一个开始。市场力量是必要的考察因素，但尚不足以为价格政策提供充分

---

[1] 关于竞争政策与竞争法的内涵，参见董笃笃：《竞争政策法制化研究》，法律出版社 2017 年版，第 48 ~ 89 页。

[2] 吴宏伟：《法益目标：我国〈反垄断法〉实施之灵魂》，载《江西社会科学》2008 年第 7 期。

[3] 吴宏伟、魏炜：《论反垄断法的价值目标》，载《法学家》2005 年第 3 期。

[4] 吴宏伟：《论竞争法的基本原则》，载《法学家》2001 年第 2 期。

[5] See Almarin Phillips and Rodney E. Stevenson, *The Historical Development of Industrial Organization*, History of Political Economy, Vol. 6:3, 1974, p. 338.

的分析框架。[1]

其次，梅森主张应运用局部均衡分析来评估经营者决策。梅森认为，关于价格政策的分析存在两种不同思路：一是以企业所在的市场结构为起点，推出企业的定价和生产策略。企业所在的市场包括所有影响该特定企业定价或生产决策的供给者和需求者。二是以企业定价行为为起点，综合考虑其他因素，推出市场结构，借此解释企业定价策略。对于第二种方法，实践中可行的操作是，将竞争者的反馈作为评估企业定价和生产策略、非价格竞争策略的考察因素。这种操作的正当性前提是，必须能够区分出哪些数据与定价和生产策略相关，但它很难做到这一点。[2] 之后，梅森于 1957 年在《经济集中和垄断问题》一书的导言部分明确提出：

> 垄断竞争和不完全竞争理论……提供了一个逻辑自洽的完美理论，但却不具有直接的可操作性……事实上，我们应当回归至马歇尔……只有借助产业及其相应的数据，产业组织领域的研究才不至于沦为荒野。特里芬试图运用一般均衡分析将我们带离现实，如果我们希望能保持住自己的优势，那最好尽快退到马歇尔所提供的梯子上。[3]

最后，梅森用以评估经营者决策的分析框架并不以完全竞争为前提假定。梅森认为，尽管所有企业都面临竞争压力，但多数企业仍可能具有控制价格的能力，应当综合多种因素来预测特定产业中的经营者决策和绩效。在这些多种因素中，应区分结构与行为。结构涉及产品特性、成本特点、经营者数量、进入市场的难易程度等因素，这些因素最终取决于技术，是企业无法控制的，属于外部条件。行为是企业可以控制的，属于内部因素。绩效包括成本与价格的关系、生产

---

〔1〕 See Edward S. Mason, *Price and Production Policies of Large-Scale Enterprise*, The American Economic Review, Vol. 29:1, Supplement, Papers and Proceedings of the Fifty-first Annual Meeting of the American Economic Association, 1939, p. 61.

〔2〕 Ibid., p. 61, 69.

〔3〕 Edward S. Mason, *Economic Concentration and the Monopoly Problem*, Atheneum, Reprinted by arrangement with Harvard University Press, 1964, p. 4 – 6.

能力与产出的关系、产品多样性、销售费用、利润率等。[1] 如此,梅森事实上已经提出了由结构、行为和绩效共同组成的用以评估经营者决策的一般性框架。

在梅森的基础上,贝恩(J. S. Bain)于 1959 年出版《产业组织》(*Industrial Organization*)一书,提出"结构—绩效"范式或者贝恩范式,强调结构对于绩效的重要性。谢勒于 1970 年出版《产业市场结构和经济绩效》一书,正式提出 SCP 范式,主张结构决定行为继而决定绩效。与贝恩不同,谢勒更强调行为对于绩效的作用。[2] 而梅森则于 1973 年强调,关于结构和绩效的关系尚没有令人满意的答案,只是当时的研究大多强调结构对于绩效的重要性。[3] 随后,产业组织理论诸学说围绕结构、行为和绩效三者之间"谁决定谁"的问题展开讨论,并试图影响美国反托拉斯实践。[4]

总之,SCP 范式的核心任务是,运用局部均衡分析,通过研究特定产业的技术、结构、行为或绩效,对特定市场结构下的特定市场行为作出解释和预测,识别出可能扭曲均衡过程或阻碍变革过程的行为。从 20 世纪 50 年代开始,梅森所提出的一般性框架以及之后的 SCP 范式,逐步被美国联邦贸易委员会和司法部视为反托拉斯经济学分析的基础,美国法院也要求当事人以经济学分析为基础提供证据,并将其视为经济学分析的基本框架。[5]

二、运用 SCP 范式评估经营者决策的必要环节:相关市场界定

作为预测和评估经营者决策的一种方法,SCP 范式是马歇尔局部均衡分析的具体化,需要从整个经济运行体系中截取出一个特定产业,即界定相关市场。相关市场界定得是否合理,关键在于能否准确预测和评估经营者决策,因此应被

---

〔1〕 See Edward S. Mason, *Price and Production Policies of Large-Scale Enterprise*, The American Economic Review, Vol. 29:1, Supplement, Papers and Proceedings of the Fifty-first Annual Meeting of the American Economic Association, 1939, p. 66 – 67; Edward S. Mason, *Economic Concentration and the Monopoly Problem*, Atheneum, Reprinted by arrangement with Harvard University Press, 1964, p. 7 – 9.

〔2〕 参见吴汉洪编著:《产业组织理论》(第 2 版),中国人民大学出版社 2018 年版,第 2 页。

〔3〕 See Almarin Phillips and Rodney E. Stevenson, *The Historical Development of Industrial Organization*, History of Political Economy, Vol. 6:3, 1974, p. 340, n. 67.

〔4〕 参见[美]威廉·G. 谢泼德、[美]乔安娜·M. 谢泼德:《产业组织经济学》(第 5 版),张志奇等译,吴汉洪校,中国人民大学出版社 2007 年版,第 19 ~ 29 页。

〔5〕 See Ewald T. Grether, *Industrial Organization: Past History and Future Problems*, The American Economic Review, Vol. 60:2, 1970, p. 86 – 87.

纳入 SCP 范式的整体框架中予以考察。

(一) SCP 范式的分析框架

从历史演进的角度看,SCP 范式实为马歇尔局部均衡分析的具体化。马歇尔局部均衡分析采取短期均衡分析和长期均衡分析相结合的方法,这种方法其实已经渗透到 SCP 范式的每个环节。

首先,在明确所欲评估的特定行为及其主体之后,SCP 范式需要紧紧围绕特定行为,从短期均衡分析的角度界定相关市场,识别出能够对行为主体实施该特定行为的决策产生影响的在位供给者和需求者。

其次,SCP 范式需要考察市场结构,评估行为主体控制价格或产量的能力,借此明确行为主体所处的市场类型,阐明均衡过程或变革过程的特点。为此,SCP 范式既要从短期均衡分析的角度分析在位经营者的数量、市场份额、市场集中度、产品差异化程度等因素,也要从长期均衡分析的角度考察市场进入壁垒。

最后,SCP 范式需要评估特定行为在特定均衡过程或者变革过程中的效果,即市场绩效。市场绩效主要包括利润、价格和效率,效率又分为配置效率、生产效率和动态效率。[1] SCP 范式既要从短期均衡分析的角度考察特定行为是否造成或扩大无谓损失,也要从长期均衡分析的角度评估其是否排挤竞争者,还要从规模经济或报酬递增等角度出发分析生产效率或动态效率受到哪些影响。

(二) 相关市场的维度

从描述市场现实状况的角度看,一般而言,相关市场界定涉及商品、地域和时间三个维度。但是,如果站在预测和评估经营者决策的立场,在 SCP 范式的分析框架内,相关市场界定主要涉及相关商品市场和相关地域市场,原则上不界定相关时间市场。具体而言,如果进入市场不存在沉没成本,那潜在竞争者被视同在位竞争者,构成短期供给替代,成为相关商品市场的延伸。[2] 如果进入市场存在沉没成本,那就存在结构性进入壁垒甚至行为性进入壁垒,如此,潜在竞争者便构成长期供给替代。长期供给替代给经营者决策造成的影响不在相关市场界定的环节予以考察,而是被纳入市场进入壁垒中,借助"进入的及时性、可

---

〔1〕 参见[美]威廉·G. 谢泼德、[美]乔安娜·M. 谢泼德:《产业组织经济学》(第5版),张志奇等译,吴汉洪校,中国人民大学出版社2007年版,第39～43页、第111～124页。

〔2〕 See OFT, *Market Definition: Understanding Competition Law*, OFT403, December 2004, p. 18.

能性与充分性”另行分析。[1]

（三）界定相关市场的分析思路

相关市场界定应站在特定行为主体的立场，从整个经济运行体系中抽取出所有能够对该主体实施特定行为的决策产生影响的销售者与购买者，评估特定行为主体控制价格或产量的能力，为预测和评估特定行为奠定基础。[2] 对此，梅森提出：

> 市场和市场结构，必须以单个销售者或购买者的市场地位为出发点予以界定。对于一个销售者的市场而言，其市场结构包括该销售者做出经营决策时所需考虑的所有因素。该销售者的市场包括所有购买者和销售者，无论他们购买或销售的商品是什么，只要该销售者认为他们的行为将影响其销售量。[3]

实践操作中，相关市场界定主要存在替代性和互补性两种不同界定思路。

1. 替代性

一种思路围绕替代性展开，识别出能够对行为主体实施特定行为的决策产生影响的能够替代该行为主体的销售者，具体包括交叉需求弹性、商品特征和假定垄断者测试三种方法。

其中，交叉需求弹性和商品特征关注不同商品的替代性程度，但二者之间仍存在差异。美国 1956 年杜邦玻璃纸（DuPont Cellophane）垄断化案运用不同商品之间的交叉需求弹性界定相关市场。在计算交叉需求弹性时，法院以杜邦收取的高于竞争性价格的现行价格为基准界定相关市场，导致相关市场被夸大。这种错误被称为“玻璃纸谬论”（Cellophane Fallacy）。1957 年杜邦通用汽车（DuPont-General Motor）合并案则通过考察不同商品的特征进行界定。与杜邦

---

〔1〕 See OFT, *Market Definition: Understanding Competition Law*, OFT403, December 2004, p. 14. 另参见辜海笑：《美国反托拉斯理论与政策》，中国经济出版社 2005 年版，第 84～89 页。

〔2〕 参见兰磊：《反〈反垄断法〉上的“不相关”市场界定》，载《中外法学》2017 年第 6 期。

〔3〕 Edward S. Mason, *Price and Production Policies of Large-Scale Enterprise*, The American Economic Review, Vol. 29:1, Supplement, Papers and Proceedings of the Fifty-first Annual Meeting of the American Economic Association, 1939, p. 69.

玻璃纸垄断化案相比,后者界定的相关市场相对较窄。1962 年布朗鞋合并案提出,可先借助交叉需求弹性界定一个较为宽泛的市场,然后在此基础上结合反托拉斯的宗旨,从实际情况出发明确一个范围较窄的"细分市场"(submarket)。但这种方法之后被批评为"屁股决定脑袋"式地界定相关市场。[1]

为了克服上述缺陷,美国随后提出假定垄断者测试。与交叉需求弹性或商品特征相比,假定垄断者测试的关注点从不同商品的替代性程度转向不同销售者的替代性程度。具体操作方法是,从目标企业的产品开始,假设生产这种产品的企业是一个以利润最大化为目标的完全垄断者,当其在特定时期内(一般是 1 年)施加一个"小而显著的非暂时性"(a Small but Significant and Non-transitory Increase in Prices, SSNIP)价格上升时(上幅一般为 5% ~10%),如果由于这一价格上升造成的销售的减少足以使这一上升无利可图($\Delta\pi < 0$),那就把目标产品的下一个次优替代品添加进来,假设由一个完全垄断者生产这两种产品,重复上述过程,直至有利可图($\Delta\pi \geqslant 0$)。

然而,假定垄断者测试仍然无法克服"玻璃纸谬论"。为计算 $\Delta\pi$,需确定一个基准价格。而基准价格与竞争性价格之间可能存在差异,这将导致相关市场界定得过宽或过窄。若以垄断价格为基准计算 $\Delta\pi$,垄断价格是垄断者利润最大化的定价,一旦提高价格,利润必然减少($\Delta\pi < 0$)。假定垄断者测试定会将次优替代品添加进来,这往往导致相关市场界定得过宽。实践操作很少严格按照假定垄断者测试的方法界定相关市场,大多还是依赖经验或先例进行判断。[2]

尽管如此,与交叉需求弹性或商品特征相比,假定垄断者测试还是能够提醒我们注意,界定相关市场的目的不是精确描述不同商品的替代性程度,而是评估行为主体控制价格或产量的能力,为预测和评估特定行为奠定基础。[3] 这种方法论层面的贡献多被表述为:假定垄断者测试能够为与界定相关市场有关的证

---

〔1〕 See Gregory J. Werden, *The History of Antitrust Market Delineation*, Marquette Law Review, Vol. 76:1, 1992.

〔2〕 Ibid., p. 205 - 209; OFT, *Market Definition: Understanding Competition Law*, OFT403, December 2004, p. 4.

〔3〕 See Gregory J. Werden, *The History of Antitrust Market Delineation*, Marquette Law Review, Vol. 76:1, 1992, p. 197.

据搜集和论证提供一个基本框架或思考方法。[1]

2. 互补性

能够影响行为主体决策的销售者,既包括能够替代行为主体的销售者,也包括那些提供互补性产品的销售者。围绕互补性展开的相关市场界定,仍需以评估行为主体控制价格或产量的能力为核心,依赖经验或先例进行判断,目前主要涉及商品群市场、售后市场和双边市场。

(1)商品群市场

商品群市场,是指销售者向同一购买群体同时提供不同商品,这些商品之间可能具有替代性或互补性,也可能根本就不相关,如超市、银行、网站等。商品群市场的界定,应当分析这些商品之间是否存在"交易上的互补性"。只要购买者从单一销售者那里购买这些不同商品能够显著地降低交易成本,就说明那些只提供单一商品或部分商品的销售者将不会对同时提供多种商品的销售者造成影响。在计算市场份额时,应排除那些仅提供单一或部分商品的销售者。应注意的是,"功能或需求上的互补性"与"交易上的互补性"并不相同。例如,汽车与汽油具有功能或需求上的互补性,但不应据此直接将汽车和汽油视为同一商品群市场。只有当购买者从单一销售者那里同时购买汽车和汽油能显著降低交易成本时,才应将两者视为同一商品群市场。

在个案纠纷中,法院应当分析是否存在显著的购买者群体从单一销售者那里购买这些不同商品。如果被告主张应将不同商品界定为商品群市场,就能直接认定并不存在显著的购买者群体从单一销售商那里购买这些商品。[2] 例如,原告、被告和甲均同时提供 A、B、C 三种不同商品。对于商品 A,被告、原告和甲的销量分别为 50、25 和 10,还有一些只销售 A 的销售者,销量共为 15。对于商品 B,被告、原告和甲的销量分别为 10、50 和 25,还有一些只销售 B 的销售者,销量共为 15。对于商品 C,被告、原告和甲的销量分别为 10、25 和 50,还有一些只销售 C 的销售者,销量共为 15。如果以商品 A 为相关商品市场,被告的市场份

[1] See OFT, *Market Definition: Understanding Competition Law*, OFT403, December 2004, p. 4; Gregory J. Werden, *The History of Antitrust Market Delineation*, Marquette Law Review, Vol. 76:1, 1992, p. 200 - 201.

[2] See Ian Ayres, *Rationalizing Antitrust Cluster Markets*, Yale Law Journal, Vol. 95, 1985.

额为 50 ÷ (50 + 25 + 10 + 15) = 50%。如果将 A、B、C 界定为一个独立的商品群市场,被告的市场份额为(50 + 10 + 10) ÷ (50 + 10 + 10 + 25 + 50 + 25 + 10 + 25 + 50) = 27.5%。此时,被告会主张界定商品群市场。但事实上,A、B、C 三种商品在不同销售者那里的市场份额存在如此大的差距,这足以说明不存在显著的购买者群体从单一销售商那里同时购买这些商品。

(2)售后市场

售后市场,是指"主要产品"(primary product)的"附属品市场"(secondary product),二者之间具有功能上的互补性,如墨盒之于打印机、4S 店之于汽车。售后市场的相关商品市场界定大致存在三种情况。第一种情况是,如果购买者在购买主要产品时考虑附属品的价格、销售者提高附属品价格将影响主要产品的商誉或销量,那就将二者共同界定为一个相关商品市场。第二种情况是,如果购买者在购买主要产品时不考虑附属品的价格、销售者提高附属品价格不影响主要产品的商誉或销量,而且不同品牌的附属品与主要产品之间相互兼容,那就需要界定两个相关商品市场,一个是主要产品市场,另一个是附属品市场。第三种情况是,如果购买者在购买主要产品时不考虑附属品的价格、销售者提高附属品价格不影响主要产品的商誉或销量,而且不同品牌的附属品与主要产品之间是不兼容的,那就需要界定很多相关商品市场。一个是主要产品市场,此外,不同品牌的附属品分别构成独立的相关商品市场。[1]

(3)双边市场

双边市场,也称双边平台或多边平台。双边平台的特点是,用户的异质性较强,因而可以分为不同类型。双边平台大致可分为两类:一类是交易型平台,不同类型用户之间直接进行交易,如电子商务的购买者与销售者等;另一类是非交易型或媒介型平台,不同类型用户之间没有直接交易或者无法识别他们之间的直接交易,如报纸、电视或门户网站的消费者与广告商。[2]

---

〔1〕 See OFT, *Market Definition: Understanding Competition Law*, OFT403, December 2004, p. 21 - 23.

〔2〕 See Lapo Filistrucchi, Damien Geradin, Eric van Damme, and Pauline Affeldt, *Market Definition in Two-Sided Markets: Theory and Practice*, (March 16, 2013), https://ssrn.com/abstract=2240850.

双边平台不同类型的用户之间存在间接网络外部性,[1]一类用户在平台上得到的效用取决于另一类用户的数量。如果存在正外部性,一种类型的用户 A 数量越多,另一种类型用户 B 获得的效用越高。平台对于用户 A 的价值小于平台的社会总价值,结果将导致平台的使用量小于均衡数量或最优数量。如果存在负外部性,平台的使用量将大于均衡数量。无论是正外部性还是负外部性,都难以达到均衡数量,导致效率损失。双边平台理论认为,平台通过控制价格结构吸引更多数量的用户加入平台,有助于达到平台运营的有效规模。这些研究强调的是对平台价格决策的现实描述,即出于克服间接网络外部性的考虑,平台通常会在改变价格总水平的同时再控制价格结构,针对不同类型的用户确定不同价格。换句话说,除改变价格水平外,改变价格结构也能改进配置效率。[2] 然而,必须强调的是,双边平台理论也坦言,平台改变价格结构的确能够改进配置效率,但并不一定能够达到最优。[3]

目前,摆在双边平台理论面前的难题是如何预测和评估经营者决策。不解决这项难题,双边平台理论就只能止步于一种纯粹的描述性理论,无法转换为法律实践,甚至沦为"学术泡沫"。为了预测和评估经营者决策,马歇尔提出局部均衡分析,梅森将其具体化为 SCP 范式。在当下的竞争法律实践中,"很多双边市场竞争监管机构都是依照惯例使用标准的方法进行分析"。[4] 当然,这种依循"陈旧"规则的应对方案也遭到了批判。学术讨论对于 SCP 范式的合理性以及相关市场界定的必要性提出了质疑,主张不应再适用 SCP 范式,而应以交易成本理论或对策论为基础进行分析。[5] 与之相应,既然不再沿用 SCP 范式,分

---

〔1〕 See Lapo Filistrucchi, Damien Geradin and Eric van Damme, *Identifying Two-Sided Markets*, (February 21, 2012), https://ssrn.com/abstract=2008661.

〔2〕 See Dirk Auer and Nicolas Petit, *Two-Sided Markets and the Challenge of Turning Economic Theory into Antitrust Policy*, (January 20, 2015), https://ssrn.com/abstract=2552337, p.6.

〔3〕 See E. Glen Weyl, *A Price Theory of Multi-Sided Platforms*, The American Economic Review, Vol.100:4, 2010, p.1643.

〔4〕 [英]西蒙·毕晓普、[英]迈克·沃克:《欧盟竞争法的经济学:概念、应用和测量》,董红霞译,吴汉洪校,人民出版社 2016 年版,第 100 页。

〔5〕 See Mark Blaug, *Is Competition Such a Good Thing? Static Efficiency versus Dynamic Efficiency*, Review of Industrial Organization, Vol. 19:1, 2001; Amanda B. Delp and John W. Mayo, *The Evolution of "Competition": Lessons for 21st Century Telecommunications Policy*, Review of Industrial Organization, Vol. 50:4, 2017.

析视角就应当从产业转向企业，重点考察企业参与特定交易时的个体行为。

事实上，此类质疑 SCP 范式合理性的观点并不合理。一方面，在预测和评估经营者决策时，SCP 范式本身完全可以容纳交易成本理论或对策论。不仅如此，交易成本理论认为经营者决策将会影响交易成本，强调并非所有限制自由的行为都是垄断力量的结果。至于这些降低交易成本的决策与垄断力量之间到底是什么关系，却仍是一个有待分析的实证性问题。[1] 与之相比，SCP 范式强调为了预测和评估经营者决策，应综合考察市场结构、市场行为和市场绩效等各种因素，因而更具构建性。另一方面，从实践的角度看，在以企业为分析视角确立战略时，除了考察企业自身状况外，仍然需要分析产业状况。[2] 而 SCP 范式所强调的正是，一定要结合特定产业状况对经营者决策进行分析。因此，作为预测和评估经营者决策的基本分析框架，SCP 范式依然应当适用于互联网、云计算、双边市场、大数据、人工智能、数字经济等新业态和经济运行形态。我们不应将 SCP 范式的"年龄"与其欠缺合理性置于同等位置。

在 SCP 范式的基本框架内，关于双边市场中相关商品市场的界定问题，竞争法律实践仍然依赖经验或先例。学术研究提出了一些具体方案，但尚未达成共识。其中，朱利安·怀特（Julian Wright）于 2004 年提出，如果双边平台收取交易费，则应将平台的两边界定为同一个相关商品市场，因为双边平台同时在两边收取费用；如果收取会员费，则应将平台的两边各自界定为相互独立的相关商品市场。[3] 莱普·菲利斯特鲁基（Lapo Filistrucchi）于 2013 年提出，关于是否应将平台两边界定为同一个相关市场的问题，关键不在于表面上呈现为交易费还是成员费，而在于平台两边是否直接交易或者能否直接观测到两边的交易。[4] 按照菲利斯特鲁基的观点，如果平台两边直接交易，那就属于交易型平台，它提供

---

〔1〕 John Howard Brown, *Structure-Conduct-Performance: A Comment on Blaug's "Is Competition Such a Good Thing? Static Efficiency versus Dynamic Efficiency"*, Review of Industrial Organization, Vol. 21, 2002, p. 104 – 105.

〔2〕 参见［美］辛西娅·蒙哥马利：《重新定义战略》，蒋宗强、王立鹏译，中信出版社 2016 年版，第 20 ~ 27 页。

〔3〕 See Julian Wright, *One-sided Logic in Two-sided Markets*, Review of Network Economics, Vol. 3:1, 2004.

〔4〕 See Lapo Filistrucchi, Damien Geradin, Eric van Damme, and Pauline Affeldt, *Market Definition in Two-Sided Markets: Theory and Practice*, (March 16, 2013), https://ssrn.com/abstract=2240850.

的服务是交易机会或交易的可能性,应将两边界定为同一相关市场。与交易型平台存在替代性的不仅是其他交易型平台,还包括没有中介平台的直接交易。如果平台两边没有直接交易或无法直接观测到两边交易,那就属于非交易型平台,应将两边各自界定为独立的相关市场。但非交易型平台的两边仍存在相互影响。一方面,平台一边的情况将影响另一边的产品差异化程度。例如,在广告市场中,报纸广告与电视广告的差异化程度相对较高。另一方面,单边假定垄断者测试只能识别出最小范围的相关市场。单边假定垄断者测试的具体操作是,首先从目标企业的产品开始,假设生产这种产品的企业是一个以利润最大化为目标的完全垄断者,当其施加一个"小而显著的非暂时性"价格上升时,如果由于这一价格上升造成的销售的减少足以使这一上升无利可图($\Delta\pi<0$),便把目标产品的下一个次优替代品添加进来,假设由一个完全垄断者生产这两种产品,然后重复以上过程直至$\Delta\pi=0$。在非交易型平台中,平台两边存在间接网络效应,平台提高价格所导致的损失往往会小于实际损失。在单边假定垄断者测试中,当价格上升导致有利可图($\Delta\pi\geqslant0$),不再继续添加次优替代品时,实际情况却可能是无利可图($\Delta\pi<0$),需要继续添加次优替代品,扩大相关市场的范围。因此,现实中相关市场的范围要比单边假定垄断者测试所界定的范围更宽。

三、运用 SCP 范式评估经营者决策的重要工具:竞争状况评估

在 SCP 范式中,在界定相关市场之后,需要研究市场结构、市场行为和市场绩效,明确该特定相关市场中均衡过程的特点,借此预测经营者决策,识别出有可能损害竞争的行为。这项工作通常被称为竞争状况评估(competition assessment)、市场研究(market studies)、市场调查(market investigations)、行业调查(sector inquiries)或者事实调查(fact-finding inquiries)等。[1]

竞争状况评估是中国反垄断制定法明确规定的政策措施。根据 2007 年《反垄断法》第 9 条第 1 款第 2 项的规定,"组织调查、评估市场总体竞争状况,发布评估报告"是国务院反垄断委员会应当履行的一项重要职责。一方面,作为《反垄断法》所规定的政策措施,竞争状况评估的核心任务是为反垄断执法工作提

---

〔1〕 See OECD, *Market Studies*, DAF/COMP(2008)34.

供参考,核心政策目标是保障竞争。另一方面,竞争状况评估的实施能够获得一定程度的保障。根据原国务院法制办公室专家的解释,尽管《反垄断法》没有为竞争状况评估提供配套的监督检查和救济措施,但竞争状况评估却具有相对正式的实施机制。他们认为:"《反垄断法》规定由国务院反垄断委员会组织调查、评估市场总体状况并发布评估报告,明确了责任,有利于将这项重要工作切实落到实处,也有利于保证调查、评估的统一性和权威性。实际执行中,市场总体竞争状况的调查、评估一般应当是定期进行。由于这项工作需要投入较多的时间和人力、物力,国务院反垄断委员会的职责主要是发挥组织作用,具体事务工作可以由有关部门、协会以及研究机构、专家等承担。"〔1〕

实践中,竞争状况评估面临着一项难题,即具体选择哪些产业作为研究对象。对此,并不存在统一的选择标准,一般会根据目标任务、策略性因素、市场竞争遭受影响的考察因素、研究范围来确定。第一,竞争状况评估关注的政策目标相对宽泛,并不局限于保障竞争,具体包括为规制政策提供咨询、回应公众关注、为执法工作提供参考、帮助监管机构克服市场失灵等。如果以提供咨询为目标,则消费品产业应具有优先性。如果以克服监管产业市场失灵为目标,则监管产业应具有优先性。如果以回应公众关注为目标,则那些备受公众讨论但执法机构又尚未决定采取正式执法措施的行业应具有优先性。但这也存在风险,毕竟实施竞争状况评估本身往往暗示着正式执法程序的启动,如果在竞争状况评估之后没有启动正式执法程序,执法机构就需要详细阐述实施竞争状况评估的理由。第二,特定产业的选择需要考虑一些策略性因素。这些因素包括政府确定的重点产业、正在经历显著变革的产业、竞争纠纷频发的产业。第三,特定产业的选择也需要考虑市场竞争受到哪些因素的影响。这些因素可分为从上至下和从下至上两类。前者包括政府干预程度、价格是否提高、市场集中度是否提升、市场进入是否缺乏、市场份额是否固化、市场进入壁垒、创新程度等。后者包括竞争纠纷、消费者投诉等。第四,特定产业的选择还与竞争状况评估的范围相

〔1〕 曹康泰主编:《中华人民共和国反垄断法解读——理念、制度、机制、措施》,中国法制出版社2007年版,第187页。然而,自2008年我国《反垄断法》实施以来,国务院反垄断委员会尚未正式发布过竞争状况评估报告,学界对于竞争状况评估的研究也相对较少。不仅如此,竞争状况评估对于反不正当竞争法的重要意义还尚未得到应有的重视。

关。毕竟,评估范围影响竞争状况评估的成本和预算。[1] 综合上述四个方面,从保障并促进竞争的角度出发,竞争状况评估的对象可以设定为竞争纠纷频发的产业、备受公众关注的产业、政府确定的重点产业以及正在经历显著变革的产业。

四、SCP 范式适用领域的扩充:从反垄断到反不正当竞争

作为评估经营者决策的分析方法,SCP 范式已经在反垄断领域得以确认,但尚未被运用于反不正当竞争领域。究其根源,反不正当竞争的宗旨仍然停留在保障普遍的行动自由,还没有转换为促进竞争充分发挥作用。

(一) 以保障普遍的行动自由为宗旨的反不正当竞争法

从历史演进来看,反不正当竞争法曾被视为特别侵权法,并沿袭侵权行为法的调整宗旨和分析框架。

第一,传统侵权行为法的调整宗旨是,每个人均享有普遍的行动自由,除非侵害人有过错,否则社会交往中的风险自担。即当维护法律地位和行为自由这两种利益发生冲突时,行为自由优先。该调整宗旨被表述为过错原则。[2] 例如,《德国民法典》第一草案第 704 条第 1 款具体化为如是规定:“因故意或过失的违法的行为或不作为给他人造成损失的人,应承担赔偿损失的责任。”从实践的角度看,这种“大概括性条款”的构成要件还需进一步精确化,请求权主体也要再明确。[3] 基于此,《德国民法典》将其转换为三项“小概括性条款”,分别是第 823 条第 1 款、第 2 款和第 826 条。

其中,《德国民法典》第 823 条第 1 款规定:“故意或有过失地不法侵害他人的生命、身体、健康、自由、所有权或者其他权利的人,有义务向该他人赔偿由此而发生的损害。”根据该规定,侵权行为的要件是,受害人的一项具体法益遭受侵害、侵害行为与法益遭受侵害之间存在因果关系、侵害人存在主观过错、侵害

---

〔1〕 See OECD, *Summary of the Workshop on the Selection and Prioritisation of Sectors for Market Studies*, DAF/COMP/WD(2017)49.

〔2〕 参见[德]马克西米利安・福克斯:《侵权行为法》,齐晓琨译,法律出版社 2006 年版,第 1 ~ 4 页。

〔3〕 参见[德]迪特尔・梅迪库斯:《德国债法分论》,杜景林、卢谌译,法律出版社 2007 年版,第 613 ~ 615 页。

行为具有违法性。

《德国民法典》第 823 条第 2 款规定："违反以保护他人为目的的法律的人，担负同样的义务。依法律的内容，无过错也可能违反法律的，仅在有过错的情形下，才发生赔偿义务。"与第 1 款不同，该条第 2 款所要求的并非损害一项确定的、在法规中明确表述的法益，而是将产生责任的因素规定为违反保护性法律。从这个意义上讲，第 2 款包含了一个"小"的侵权行为法概括性条款。

《德国民法典》第 826 条规定："以违反善良风俗的方式故意加损害于他人的人，有义务向该他人赔偿损害。"根据该规定，侵权行为的构成要件是损害、违反善良风俗和故意。这里并不要求损害一个确定的法益，更注重的是对纯粹的财产损失的赔偿。特定行为如果违反善良风俗便具有违法性，违法性这一要件本身在此不具有什么特别意义。因此，侵权行为是否成立并不取决于被侵害之法益的性质，而是取决于致人损害的性质。[1] 第 826 条使人们能够以主流价值观念的标准来衡量行为是否构成侵权，并以这种方式对第 823 条发挥着重要的补充功能。[2]

若满足上述规定各自的构成要件，侵权行为法便提供赔偿损失的救济。同时，在上述要件的基础上，如果侵害行为可能会反复发生，即便没有过错，法院也给予停止侵害的救济。[3]

第二，反不正当竞争法曾被视为特别侵权法。仍以德国为例，德国于 1896 年颁布《反不正当竞争法》。该法明确列举了误导、诋毁等 5 种具体的不正当行为。这种列举式立法在实现法律确定性的同时，也带来灵活性不足的缺陷。为了弥补法律漏洞，法院援引《德国民法典》第 826 条。但是，第 826 条又不足以为竞争者提供有力保护，因为它要求的"损害故意"要件很难被证明。为此，德国修改了《反不正当竞争法》，新法于 1909 年生效实施，增加了第 1 条的如是规定：

---

〔1〕 参见[德]迪特尔·梅迪库斯：《德国债法分论》，杜景林、卢谌译，法律出版社 2007 年版，第 617 页。

〔2〕 参见[德]马克西米利安·福克斯：《侵权行为法》，齐晓琨译，法律出版社 2006 年版，第 1 ~ 4 页、第 11 ~ 12 页、第 141 页、第 162 ~ 164 页。《德国民法典》的中文翻译，参见陈卫佐译注：《德国民法典》(第 4 版)，法律出版社 2015 年版。

〔3〕 参见[德]克默雷尔：《侵权行为法的变迁(上)》，李静译，载王洪亮等主编：《中德私法研究》总第 3 卷，北京大学出版社 2007 年版。

“商业交易中，以竞争为目的违背善良风俗者，得请求其不作为及损害赔偿。”该规定借鉴《德国民法典》第 826 条，但是删除“损害故意”要件。[1] 在个案裁决中，1909 年德国《反不正当竞争法》第 1 条主要考察“以竞争为目的”和“违反善良风俗”这两项要件。

关于“以竞争为目的”的认定，客观上要求行为人从事的行为是一项竞争行为。由于行为人从事竞争行为在促进自己的或他人的竞争目的、获取竞争利益的同时，剥夺了其竞争对手的交易机会，损害了他人的竞争利益。即行为人获得竞争利益与其竞争对手丧失竞争利益之间存在因果关系，竞争行为必须针对特定的经营者所为。因此学术界通行的学说认为，行为人与受害人之间必须存在竞争关系。在通常情况下，只有同行业的经营者之间才存在竞争关系，不同行业的经营者不可能去争取与相同的顾客的交易机会；即使属于同一行业，也只有处在同一经济层次的经营者之间才存在竞争关系。不过，司法机关在认定经营者之间是否存在竞争关系时适用比较宽松的标准。竞争关系不仅是指直接的竞争关系，而且包括间接的竞争关系。只要在经营过程中面向相同的顾客，产品或服务之间具有广泛意义上的可替代性，就也可能产生竞争关系。[2]

关于“违反善良风俗”的认定，与《德国民法典》第 826 条相比，1909 年德国《反不正当竞争法》第 1 条的认定标准具有特殊性。在为了维护竞争的正当性而适用“善良风俗”的情况下，应在更大程度上考虑有关参与竞争的各阶层的观点，尽管不能简单地、不加批判地照搬。总体来说，与民法相比，人们更应倾向于肯定在德国《反不正当竞争法》第 1 条中存在违反善良风俗性。[3]

总体而言，1909 年德国《反不正当竞争法》第 1 条被视为《德国民法典》第 826 条的特别法。[4] 二者的调整宗旨和分析思路基本一致：以普遍的行动自由为宗旨，以过错为原则，以违反善良风俗为核心考察致人损害的性质，而非被侵害之法益的性质。二者所关注的社会现象和具体问题也大致相同：在两个独立

---

〔1〕 参见范长军：《德国反不正当竞争法研究》，法律出版社 2010 年版，第 10～11 页。

〔2〕 参见邵建东：《德国反不正当竞争法研究》，中国人民大学出版社 2001 年版，第 42～43 页；孔祥俊：《反不正当竞争法新原理》（总论），法律出版社 2019 年版，第 187～219 页。

〔3〕 参见[德]迪特尔·梅迪库斯：《德国民法总论》，邵建东译，法律出版社 2001 年版，第 511～512 页。

〔4〕 同上。

个体之间极具个性化的交往关系或竞争关系中，特定行为是否不正当地或者以违反善良风俗的方式“骗走”或“盗走”原本属于他人的交易机会。

（二）以促进竞争充分发挥作用为宗旨的反不正当竞争法

作为特别侵权法，反不正当竞争法以普遍的行动自由为调整宗旨，以过错为原则，以竞争关系为分析工具，以“骗走”或“盗走”原本属于他人的交易机会为认定行为违法性的核心要件。

然而，这并不是理解和适用反不正当竞争法的唯一分析框架。同样以德国为例，根据克尼佩尔（Rolf Knieper）的观点，德国1909年《反不正当竞争法》的目标是市场参与人的客观义务，而不是相互主体间的关系。也正因如此，该法第13条规定，有权提起停止侵害之诉的主体不限于受害人自己，而是包括“同一市场上经销同类或类似商品或服务的经营者”，“有权利能力的、以促进工商利益为宗旨的团体”，“有权利能力的团体，其章程规定的任务包括以提供说明和咨询的方式来维护消费者的利益”以及“工业和商业公会或手工业公会”。竞争法善良风俗的戒律使市场参与者负有不为如下行为的义务：制定误导他人的条款、欺诈、特殊产品质量的欺骗、纠缠、强迫、心理的操纵。简言之，作弄顾客。这些标准从一开始就存在，而不是通过具体的业务关系、特殊联系的接触才产生。反不正当竞争法旨在构建一个公开竞争的系统和为了社会的利益而反对造成市场限制的行为。与此相应，私法中违背善良风俗也进一步被非人化且非主观化。违背善良风俗的行为与“违背系统”的行为紧密相连。[1]

既然提到“违背系统”，那就意味着反不正当竞争法所关注的社会事实已经不再仅仅是单纯的极具个性化的交往关系或者竞争关系，而是整个经济运行体系。反不正当竞争法需要采纳“效果原则”（effects doctrine），[2]评估特定行为对于整个经济运行体系的影响，而不是只盯着私人利益是否受到损害，或者原本属于单个经营者的交易机会是否被“骗走”或“盗走”。与之相应，评估特定行为

---

〔1〕 参见［德］罗尔夫·克尼佩尔：《法律与历史——论〈德国民法典〉的形成与变迁》，朱岩译，法律出版社2003年版，第224～229页。德国1909年《反不正当竞争法》的中文翻译，参见邵建东：《德国反不正当竞争法研究》，中国人民大学出版社2001年版，第415～429页。

〔2〕 See Reto M. Hilty and Frauke Henning-Bodewig, *Law Against Unfair Competition: Towards a New Paradigm in Europe?*, Springer, 2007, p. 1－52. 另参见孔祥俊：《反不正当竞争法新原理》（原论），法律出版社2019年版，第46～191页。

的分析框架和判断标准也应随之改变。根据本书第三章的论述,交易成本理论是反不正当竞争法的理论基础,促进竞争充分发挥作用应被视为反不正当竞争法判断行为违法性的基准,局部均衡分析应被视为评估行为效果的基本方法。因此,作为局部均衡分析的具体化,SCP 范式应当成为反不正当竞争法评估特定行为效果的基本分析方法。[1]

第三节 协同何以推进:优化治理体系

SCP 范式能够为评估经营者决策提供一套分析框架和工具,指明论证方向和考察因素,却无法也不应当一劳永逸地预先对特定行为是否构成违法给出答案。为了在 SCP 范式的基本框架内推进协同合作,竞争法的规范类型、信息搜索机制、实施方式和法律后果均呈现新的特点。这些特殊的规范类型、信息搜索机制、实施方式和法律后果,事实上都是竞争法不断优化自身治理体系或权威配置方案的抓手。

一、以实施指南为主要载体的竞争法律规范

从法律规范的角度看,与其他法律相比,竞争法主要借助实施指南来提升法的可预期性。目前,国务院反垄断委员会已经发布《关于相关市场界定的指南》《关于汽车业的反垄断指南》《横向垄断协议案件宽大制度适用指南》《垄断案件经营者承诺指南》《关于知识产权领域的反垄断指南》《关于平台经济领域的反垄断指南》。

(一)实施指南的性质

实施指南是论证的指引,而非行动的指引,它并不直接给出答案,只是指明论证方向,直接适用主体不是行动者而是裁判者,其实是授权裁判者裁量。在法律规范的类型谱系中,实施指南应当被定性为标准。

标准,作为一种特殊的规范类型,与原则、规则相并列。三者之所以被区分

---

[1] See Anna F. Kingsbury, *Market Definition in Intellectual Property Law: Should Intellectual Property Courts Use an Antitrust Approach to Market Definition?*, Marquette Intellectual Property Law Review, Vol. 8:1, 2004.

开来,主要源自法理学关于"法律是什么"以及"唯一正解"的讨论。关于"法律是什么"的问题,奥斯丁(John Austin)借助抽取公因式的方法,主张法律是主权者的命令。这种观点难以解释"为什么强盗的命令不是法"。对此,哈特(HLA Hart)借助中心情形与边缘情形相区分的方法,主张法律的中心情形是规则,属于一种社会事实。[1] 不仅如此,哈特还强调:第一,应在概念上明确区分法律与道德,法律可以赋予道德以行动拘束力;第二,社会行动才是法律有效性的终极渊源;第三,法律体系是不完全、不确定的,司法裁量不可避免,立法对法官基本上没有限制,法官应跟立法者一样依照自身的信念和价值进行裁决。对此,德沃金(Ronald Dworkin)主张,法律不仅只是规则,还包括原则;在疑难案件中,法官即便不受规则约束,也同样受到原则约束,司法裁量并非不可避免。[2] 德沃金认为,原则上法律推理存在"唯一正确方案"。[3] 之后,埃克霍夫(Torstein Eckhoff)、卡里奥(Genaro R. Carrió)、阿尔尼奥(Aulis Aarnio)等提出,德沃金所称的原则事实上分为两类:一类是价值目标,直接提出行动要求;另一类是标准,不直接提出行动要求,只指明论证方向。前者是行动的指南,后者是论证的指南。即便法律是由规则和原则组成的,司法裁量同样不可避免。[4] 据此,标准作为裁量的代表,进入规范类型的谱系中。

(二)实施指南的法制化

实施指南无法按照三段论的方法予以适用,总是给人以无法满足法的确定性的错觉。[5] 事实上,确定性有两种内涵:一是不变;二是相关事物之间的协调过程及其结果可控。法的确定性取决于社会共同体的价值体系,它不是死板僵

---

〔1〕 See John Finnis, *Natural Law and Natural Rights*, Second Edition, Oxford University Press, 2011, p. 3 – 19.

〔2〕 See HLA Hart, *The New Challenge to Legal Positivism* (1979), Oxford Journal of Legal Studies, Vol. 36:3, 2016, p. 459 – 475.

〔3〕 See Aulis Aarnio, *Essays on the Doctrinal Study of Law*, Springer, 2011, p. 165 – 175.

〔4〕 See Torstein Eckhoff, *Guiding Standards in Legal Reasoning*, Current Legal Problems, 1976, p. 205 – 219; Genaro R. Carrió, *Legal Principles and Legal Positivism*, in J. E. Gracia ed., Philosophical Analysis in Latin America, D. Reidel Publishing Company, 1984, p. 47 – 71; Aulis Aarnio, *Taking Rules Seriously*, in Werner Maihofer and Gerhard Sprenger eds., Law and the States in Modern Times, F. Steiner Verlag, 1990, p. 182 – 184.

〔5〕 三段论很容易遮蔽法律分析的实践面向,歪曲社会事实,掩盖法律的复杂性,自身无法确保法的确定性。对于法律实践而言,三段论只具有批判和体系化的辅助性功能。参见董笃笃:《竞争政策法制化研究》,法律出版社 2017 年版,第 91 ~ 97 页。

化的,而是持续演变的。[1] 只要特定领域价值体系的变化过程可控,就可以认为该领域具有法的确定性。竞争法一方面强化竞争这一价值目标的引领作用,另一方面也将实施指南纳入法治轨道,据此确保法的确定性。

具体而言,实施指南是由裁判所创制的规范,以足够丰富的经验和可操作性为基础。如果没有足够丰富的执法经验,则很难创制出具有实践意义的实施指南。如果现有经验或研究尚不具有可操作性,则即便制定出实施指南也很难提升法的可预期性,因而应当让位于个案分析。[2]

此外,实施指南逐步从可以参照的法源转变成为具有弱拘束力的法源。根据法源理论,法的渊源是指特定法律解释得以发现或证成的支撑性论述。根据行动拘束力的不同程度,法的渊源大致可分为三类:一是强拘束力的法源,如立法;二是弱拘束力的法源,如立法目的、先例;三是可以参照的法源,如道德原则、后果主义推理、比较法研究等。[3] 与"任何人不得因自己的过错而获益"等经过判例或学说等非正式地发展而来的可以参照的标准不同,竞争法中的实施指南大多经由正式程序而制定或修订。有些实施指南因尊重先例而成为弱拘束力的法源,可被称为"指南"(guidelines);有些实施指南则无须尊重先例,因而成为可以参照的法源,可被称为"行动指导"(guidance)。[4] 从这个意义上讲,那种把竞争法称为"竞争政策暨竞争法""法政策""政策法""软法"的表述很容易误导人们的认知,[5]让人认为好像竞争法中的实施指南都具有跟立法一样的强拘束力。事实上,竞争法律实践本身对实施指南的行动拘束力始终都保持着警惕,也在法源理论及其相应制度的框架内推进实施指南的法制化。

---

[1] See Aulis Aarnio, *Essays on the Doctrinal Study of Law*, Springer, 2011, p. 39 - 42, 74, 142 - 144.

[2] See Gregory J. Werden, *Should the Agencies Issue New Merger Guidelines?: Learning from Experience*, George Mason Law Review, Vol. 16, 2009, p. 849.

[3] See Aulis Aarnio, *Essays on the Doctrinal Study of Law*, Springer, 2011, p. 147 - 163.

[4] See Liza Lovdahl Gormsen, *Why the European Commission's Enforcement Priorities on Article 82 EC Should be Withdrawn*, The European Competition Law Review, Vol. 31:2, 2010, p. 47; Giorgio Monti, *Unilateral Conduct: the Search for Global Standards*, in Ezrachi ed., Research Handbook on International Competition Law, Edward Elgar Publishing Ltd., 2012, p. 345.

[5] 同"道德法"一样,此类混淆道德与法律、政策与法律的表述不值得提倡。我们应始终强调,法律与道德、法律与政策之间存在一条清晰且明确的界限。参见[意]登特列夫:《自然法:法律哲学导论》,李日章等译,新星出版社2008年版,第169~186页。另参见张守文:《发展法学:经济法维度的解析》,中国人民大学出版社2021年版,第267~268页。

二、注重民事诉讼、竞争行政执法与产业监管相互配合的信息搜索机制

实施指南授权裁判者裁量。可问题是,谁应成为裁判者? 这就要看哪一类主体或哪一类信息搜索机制能够更好地满足 SCP 范式的需求。SCP 范式的实施依赖高质量的数据,需要有效的信息搜集机制提供支撑。与其他法律相比,竞争法特别强调民事诉讼、竞争行政执法与产业监管这三者之间的相互配合。

民事诉讼是解决纠纷的重要机制。但是,如果当事人之间的地位不平等、信息不对称,那么,民事诉讼解决纠纷的实效性将大打折扣。基于此,竞争法律实践采取举证证明责任移转的方法,希望借此弥补双方当事人之间的不平等。实践中,这种方法被称为"三步证明负担移转分析"(three-part burden-shifting analysis)。第一步,由原告承受主张并提供充分证据表明如下事项的初始负担:被告拥有使一项反竞争限制似真的充足市场势力,并且实施了至少一项该等限制。第二步,如果原告满足了确立竞争损害表证案情的初始负担,证据负担将转移给被告,由其表明该行为具有某个促进竞争的正当理由。如果被告不能击败该表证案情,也没有提出正当理由,则原告有权获胜。相反,如果被告为某个促进竞争正当理由提供了证据,证据负担再次发生转移。第三步,原告仍然有机会表明该等正当理由原本可通过一个限制性更小的替代方式实现,即这种替代方式基本能够带来相同的效益,但不带有该等竞争损害风险。如果不存在限制性更小的替代方式,法院将需要考察该等限制和正当理由,并试图对它们进行"平衡",以评估净反竞争效果。[1]

可即便如此,以不告不理为原则的民事诉讼,依赖私主体的利益诉求,难以从根本上解决双方当事人之间地位不平等所带来的问题。在报复性商业行为的威慑下,很少有经营者愿意冒着遭受商业报复的风险而向法院寻求救济。在民事诉讼的主导下,商事争议或社会矛盾仍将处于引而不发的状态。

行政过程有助于弥补民事诉讼的不足。首先,行政过程赋予行政执法机构以启动调查的职权,不再单纯依赖私主体的利益诉求。其次,行政过程赋予行政执法机构以监督检查的职权,能够为获取证据提供更有效的制度保障。最后,行

---

〔1〕 参见[美]赫伯特·霍温坎普:《论反垄断法上的合理原则(上)》,兰磊译,载《竞争政策研究》2018 年第 6 期。

政过程赋予行政执法机构以制定规则、推进研究、强化教育等职权，能够在事后救济的基础上增设事前预防措施。总之，现代的行政过程实为集立法、司法和执行于一身的新型治理机制，囊括政策研究、规则制定、个案处理等一系列职能。[1]

就与保障并促进竞争相关的行政过程而言，大致可分为产业监管和竞争行政执法两类。产业监管的适用领域是特定产业，关注特定产业能否健康发展，调整宗旨是多元的，包括激励创新、促进竞争、提高就业率等。竞争行政执法以竞争这项特定价值目标为调整宗旨，关注竞争是否遭受扭曲或阻碍，适用领域是多样的，囊括整个经济运行体系内的所有产业。从保障并促进竞争的角度看，产业监管通过确立特定产业市场竞争的基本框架、设置行为标准与程序等，能够为防止竞争扭曲提供事前救济；竞争行政执法一般主要是实施事后救济。在协调竞争行政执法与产业监管之间的关系时，须注意以下两方面问题：一要分析特定产业的市场竞争状况。如果特定产业属于高度竞争的市场，适用竞争法足以弥补市场失灵时，便应交由竞争行政执法。如果特定产业具有自然垄断的特性，便需引入产业监管，目的在于强化竞争政策的重要性。相对于竞争行政执法机构，产业监管机构更了解特定产业的特有知识与信息，即使没有投诉也能有效地发现市场竞争受到的损害，并且更有利于促进结构转型、减少进入障碍、保障公平透明的定价机制、培育市场竞争等。二要细化竞争行政执法与产业监管的协作机制。竞争行政执法机构和产业监管机构可以共享执法权，但行政处罚的具体承担方法应当统一，原则上应由竞争行政执法机构发布行政处罚的实施指南。[2]

三、以标准化、商业道德与法律相互交融为特点的实施方式

实施指南授权裁判者裁量，竞争法的裁判者由法院、竞争行政执法机构和产业监管机构共同构成，但竞争法律规范最终还是要转换为经营者的行动。而影响经营者行动的工具，至少包括法律、道德、市场竞争和标准化。[3] 这些工具表

---

〔1〕 See James M. Landis, *The Administrative Process*, Yale University Press, 1938.

〔2〕 参见董笃笃：《中国软件产业创新体系中竞争政策的完善》，载《中国科技论坛》2013 年第 6 期。

〔3〕 See Lawrence Lessig, *The Law of the Horse*: *What Cyberlaw Might Teach*, Harvard Law Review, Vol. 113:2, 1999. “标准化”被莱斯格（Lawrence Lessig）表述为“代码”（code）。莱斯格强调，代码在事实上发挥着规制的功能，应当被纳入法治轨道。该问题实为标准化的法制化。

面上是影响经营者行动的不同方式，事实上却是重构权威配置或重塑治理体系的不同路径，尤其是强化经营者主体意识、将经营者引入治理体系的重要抓手。在竞争法中，这些工具相互交融，能够为深化协同提供较为灵活的实施方式。

（一）借助标准化支撑法律实施

借助标准化支撑法律实施，[1]是竞争法影响经营者行动的重要方式之一。这在反不正当竞争法中体现得尤为明显。[2]

须注意的是，标准化同样应当被纳入法治轨道，这是重构权威配置、推进协同治理的重要抓手。一方面，相对于国家标准、地方标准和行业标准，团体标准应当成为支撑竞争法实施的主要工具。目前，竞争行政执法和产业监管已经意识到标准化对于支撑竞争法实施以及引领产业发展的重要作用。但这绝不等同于应由竞争行政执法机构或产业监管机构来制定标准。[3] 国务院《深化标准化工作改革方案》（国发〔2015〕13 号）提出：通过改革，把政府单一供给的现行标准体系，转变为由政府主导制定的标准和市场自主制定的标准共同构成的新型标准体系。政府主导制定的标准由 6 类整合精简为 4 类，分别是强制性国家标准和推荐性国家标准、推荐性行业标准、推荐性地方标准；市场自主制定的标准分为团体标准和企业标准。政府主导制定的标准侧重于保基本，市场自主制定的标准侧重于提高竞争力。根据上述规定，与竞争法实施相关的技术标准或管理标准，应广泛采用的是以满足市场和创新需要为目的的团体标准。竞争行政执法机构或产业监管机构可委托社会团体制定地方发展或产业发展所需要的标准。另一方面，相对于标准的制定和发布，推进标准实施应成为标准化战略的轴心。标准的生命力在于实施，需要更新维护、合格评定[4]和市场监管等机制的配合。推进标准实施，既要鼓励企业实施与知识产权紧密结合的标准化战略，尤

---

〔1〕 参见于连超：《标准支撑法律实施：比较分析与政策建议》，载《求是学刊》2017 年第 4 期。

〔2〕 参见吴汉洪、董笃笃：《网络广告欺诈性点击的规制》，载中国互联网协会编著：《互联网法律："互联网 +"时代的法治探索》，电子工业出版社 2016 年版；董笃笃：《搜索引擎竞价排名中消费者知情权的保护对策》，载《消费经济》2013 年第 3 期；董笃笃：《计算机信息系统安全的反不正当竞争法保护——评〈反不正当竞争法（修订草案送审稿）〉第 13 条和第 26 条》，载周汉华主编：《网络信息法学研究》总第 1 期，中国社会科学出版社 2017 年版。

〔3〕 参见王艳林、金玉琴、蔡妤荻：《地方标准改革与标准化法修改完善》，载《质量探索》2017 年第 3 期。

〔4〕 参见于连超：《标准化法原论》，中国标准出版社 2021 年版，第 66 ~ 76 页。

其要支持专利融入团体标准,又要通过实施指南联通标准与法律,将标准作为支撑法律实施的载体,更要对标准的制定、更新和认证加强监管,规范标准实施。否则,标准很可能沦为"为了标准而标准",难以发挥促进政府企业对话协商进而支撑法律实施的应有功能。

(二)借助商业道德支撑法律实施

商业道德,也称商业惯例或商事习惯,同制定法、判例一样也是竞争法的法律渊源。[1]"商业道德作为一种价值体系,在市场经济下是社会道德的主导内容,是通过社会舆论、个人内心信念和价值观念,调节人与自然、个人与他人、个人与社会之间市场关系的行为准则和规范的总和。"[2]1993年《反不正当竞争法》第2条第1款规定,经营者在市场交易中,应当遵循自愿、平等、公平、诚实信用的原则,遵守公认的商业道德。该规定在2017年被修订为,经营者在生产经营活动中,应当遵循自愿、平等、公平、诚信的原则,遵守法律和商业道德。[3]

1. 商业道德的权威性基础

一项规则若想成为商业道德,应符合以下三个条件:首先,对于该规则而言,众多主体对此存在普遍的一致和默认,即存在一致性、经常性和趋同性;其次,这种一致性应是经过深思熟虑的,而非由于强制、欺诈或错误而导致的;最后,众多主体对于该规则应具有某种态度或倾向,即众多主体认为在某特定领域应当存在权威性规则,并且该特定规则应被视为权威性规则。

因此,一项规则之所以成为商业道德而具有权威性,并不是源于制定行为或授权行为,而是源于经验上的习惯以及评价层面的某种法信念。这种经验上的习惯以及评价层面的法信念并不要求全体一致,只要求众多认可即可。一项规则成为商业道德而具有权威性,其正当性源自如下事实:该方式已被接受为一种

---

〔1〕关于竞争法法律渊源的论述,参见吴宏伟:《竞争法有关问题研究》,中国人民大学出版社2000年版,第77~83页。

〔2〕王艳林:《市场交易的基本原则——〈中国反不正当竞争法〉第2条第1款释论》,载《政法论坛》2001年第6期。

〔3〕现有研究大多将商业道德和诚信原则放在一起对比,讨论二者关系。事实上,商业道德和诚信原则存在性质差异,根本不存在可比性。商业道德属于法律渊源,和它对应的是法律、法规、规章、判例、法理等。作为原则,诚信原则属于法律规范的特殊类型,和它对应的是规则。

规则规定的适当方法，因为该方式为主体间的协调提供了促进共同的善的机会。[1] 基于此，商业道德是规范与事实的融合，属于制度性事实。它虽然可能尚未构成法律判断，但是一种道德判断或价值判断，并不是心理情感或主观动机。[2]

2. 商业道德的适用次序

作为一种法律渊源，商业道德属于"造法"规范，只有当制定法没有作出具体规定时才应当被适用。在造法填补法律漏洞的过程中，商业道德优先于法理；不存在商业道德时才依法理去填补漏洞。毕竟，商业道德已经在社会有其应然存在，只待法院的"确认"；法理却有待法官去整理、批判而"形成"。商业道德已在规范相关大众间达成法的共识，规范的妥适性疑虑最小，以此解决争议也最可能被接受。法官只需要做公序良俗的控制，造法的负担可以小很多。[3]

3. 商业道德的适用方法

商业道德通过举证的方式予以适用。首先，在证明对象方面，对于某项规则是否应当被视为商业道德，法官可以决定该问题是属于法律问题还是事实问题，决定该规则是属于需要证明的法还是无须证明的法。[4] 《关于适用〈中华人民共和国民法典〉总则编若干问题的解释》（法释〔2022〕6 号）第 2 条第 2 款规定，当事人主张适用习惯的，应当就习惯及其具体内容提供相应证据；必要时，人民法院可以依职权查明。其次，在证明标准和证据形式方面，商业道德可以通过判例、规章以下的规范性文件、行业自律公约等多种事实得以证明。尤其是不应当把判例等同于商业道德，某项规则被判例所确认并不是该规则构成商业道德的必要条件。《关于适用〈中华人民共和国反不正当竞争法〉若干问题的解释》（法

〔1〕 参见[英]约翰·菲尼斯：《自然法与自然权利》，董娇娇等译，中国政法大学出版社 2005 年版，第 191～195 页。

〔2〕 参见叶一舟：《"公认的商业道德"的属性及其司法适用的反思》，载王利明主编：《判解研究》总第 77 辑，人民法院出版社 2017 年版；Steven J. Jensen, *Knowing the Natural Law: from Precepts and Inclinations to Deriving Oughts*, The Catholic University of Amercia Press, 2015, p. 1－3。

〔3〕 参见苏永钦：《私法自治中的经济理性》，中国人民大学出版社 2004 年版，第 8～10 页、第 13 页。

〔4〕 参见[德]沃尔夫冈·魏甘德：《习惯法的程序意义：是事实还是法？——历史传统及其在 19 世纪的变化》，樊文译，载王洪亮等主编：《中德私法研究》总第 8 卷，北京大学出版社 2012 年版；江伟主编：《民事诉讼法》，中国人民大学出版社 2011 年版，第 172 页。

释〔2022〕9号）第3条第3款规定，人民法院认定经营者是否违反商业道德时，可以参考行业主管部门、行业协会或者自律组织制定的从业规范、技术规范、自律公约等。最后，在救济程序方面，对于法院所决定之商业道德的具体内容，当事人如果不服可以提起上诉，请求撤销原审裁判。但是，该请求应以原审法院所判定的商业道德的具体内容违反法律为前提，否则不予受理。〔1〕

4. 商业道德的法制化

商业道德属于道德判断或价值判断，却通过举证的方式予以适用。这样，价值判断就被隐含于程序性规定中，有待进一步开示。〔2〕如果法院只是以商业道德为由作出裁决，该裁决实为延迟决断。因此，如果立法允许法院延迟决断，强调法院平息纠纷的职能，那便可以将商业道德规定为具有强拘束力的法源。如果立法不允许法院延迟决断，那么，商业道德便应被视为可以参照的法源，在法律论证中发挥"参照点"〔3〕的功能。但对于行政执法而言，商业道德则只应成为可以参照的法源。〔4〕毕竟，行政执法机构若想延迟决断，只需不启动调查即可；一旦启动调查，就不应再以延迟决断的方式作出决定。

四、容纳合同无效、民事责任与行政责任的综合性法律后果

法律，依然是确保竞争法实施、影响经营者行动的重要工具之一。特定行为一旦构成竞争法上的违法性，与之相应的法律后果也是多样、丰富的，主要包括合同无效、民事责任和行政责任。

（一）合同无效

最高人民法院《关于审理因垄断行为引发的民事纠纷案件应用法律若干问题的规定》（法释〔2012〕5号，法释〔2020〕19号修正，以下简称《垄断民事纠纷司法解释》）第15条曾规定："被诉合同内容、行业协会的章程等违反反垄断法或

---

〔1〕 参见［法］雅克·盖斯坦、［法］吉勒·古博：《法国民法总论》，陈鹏等译，法律出版社2004年版，第489～492页、第497页。

〔2〕 参见董笃笃：《互联网领域"公认的商业道德"的司法适用》，载《重庆邮电大学学报（社会科学版）》2016年第5期。

〔3〕 参见［美］凯斯·R. 孙斯坦：《法律推理与政治冲突》，金朝武等译，法律出版社2004年版，第84～85页。

〔4〕 参见黄硕：《广东和澳门城市执法体制比较研究》，中国发展出版社2019年版，第79～107页。

者其他法律、行政法规的强制性规定的，人民法院应当依法认定其无效。"我国《民法典》颁布以后，该规定被修正为："被诉合同内容、行业协会的章程等违反反垄断法或者其他法律、行政法规的强制性规定的，人民法院应当依法认定其无效。但是，该强制性规定不导致该民事法律行为无效的除外。"

我国《反垄断法》并未明确规定"确认无效"这种法律后果。该法律后果的法律基础是原《民法通则》第 58 条第 5 项"违反法律或者社会公共利益"、原《合同法》第 52 条第 5 项"违反法律、行政法规的强制性规定"以及现《民法典》第 143 条第 3 项"不违反法律、行政法规的强制性规定"等规定。

这些规定均属于转介条款，而非引致条款。转介条款和引致条款的目的都在于实现公法与私法的外部接轨。转介条款从整体法秩序的角度来看，以公私法相互工具化为基点协调公法与私法；引致条款则以公法私法两分的思路，试图确立何种规范应在一般意义上优位的问题。〔1〕 转介条款是调和规制与自治的概括条款，应由法官去权衡要不要转介、以何种方式来转介公法的规范到私法关系中。在引致条款中，法官基本上没有解释的余地。〔2〕 因此，违反竞争法强制性规定的法律行为的效力，原则上应由法院来决定。

法院需要权衡维护市场竞争与维护合同的安定性之间的关系。维护市场竞争与维护合同安定性之间的冲突，主要存在于如下情形，即已经执行完毕的合同是否无效。违反强制性规范的合同一旦执行完毕，就说明强制性规范未能有效制止违法行为。在分析已执行完毕的合同是否无效时，法院有两种选择：一种方案是，若确认无效不再有助于强制性规范之目的的达成，便不再确认无效。这有助于保障合同的安定性。另一种方案是，无论确认无效是否有助于强制性规范之目的的达成，都确认无效。该方案更注重确认无效所能实现的预防性功能，但在何种程度上能产生预防性作用，则应因不同禁令而分别回答。〔3〕

关于确认无效的补救方式，民法理论认为，若无效的原因仅涉及法律行为的一部分，则原则上法律行为全部无效，但也存在例外，如"部分无效"。全部无效

---

〔1〕 参见朱虎：《规制性规范、侵权法和转介条款》，载《中共浙江省委党校学报》2014 年第 3 期。

〔2〕 参见苏永钦：《以公法规范控制私法契约——两岸转介条款的比较与操作建议》，载《人大法律评论》编辑委员会组编：《人大法律评论》(总第 8 辑)，法律出版社 2010 年版，第 20～21 页。

〔3〕 参见[德]迪特尔·梅迪库斯：《德国民法总论》，邵建东译，法律出版社 2001 年版，第 484～485 页。

之后果可能与部分无效之原因的宗旨不符,或者部分无效原因的宗旨相对于法律行为的其他部分并无意义。法律因此提供部分无效这一例外予以补救。部分无效的构成要件有三:(1)关于合同是否部分无效的问题,既无明确约定又无法律规定。只有在意思表示解释以及合同解释之后,确定当事人确无明确约定时,方可考虑部分无效这一补救方式。(2)行为的一体性与可分性。行为的一体性,是指无效行为与其他行为构成整个法律行为,而不是几个或各自独立的法律行为。其判定标准以当事人约定为准。但当事人一般不会就一体性问题作出明确约定,此时需要通过考察协议的相关内容来决定“行为的外在界线”,即“与此相关的规则在经济上是否具有很密切的联系,它们是否只有相互依存时,才可能形成具有意义的规则”。[1] 行为的可分性,是指将无效部分分离出来还能使一项有效之行为继续存在。(3)部分无效的后果不得与部分无效原因之宗旨相悖,且不得违背诚实信用原则。在部分无效之宗旨已无意义时,若部分无效之后果有违诚实信用则不得适用。同样,若部分无效之后果与其宗旨不符,亦不得适用。这样,在决定部分无效之前,必须考察无效原因之宗旨或适用该规定之宗旨与适用结果之间的关系,也就需要考察部分无效原因之宗旨与整个法律行为之间的关系。因此,确认部分无效,在逻辑上应处于确认和替换之后,[2] 只有在当事人没有确认予以补正,也不能因法律规定而替换时,在某法律行为确定为完全无效又无法补救的前提下,才可考虑是否构成部分无效的问题。

(二)民事责任

竞争法民事责任的承担方式包括停止侵害、赔礼道歉、赔偿损失等。[3] 实践中,争议相对集中于赔偿损失,主要涉及适格原告与适格被告的认定。

1. 赔偿损失的适格原告

《垄断民事纠纷司法解释》第 1 条规定:“本规定所称因垄断行为引发的民事纠纷案件(以下简称垄断民事纠纷案件),是指因垄断行为受到损失以及因合同内容、行业协会的章程等违反反垄断法而发生争议的自然人、法人或者非法人

---

〔1〕 [德]卡尔·拉伦茨:《德国民法通论》,王晓晔等译,法律出版社 2003 年版,第 633 页。

〔2〕 关于确认和替换的论述,参见[德]迪特尔·梅迪库斯:《德国民法总论》,邵建东译,法律出版社 2001 年版,第 394 ~ 407 页。

〔3〕 参见吴宏伟、董笃笃:《中国反垄断民事诉讼制度的回顾与展望》,载《河南财经政法大学学报》2015 年第 2 期。

组织,向人民法院提起的民事诉讼案件。”

现有争议主要集中于,诉请赔偿损失的垄断协议的参与者是否应被认定为适格原告。对此,一种被称为“同等过错原则”(doctrine of in pari delicto)的观点认为,协议参与者能够诉请确认无效,但如果某个企业参与了这个被指控为反托拉斯违法行为的协议,则不能获得反托拉斯赔偿。具体应考察原告是一个完全的、平等的参加者,还是被强加了这个协议。[1] 如果该案原告同意该案争议的协议并敦促被告执行,则原告只能诉请确认无效,不得诉请赔偿损失。另一种观点认为,原告应当是保护性法律所欲保护之特定范围的个人,原告遭受的损害应当是保护性法律所欲避免的损害。[2] 与第一种观点相比,第二种观点更具有灵活性,关键在于赔偿损失这种民事责任承担方式乃至整个反垄断民事诉讼制度的职能定位,到底是威慑违法行为,还是制止违法行为。如果只是制止违法行为,则可以采纳第一种观点。

2. 赔偿损失的适格被告

与赔偿损失的适格被告相关的争议主要集中于,在滥用市场支配地位纠纷中,被告是否因存在关联关系而适格。与此相关的学说被称为单一实体测试。具体而言,在认定适格被告时,是否具有独立法律地位并不具有决定性作用,关键在于是否构成经济上的单一主体。[3] 判断多个独立法律主体是否应被视为单一主体,关键在于它们是否存在业务或人格上的联系。业务联系涉及它们是否能有效影响商业决策;人格联系涉及它们是否共享董事或执行官。[4] 具体操作中,需综合考察“控制”和“市场行为”这两项因素。其中,“控制”仅涉及控制权的存在,而非实际上的控制。[5] 如果某法律主体完全拥有其他法律主体的所

---

〔1〕 参见[美]赫伯特·霍温坎普:《联邦反托拉斯政策:竞争法律及其实践》(第3版),许光耀等译,法律出版社2009年版,第681页。

〔2〕 参见[德]迪特尔·梅迪库斯:《德国债法分论》,杜景林、卢谌译,法律出版社2007年版,第677~678页;朱虎:《规制性规范与侵权法保护客体的界定》,载《清华法学》2013年第1期。

〔3〕 See Case C-41/90 Klaus Höfner and Fritz Elser v. Macrotron GmbH. [1991] ECR I-1979. para. 21.

〔4〕 See A. Montesa and A. Givaja, *When Parents Pay for their Children's Wrongs: Attribution of Liability for EC Antitrust Infringements in Parent-Subsidiary Scenarios*, World Competition, Vol. 29:4, 2006, p. 569.

〔5〕 See Wils, *The Undertaking as Subject of E. C. Competition Law and the Imputation of Infringements to Natural or Legal Persons*, European Law Review, Vol. 25, 2000, p. 106-107.

有权,并不说明其必定拥有控制权,但一般可推定其拥有控制权。[1] "市场行为"并不仅指违法行为,而是包括所有经营行为在内的一般性行为。[2]

(三)行政责任

中国竞争法行政责任的承担方式主要包括金钱制裁、禁令、责令停业整顿、吊销营业执照等,相对重视威慑和制止反竞争行为。[3]

1. 金钱制裁:威慑违法行为,补偿受害人损失

金钱制裁有助于消除反竞争行为主体实施违法行为的动机,威慑违法行为,也可在某种程度上对受害人予以补偿。鉴于《垄断民事纠纷司法解释》并未就间接受害人诉讼主体资格、集体诉讼等问题予以明确规定,[4]竞争法民事诉讼的实际作用范围被限缩,行政执法在金钱制裁方面的作用也因此被强化。

在中国,金钱制裁包括责令退还多收价款、没收违法所得和罚款三类。它们都以行为违法为归责要件,且均不要求行为主体的主观过错。主观因素主要被用于考察违法情节,不影响行政责任中金钱制裁的成立,仅影响罚款(而非没收违法所得或退还多收价款)数额的确定,如 2019 年《反不正当竞争法》第 20 条和第 21 条、2007 年《反垄断法》第 49 条以及 2010 年《价格违法行为行政处罚规定》(国务院令第 585 号)。

在适用范围方面,罚款适用于全部反竞争行为。没收违法所得适用范围相对较窄,但退还多收价款的适用范围最窄,主要适用于存在违法所得的价格反竞争行为,以补偿受害人损失。根据《价格法》第 41 条和《价格违法行为行政处罚规定》第 16 条,若违法所得属于消费者或者其他经营者多付价款的,责令经营者限期退还;难以查找多付价款的消费者或者其他经营者的,责令公告查找;经营者拒不退还消费者或者其他经营者多付的价款,以及期限届满没有退还消费者或者其他经营者多付的价款,由政府价格主管部门予以没收,消费者或者其他经

---

[1] See Van Cleynenbreugel Pieter, *Single Entity Tests in US Antitrust and EU Competition Law*, June 21, 2011, http://ssrn.com/abstract=1889232, p. 32.

[2] See L. La Rocca, *The Controversial Issue of the Parent Company Liability for the Violation of EC Competition Rules by the Subsidiary*, European Competition Law Review, Vol. 32, 2011, p. 73.

[3] 参见吴宏伟、董笃笃:《中国竞争法行政责任的类型化研究》,载《法治研究》2013 年第 11 期。

[4] 参见《中国竞争法律与政策研究报告》编写组编著:《中国竞争法律与政策研究报告(2012 年)》,法律出版社 2012 年版,第 103~108 页。

营者要求退还时,由经营者依法承担民事责任。根据2004年《价格违法行为行政处罚实施办法》(国家发展和改革委员会令第14号)第9条第4款和第10条的规定,退还多收价款后,视为没有违法所得;期限届满后逾期不退或者难以退还的价款,以违法所得论处。因此,在交叉适用领域,这三者间的关系是:有违法所得的,先退还多付价款,退还多付价款后视为没有违法所得;有违法所得但未退还价款的,没收违法所得并处罚款;没有违法所得的,予以罚款。

在具体内容方面,多收价款和违法所得相对明确。多收价款集中于受害人损失,违法所得集中于违法行为主体因违法行为而获得的利益;它们主要关注过高要价而非无谓损失,不包括违法行为因限制产出而导致的消费者剩余,以及其他竞争者成本提升而导致的社会损失。根据《价格违法多收价款计算办法》(计价检〔2001〕2607号)的规定,多收价款是指经营者从事生产、经营商品或者提供有偿服务,违反国家价格法律、法规、规章和其他规范性文件,致使消费者或者其他经营者多付的价款。根据2009年实施的《工商行政管理机关行政处罚案件违法所得认定办法》(原国家工商行政管理总局令第37号)的规定,认定违法所得的基本原则是,以当事人违法生产、销售商品或者提供服务所获得的全部收入扣除当事人直接用于经营活动的适当的合理支出,为违法所得。违法生产商品的违法所得按违法生产商品的全部销售收入扣除生产商品的原材料购进价款计算;违法销售商品的违法所得按违法销售商品的销售收入扣除所售商品的购进价款计算;违法提供服务的违法所得按违法提供服务的全部收入扣除该项服务中所使用商品的购进价款计算。

但罚款的具体内容则相当复杂,大致存在直接规定具体数额、以违法所得的倍数为标准计算、以销售额为标准计算三种方式。一般而言,有违法所得的,按违法所得的倍数计算罚款的上限;没有违法所得或违法所得无法确定的,根据行为类型、违法情节等,直接规定罚款数额的上下限。例如,《价格违法行为行政处罚规定》分别对价格串通、低价倾销、价格歧视、变相提价等价格反竞争行为的罚款数额作出了相当细致的规定。但若反竞争行为也同时违反《反垄断法》,则一般以上一年度销售额的百分比为标准确定罚款的上下限。

2. 禁令:制止违法行为,引导违法行为的纠正,贯彻国家政策目标

禁令是指直接强制要求竞争主体作为或不作为,它与金钱制裁共同构成竞

争法最主要的救济措施。禁令主要包括责令停止违法行为、强制性禁令和结构禁令，它们的构成要件和功能并不完全一致。

(1)责令停止违法行为：制止违法行为，引导违法行为的纠正

责令停止违法行为不以主观过错为归责要件，也不考虑除行为违法外的其他因素；只要行为具有违法性，竞争法行政执法机构便应“责令停止违法行为”。在价格反竞争行为领域中，这种责任承担方式被表述为“责令改正”。责令停止违法行为的性质属于行政处罚还是行政命令，尚待进一步讨论。但无论性质如何，责令停止违法行为都是一项十分重要的实施工具。

一方面，2021年《行政处罚法》第28条第1款规定：“行政机关实施行政处罚时，应当责令当事人改正或者限期改正违法行为。”该规定的理由是，行政处罚的实施机关必须把发现违法行为、处罚违法当事人与责令其改正放在工作的同等重要的位置，而不能仅仅简单施以处罚便了事。[1] 该规定体现了《行政处罚法》中处罚与教育相结合的原则。在该原则下，责令停止违法行为在竞争法中全范围适用的意义，并不仅仅在于及时制止违法行为，还在于在竞争法经验尚不丰富、竞争文化尚需培育的当下中国，竞争行政执法机构应承担起“积极引导、支持、培育与我国市场经济相适应的竞争文化”[2]的职责，为违法行为的纠正提供帮助。

另一方面，从责令停止违法行为的内容来看，除责令停止行为外，还可能包括侵权物品的处理。比如，根据《关于禁止侵犯商业秘密行为的若干规定》(原国家工商行政管理局令第41号公布，原国家工商行政管理局令第86号修订)的规定，对于侵害商业秘密的，责令并监督侵权人将载有商业秘密的图纸、软件及其他有关资料返还权利人；监督侵权人销毁使用权利人商业秘密生产的、流入市场将会造成商业秘密公开的产品。根据《关于禁止仿冒知名商品特有的名称、包装、装潢的不正当竞争行为的若干规定》(原国家工商行政管理局令第33号公布)的规定，对于擅自使用知名商品特有包装装潢等的，收缴并销毁或者责令并监督侵权人销毁尚未使用的侵权的包装和装潢；责令并监督侵权人消除现存商品上侵权的商品名称、包装和装潢；收缴直接专门用于印制侵权的商品包装和

[1] 参见皮纯协主编：《行政处罚法释义》，中国书籍出版社1996年版，第85页。

[2] 吴宏伟：《法益目标：我国〈反垄断法〉实施之灵魂》，载《江西社会科学》2008年第7期。

装潢的模具、印版和其他作案工具等。

(2)强制性禁令与结构禁令:贯彻国家政策目标

强制性禁令包括强制许可、开放其网络或平台等基础设施、许可关键技术、终止排他性协议等;结构禁令包括禁止合并和拆分。目前,除了专利强制许可之外,其他强制性禁令均由经营者集中制度予以规范与保障。仅就专利强制许可而言,根据2020年《专利法》第53条第2项的规定,专利权人行使专利权的行为被依法认定为垄断行为,为消除或者减少该行为对竞争产生的不利影响的,国务院专利行政部门根据具备实施条件的单位或者个人的申请,可以给予实施发明专利或者实用新型专利的强制许可。

3. 责令停业整顿、吊销营业执照等:制止情节严重的违法行为

撤销登记、吊销营业执照、责令停业整顿、暂停相关营业等这些竞争法行政救济措施都属于能力罚,是一种限制或剥夺相对人特定行为能力或资格的处罚形式,是一种比较严厉的处罚方式,目的在于为制止、威慑违法行为提供足够的保障。它们适用范围相对狭窄,且均以行为违法和情节严重为归责要件。

第五章　促进并保障市场竞争的制度体系

借助以信任、交互和责任为核心的实施模式,市场竞争被持续注入法律实践。与之相应,以促进并保障市场竞争为宗旨的制度体系也得以构建,成为市场经济法制体系的重要组成部分。

与经济运行体系相关的法律制度可分为两个层面。一是“经济宪法”,即对于一个共同体的经济生活的秩序的总的决定。“经济宪法”通常由极其简单的“秩序原则”组成,需要具体化为“经济宪法方案”或“秩序政策草(方)案”。“秩序政策”,也称经济秩序形成政策,它的功能是形成现实的经济秩序,造就经济体制和经济运行框架条件。二是“过程政策”,即人们在通常意义上使用的经济政策,它的调整对象不是经济社会体制,而是经济运行过程和经济活动,它的功能是在一定的经济政策目标下保证经济平稳运行和稳定增长。上述两个层面的制度的共同之处是:人们都必须以承认国家具有积极干预经济的功能为前提,要求有一个“强大的国家”来主动地而非被动地调节经济。二者的区别主要在于国家干预经济的对象上:“秩序政策”的任务是建立和调整经济秩序或经济体制;而“过程政策”调节的对象却是经济运行和经济活动。其中,“秩序政策”决定着一个国家的经济秩序框架,它还具有决定政府是否可以使用“过程政策”来干预经济运行和经济活动的功能,在“秩序政策”已赋予政府有权使用“过程政策”来调节经济的情况下,“秩序政策”还直接规定政府所采取的“过程政策”的方式、手段以及干预的范围和力度等。换句话说,“过程政策”本身也是由“秩序政策”决定的。[1]

---

〔1〕 参见沈越:《德国社会市场经济探源——多种经济理论的综合产物》,北京师范大学出版社1999年版,第16~17页、第160~162页。

我国《宪法》第15条规定:“国家实行社会主义市场经济。国家加强经济立法,完善宏观调控。国家依法禁止任何组织或者个人扰乱社会经济秩序。”该规定确立了经济运行的“秩序原则”。作为市场经济的运行机制,竞争应当是该“秩序原则”的组成部分。与竞争相关的“秩序政策”主要由《反不正当竞争法》《反垄断法》《关于在市场体系建设中建立公平竞争审查制度的意见》所组成,此外还包括《价格法》《电子商务法》《电信条例》《优化营商环境条例》等其他法律法规中有关竞争的特别规定。由这些“秩序原则”和“秩序政策”所共同构成的制度体系,具体内容包括:“以国家所要实现的竞争秩序为根本要求,确定竞争的范围与领域,即分清竞争与不能竞争的各自领域,保障竞争法在竞争领域中发挥作用;界定反竞争行为或制定反竞争行为的判断标准,以规范人们的竞争行为,达到有序竞争的目的;反竞争行为层出不穷,竞争执法机构根据竞争法的竞争政策功能,随时以司法解释或判例的形式裁判竞争行为的合法与否;实施反竞争行为的行为人,不仅应承担基于侵犯他人传统权利的民事责任,而且国家还要对其实施行政制裁或刑事制裁,以维护社会竞争秩序。”[1]这些内容可被凝练为四部分,分别是以协调宏观调控与市场竞争为宗旨的公平竞争审查制度,以保障竞争自身不被扭曲为宗旨的反垄断制度,以促进竞争充分发挥作用为宗旨的反不正当竞争制度,以及以优化治理体系为宗旨的实施机制与法律责任制度。

在实施过程中,随着市场经济的发展进入新阶段,新技术、新模式、新业态和新产业层出不穷,市场竞争呈现新的特点,以促进并保障竞争为宗旨的制度体系也面临许多新的挑战。这些挑战不仅能够帮助我们更加清楚地理解现有体系及其背后的竞争理论,也能够为竞争理论的进一步拓展和深化指明方向。

第一节 公平竞争审查:协调宏观调控与市场竞争的关系

我国《宪法》第15条规定:“国家实行社会主义市场经济。国家加强经济立法,完善宏观调控。国家依法禁止任何组织或者个人扰乱社会经济秩序。”据此,经济运行需要市场竞争和宏观调控的相互配合。从促进增长的角度看,市场

---

〔1〕 吴宏伟:《竞争法有关问题研究》,中国人民大学出版社2000年版,第53页。

经济越发达,市场竞争对于增长的作用越显著,越需要强化市场竞争的基础性地位。国家需要动态地协调宏观调控与市场竞争的关系,具体可通过规制政府制定宏观调控政策的行为来落实。在我国,与之相应的制度经历了从行政垄断规制到公平竞争审查的扩展,但目前仍以保障竞争为主,重心尚未转移到培育竞争上来。

一、仅限于事后救济的行政垄断规制制度

宏观调控与市场竞争之间的协调,始于对行政垄断的规制。行政垄断,是指政府及其所属部门超越或滥用行政职权而实施的其后果表现为限制竞争或破坏竞争秩序的行为。[1]

关于行政垄断,1980 年国务院《关于开展和保护社会主义竞争的暂行规定》(已失效)明确强调:"开展竞争必须打破地区封锁和部门分割。任何地区和部门都不准封锁市场,不得禁止外地商品在本地区、本部门销售。对本地区出产的原材料必须保证按国家计划调出,不准进行封锁。工业、交通、财贸等有关部门对现行规章制度中妨碍竞争的部分,必须进行修改,以利于开展竞争。采取行政手段保护落后,抑制先进,妨碍商品正常流通的作法,是不合法的,应当予以废止。"

1993 年《公平交易法(征求意见稿)》第 15 条规定:"禁止以地方政府或其职能部门的名义控制外地商品进入本地市场或者本地商品进入外地市场。"第 16 条规定:"禁止滥设关卡,违法检查、扣留、处分商品。"第 17 条规定:"禁止以审批价格或检测商品质量、卫生等标准为名实行歧视,给外地商品在本地市场竞争制造困难。前款不适用于为确保地方的安全、卫生健康而采取的措施。"第 29 条规定:"违反第十五条规定致损害他人公平交易的,行为人的上一级工商行政管理机关可根据受害人的告诉或依职权进行调查,并依据《宪法》第六十七条、第八十九条、第一百零四条、第一百零八条的规定,报各有关部门处理。"第 30 条规定:"违反第十六条、第十七条规定致损害他人公平交易的,由受害人依行政诉讼程序请求消除。"

---

〔1〕 参见吴宏伟:《试论我国行政性垄断及其消除对策》,载《法学家》2000 年第 6 期。

《〈公平交易法(征求意见稿)〉起草说明》对此的解释是:“对地方封锁,部门分割行为稿中规定,属于抽象行政行为的,由主管机关依宪法提请有关机关处理;属于具体行政行为的,由受害人依行政诉讼程序请求消除。这样规定是切实可行的。”[1]

《公平交易法(征求意见稿)》的上述规定,最终转换为1993年《反不正当竞争法》第7条和第30条,但只保留了“由上级机关责令其改正”的救济措施。其中,第7条规定:“政府及其所属部门不得滥用行政权力,限定他人购买其指定的经营者的商品,限制其他经营者正当的经营活动。政府及其所属部门不得滥用行政权力,限制外地商品进入本地市场,或者本地商品流向外地市场。”第30条规定:“政府及其所属部门违反本法第七条规定,限定他人购买其指定的经营者的商品、限制其他经营者正当的经营活动,或者限制商品在地区之间正常流通的,由上级机关责令其改正;情节严重的,由同级或者上级机关对直接责任人员给予行政处分。被指定的经营者借此销售质次价高商品或者滥收费用的,监督检查部门应当没收违法所得,可以根据情节处以违法所得一倍以上三倍以下的罚款。”第7条和第30条的规定在2017年修订之后被删除。原因在于,2007年《反垄断法》在第五章“滥用行政权力排除、限制竞争”也对行政垄断作出了规定,同样采纳“由上级机关责令改正”的实施方式。

这种“由上级机关责令改正”的规制,实施效果不够理想。鉴于此,2014年修订的《行政诉讼法》在第12条第8项规定,人民法院受理公民、法人或者其他组织提起的“认为行政机关滥用行政权力排除或者限制竞争的”诉讼。该规定在行政救济之外,为行政垄断的规制提供了诉讼救济。

尽管如此,行政垄断规制制度仍然还只是侧重于事后救济,实效性并不强。为了从根本上消除行政垄断,应当从事后救济扩展到事前救济,完善法规、部门规章的审核制度,具体可以由全国人民代表大会常务委员会组织实施。[2]

---

〔1〕 原国家工商行政管理局:《关于征求对〈公平交易法(征求意见稿)〉意见的函》(工商法函字〔1993〕第47号)。

〔2〕 参见吴宏伟:《试论我国行政性垄断及其消除对策》,载《法学家》2000年第6期。

二、强调事前救济的公平竞争审查制度及其完善

实践中，为防止政府出台排除、限制竞争的政策措施，逐步清理废除妨碍全国统一市场和公平竞争的规定和做法，国务院于 2016 年发布《关于在市场体系建设中建立公平竞争审查制度的意见》，试图对行政垄断的规制提供事前救济。随后，国家发展改革委等五部门于 2017 年颁布《公平竞争审查制度实施细则（暂行）》（发改价监〔2017〕1849 号，已失效），对此作出细化规定。

首先，行政机关和法律、法规授权的具有管理公共事务职能的组织（以下统称政策制定机关）制定市场准入、产业发展、招商引资、招标投标、政府采购、经营行为规范、资质标准等涉及市场主体经济活动的规章、规范性文件和其他政策措施，应当进行公平竞争审查。行政法规和国务院制定的其他政策措施、地方性法规，起草部门应当在起草过程中进行公平竞争审查。未进行自我审查的，不得提交审议。

其次，政策制定机关在政策制定过程中，要严格对照审查标准进行自我审查。经审查认为不具有排除、限制竞争效果的，可以实施；具有排除、限制竞争效果的，应当不予出台，或调整至符合相关要求后出台。没有进行公平竞争审查的，不得出台。制定政策措施及开展公平竞争审查应当听取利害关系人的意见，或者向社会公开征求意见。有关政策措施出台后，要按照《政府信息公开条例》要求向社会公开。

最后，对经公平竞争审查后出台的政策措施，政策制定机关应当对其影响全国统一市场和公平竞争的情况进行定期评估。经评估认为妨碍全国统一市场和公平竞争的，应当及时废止或者修改完善。定期评估可以每三年进行一次，也可以由政策制定机关根据实际情况自行决定。自行决定评估时限的，政策制定机关应当在出台政策措施时予以明确。政策制定机关可以建立专门的定期评估机制，也可以在定期清理本地区、本部门规章和规范性文件时一并评估。

总体而言，由行政垄断规制和公平竞争审查共同组成的制度体系，在协调宏观调控与市场竞争的关系时，着眼点仅限于保障竞争，主要是以既定竞争状况为基础，分析宏观调控政策是否以及在多大程度上阻碍竞争发挥作用。但是，强化市场竞争的基础性地位，不只是防止市场竞争受到人为损害，更应当包括在既定

竞争状况的基础上进一步造就竞争、培育竞争、促进竞争。显然,现有制度还没有能够从整体上为竞争的培育和促进提供系统性支撑,竞争法学亟须研究竞争是如何从无到有再不断成熟的,继而构建促进竞争的战略框架和制度体系。

第二节　反垄断:保障竞争自身不被扭曲

我国2007年《反垄断法》确立了以垄断协议、滥用市场支配地位和经营者集中为支柱的反垄断制度,保障竞争自身不被扭曲。在实施过程中,反垄断制度存在很多争议,如相关市场界定的必要性、纵向价格维持举证责任的配置、市场支配地位与相对优势地位的关系等。表面上,这些争议背后隐含的难题是,反垄断制度的调整宗旨到底是维护竞争、保障公平、激励创新还是保护消费者合法权益。事实上,真正的挑战在于,竞争、均衡与变革三者之间是什么关系,除完全竞争、垄断、垄断竞争和寡头之外,是否有必要创设新的均衡过程或市场类型。

一、滥用相对优势地位与滥用市场支配地位的关系:区分均衡与变革的必要性

均衡与变革本为一体,二者共同构成创新或演化。为了对演化做出准确预测,经济学家不得不把均衡与变革相分离,对其分而治之。但在竞争法律实践中,均衡与变革总是相互纠缠并引发诸多争论,这在滥用相对优势地位制度中体现得尤为明显。

滥用相对优势地位,通常也称滥用经济依赖性,是指特定交易关系中处于优势地位的当事人,针对交易相对方实施的不公平交易行为,如过高定价、拒绝交易、限定交易等。这些行为与滥用市场支配地位的表现形态一致,但因主体不具有市场支配地位而无法适用反垄断法中的滥用市场支配地位条款予以处理。如果不处理,这些行为又明显有悖正义观念。

面对这种情况,1993年国务院提交给全国人大常委会审议的《反不正当竞争法(草案)》曾在第8条对此作出明确规定:“经营者不得采用利诱、胁迫或者其他强制手段实施下列行为:(一)使他人与自己进行交易;(二)使他人不与自己的竞争对手进行交易;(三)安排他人之间进行交易;(四)阻碍他人之间建立正常的交易关系;(五)使竞争对手回避或者放弃与自己进行竞争。”

审议中，一些委员和地方、部门、企业提出，经营者采取“利诱”手段的问题，已在该草案第14条中规定；经营者采用“强制”手段的问题，应当根据我国市场竞争的实际情况和存在的问题，结合当前有些行业、部门以权经商、滥用权力进行不正当竞争作出明确规定。[1]

该草案第8条最终被修改为1993年《反不正当竞争法》第6条、第7条和第23条。其中，第6条规定：“公用企业或者其他依法具有独占地位的经营者，不得限定他人购买其指定的经营者的商品，以排挤其他经营者的公平竞争。”第7条规定：“政府及其所属部门不得滥用行政权力，限定他人购买其指定的经营者的商品，限制其他经营者正当的经营活动。政府及其所属部门不得滥用行政权力，限制外地商品进入本地市场，或者本地商品流向外地市场。”第23条规定：“公用企业或者其他依法具有独占地位的经营者，限定他人购买其指定的经营者的商品，以排挤其他经营者的公平竞争的，省级或者设区的市的监督检查部门应当责令停止违法行为，可以根据情节处以五万元以上二十万元以下的罚款。被指定的经营者借此销售质次价高商品或者滥收费用的，监督检查部门应当没收违法所得，可以根据情节处以违法所得一倍以上三倍以下的罚款。”

除此之外，1993年《反不正当竞争法》第12条“经营者销售商品，不得违背购买者的意愿搭售商品或者附加其他不合理的条件”的规定，还禁止强制性交易和附条件交易。只不过，实施第12条所规定的滥用相对优势地位的经营者，只承担民事责任，不承担行政责任。

这样，根据1993年《反不正当竞争法》的规定，关于滥用相对优势地位的规制可分为两类：一是实施限定交易行为的公用企业及其他依法具有独占地位的经营者，承担民事责任和行政责任；二是滥用相对优势地位的其他经营者，根据第2条或第12条的规定承担民事责任。执法实践中，公用企业及其他依法具有独占地位的经营者限定竞争案件，在反不正当竞争行政执法案件中所占比例较大，且多为涉及面较广、危害较大的大案。2000年至2007年，全国公用企业限定竞争案件稳定在每年600件的水平线上下；属于其他依法具有独占地位经营

---

〔1〕 参见胡康生主编：《〈中华人民共和国反不正当竞争法〉释义》，法律出版社1994年版，第83～84页。

者限定竞争案件稳定在每年200件的水平线上下。[1] 然而,随着市场经济体制改革的逐步深入,该法第6条所规定的"公用企业""其他依法具有独占地位的经营者"越发难以界定,滥用相对优势地位的具体类型远远超出限定交易的范围,该法第23条所规定的"销售质次价高""滥收费用"也很难识别。这导致反不正当竞争行政监管效能大幅降低,滥用相对优势地位规制制度的实施只能倚重以"不告不理"为原则的民事诉讼,实效性相对不高。

为了有效遏制滥用相对优势地位行为,我国行政执法机构发布《零售商供应商公平交易管理办法》(商务部、发展改革委、公安部、税务总局、工商总局2006年第17号令),禁止零售商、供应商实施滥用相对优势地位行为,并增设行政责任。法院依据《反不正当竞争法》第2条认定差别待遇或技术歧视构成违法,如2012年百度诉奇虎插标案[2]、2013年金山猎豹诉合一优酷歧视案[3]和2014年奇虎诉百度技术歧视案[4]。这些努力的倾向相当明确,即强化滥用相对优势地位的经营者的法律责任,尤其是增设行政责任;但也存在不足,即滥用相对优势地位行为的具体类型仍需细化,行政责任更有待强化。

基于此,2016年2月25日《反不正当竞争法(修订草案送审稿)》在第6条禁止经营者利用相对优势地位实施不公平交易行为,在第19条为之配设行政责任,并将行政执法的级别管辖限定在地市级以上监督检查部门。其中,第6条规定:"经营者不得利用相对优势地位,实施下列不公平交易行为:(一)没有正当理由,限定交易相对方的交易对象;(二)没有正当理由,限定交易相对方购买其指定的商品;(三)没有正当理由,限定交易相对方与其他经营者的交易条件;(四)滥收费用或者不合理地要求交易相对方提供其他经济利益;(五)附加其他不合理的交易条件。本法所称的相对优势地位,是指在具体交易过程中,交易一方在资金、技术、市场准入、销售渠道、原材料采购等方面处于优势地位,交易相

[1] 参见国家工商行政管理总局公平交易局、中国社会科学院国际法学研究中心编著:《反垄断典型案例及中国反垄断执法调查》,法律出版社2007年版,第209~210页。

[2] 参见百度诉奇虎插标案,北京市第一中级人民法院(2012)一中民初字第5718号民事判决书。

[3] 参见金山猎豹诉合一优酷歧视案,北京市海淀区人民法院(2013)海民初字第17359号民事判决书。

[4] 参见奇虎诉百度技术歧视案,北京市海淀区人民法院(2014)海民初字第4327号民事判决书,北京市第一中级人民法院(2014)一中民(知)终字第08599号民事判决书。

对方对该经营者具有依赖性,难以转向其他经营者。”第 19 条规定:“经营者违反本法第六条规定的,由地市级以上的监督检查部门责令改正,处以违法经营额一倍以上五倍以下的罚款;没有违法经营额或者违法经营额无法计算的,根据情节处以十万元以上三百万元以下的罚款。被指定商品的经营者有违反本法第六条规定情形的,比照前款规定进行处罚。”

这种尝试遭到学界的强烈反对。反对理由大致有四:一是滥用相对优势地位的行为不是一方经营者不公平地攫取另一方竞争优势的问题。如果将“相对优势地位”规定在反不正当竞争法中,这在理论上有问题,逻辑上不是很合理。[1] 二是反垄断法中滥用市场支配地位条款能提供有效救济。增设滥用相对优势地位条款的建议,错将规模庞大视为认定市场支配地位的必要条件。[2] 三是增设滥用相对优势地位条款将架空反垄断法。[3] 四是如果只是对滥用相对优势地位的行为进行原则性禁止,并未对违法性要件作出细化规定,将造成执法过度,产生社会负效应。[4] 结果,2017 年修订并于 2018 年实施的《反不正当竞争法》不仅删除了原有公用企业限定交易条款,也放弃了《反不正当竞争法(修订草案送审稿)》第 6 条和第 19 条。

据此,就滥用相对优势地位的规制而言,如果构成滥用市场支配地位或纵向垄断协议,则适用《反垄断法》予以处理。否则,原则上只能依据《反不正当竞争法》第 2 条提起民事诉讼,例外情形下才能依据《零售商供应商公平交易管理办法》等规章实施“一定数量罚款的行政处罚”。

随后,2018 年《电子商务法》再次尝试强化滥用相对优势地位规制制度。该法在第 22 条对平台经营者滥用市场支配地位的行为作出规定,同时还在第 35 条和第 82 条对平台经营者针对平台内经营者施加的滥用相对优势地位行为作出规定。其中,第 22 条规定:“电子商务经营者因其技术优势、用户数量、对相关行业的控制能力以及其他经营者对该电子商务经营者在交易上的依赖程度等因

---

〔1〕 参见王晓晔:《论滥用“相对优势地位”的法律规制》,载《现代法学》2016 年第 5 期。

〔2〕 参见许光耀:《“相对优势地位”与“市场支配地位”的法理辨析——对〈反不正当竞争法(征求意见稿)〉第 6 条的不同阐释》,载《价格理论与实践》2016 年第 5 期。

〔3〕 参见朱理:《滥用相对优势地位问题的法律规制——虚幻的敌人与真实的危险》,载《电子知识产权》2016 年第 6 期。

〔4〕 参见张昕:《企业滥用相对优势地位规制研究》,载《竞争政策研究》2016 年第 3 期。

素而具有市场支配地位的，不得滥用市场支配地位，排除、限制竞争。”第35条规定：“电子商务平台经营者不得利用服务协议、交易规则以及技术等手段，对平台内经营者在平台内的交易、交易价格以及与其他经营者的交易等进行不合理限制或者附加不合理条件，或者向平台内经营者收取不合理费用。”第82条规定：“电子商务平台经营者违反本法第三十五条规定，对平台内经营者在平台内的交易、交易价格或者与其他经营者的交易等进行不合理限制或者附加不合理条件，或者向平台内经营者收取不合理费用的，由市场监督管理部门责令限期改正，可以处五万元以上五十万元以下的罚款；情节严重的，处五十万元以上二百万元以下的罚款。”根据这些规定，一旦平台经营者针对平台内经营者施加不合理限制，平台经营者如果具有市场支配地位，便依据第22条承担《反垄断法》上的法律责任；如果不具有市场支配地位，也应依据第35条和第82条承担相应的法律责任，尤其是行政责任。当然，《电子商务法》第35条和第82条随即遭到了同2016年《反不正当竞争法（修订草案送审稿）》第6条和第19条一样的批评。〔1〕

滥用相对优势地位规制制度的完善之所以如此坎坷，主要原因在于，反垄断法、反不正当竞争法与滥用相对优势地位规制制度背后所隐含的调整宗旨和调整对象尚未得以澄清。

仅从法律规范的角度看，在认定行为违法性时，无论是滥用市场支配地位还是滥用相对优势地位，都需要证明“市场支配地位”或“相对优势地位”以及“滥用”这两项构成要件。之所以会担忧滥用市场支配地位条款被架空，是因为这种担忧只注重“市场支配地位”或“相对优势地位”，而不再论证特定行为是否构成“滥用”。就这种担忧而言，如果具有市场支配地位的经营者实施了诸如价格歧视等特定行为，若无正当理由就构成“滥用”，原告或行政执法机构无须再去论证这些行为是否造成无谓损失、是否具有排挤竞争者的效果，也就不用深入分析具有市场支配地位的经营者实施特定行为到底损害了哪项特定价值目标。在我国竞争法律实践中，有些案件的处理思路与之契合，如2016年内蒙古广电集

---

〔1〕 参见朱理、曾友林：《电子商务法与竞争法的衔接：体系逻辑与执法展望》，载《中国社会科学院研究生院学报》2019年第2期。

团锡林郭勒分公司案[1];有些案件对此表示明确反对,特别强调详细论证特定行为反竞争效果的必要性,如 2017 年通源案[2];有些案件则在两端之间来回摇摆,如 2016 年吴某与陕西广电滥用市场支配地位纠纷案[3]。

事实上,从规范体系、价值诉求和调整对象所共同构筑的统一体来看,滥用市场支配地位条款与滥用相对优势地位条款虽然会发生规范竞合,但并不存在谁架空谁的问题。对于滥用市场支配地位而言,"市场支配地位"的证明较为困难,特定行为是否构成"滥用",须以造成竞争损害为前提,即以配置效率为核心标准,判断竞争自身是否遭受扭曲,分析均衡过程是否遭受人为阻碍。对于滥用相对优势地位而言,"相对优势地位"的证明较为容易,至于特定行为是否构成"滥用",则须结合具体情势,以生产效率或动态效率为主要考察因素,判定竞争是否充分发挥作用,分析变革过程是否遭受人为阻碍。在以促进竞争充分发挥作用为宗旨的反不正当竞争法中,混淆、诋毁等不公平地攫取他人竞争优势的行为,主要涉及事前信息搜索成本;而滥用相对优势地位则同侵害商业秘密一样,主要涉及事后履行成本。

总之,若想阐明滥用市场支配地位条款与滥用相对优势地位条款各自的调整宗旨和调整对象,澄清滥用相对优势地位规制制度与反垄断法、反不正当竞争法的关系,就必须正确把握保障竞争自身不被扭曲与促进竞争充分发挥作用之间的关系,真正理解均衡与变革是如何发生分离的。在区分均衡与变革的背景下,滥用相对优势地位条款与滥用市场支配地位条款的差异和共性是相当明确的。

(1)二者理论基础和调整宗旨不同。前者以交易成本理论为基础,研究特定行为对生产环节的直接影响,促进竞争充分发挥作用;后者以均衡理论为基础,研究特定行为对流通环节的直接影响,保障竞争自身不被扭曲。

---

[1] 参见内蒙古自治区工商行政管理局内工商处罚字〔2016〕002 号行政处罚决定书,竞争执法公告 2016 年第 5 号。

[2] 参见高邮市通源油运有限公司与泰州石油化工有限责任公司、中国石油化工股份有限公司滥用市场支配地位纠纷案,江苏省南京市中级人民法院(2015)宁知民初字第 147 号民事判决书,江苏省高级人民法院(2016)苏民终 282 号民事判决书,最高人民法院(2017)最高法民申 2531 号民事裁定书。

[3] 参见吴某与陕西广电滥用市场支配地位纠纷案,陕西省西安市中级人民法院(2012)西民四初字第00438 号民事判决书,陕西省高级人民法院(2013)陕民三终字第00038 号民事判决书,最高人民法院(2016)最高法民再 98 号民事判决书,最高人民法院指导案例 79 号(2017 年)。

(2)相对优势地位与市场支配地位存在性质差异。前者是行为人在具体交易中与相对方的力量对比,关注的是交易;后者是行为人在相关市场上与其全体竞争者力量总和的对比,关注的是竞争过程或均衡过程。

(3)滥用相对优势地位与滥用市场支配地位的损害后果不同。前者侵害相对人私人利益,提高交易成本,损害特定产业的生产效率或动态效率,阻碍竞争充分发挥作用;后者直接损害行为人所在市场或者上下游市场的配置效率,扭曲竞争自身的正常运行。

(4)滥用相对优势地位条款和滥用市场支配地位条款也存在共性,它们均以局部均衡分析或者 SCP 范式为行为违法性分析框架。

二、知识产权领域的反垄断规制:明确区分均衡与变革

均衡与变革的纠缠,在知识产权反垄断规制领域同样存在。知识产权政策和反垄断政策,都具有激励创新并促进经济增长的作用。两者发挥作用的具体方式并不相同。知识产权政策保护无体标的上的财产权利,促进科学技术进步和创新;反垄断政策规制排除、限制竞争的行为,保障市场竞争不被扭曲,激励创新。前者赋予特定主体限制他人行动自由的权利,后者禁止限制他人经营自由的行为,二者表面上似乎可能会发生冲突。[1] 如何协调知识产权政策与反垄断政策的关系,自然就成为创新政策的争议焦点和难点。[2]

我国《反垄断法》第 55 条对知识产权领域的反垄断问题作出特别规定:“经营者依照有关知识产权的法律、行政法规规定行使知识产权的行为,不适用本法;但是,经营者滥用知识产权,排除、限制竞争的行为,适用本法。”该规定虽具除外条款之外观,但不应被解释为限制性法条。其应被解释为说明性法条,是关于不违反反垄断法之知识产权行使与违反反垄断法之知识产权行使的类型描述。它没有构成要件,处理个案的实体性问题时并不直接适用第 55 条,而是适

---

〔1〕 关于知识产权政策与反垄断政策之间关系的论述,参见王先林:《知识产权与反垄断法:知识产权滥用的反垄断问题研究》(修订版),法律出版社 2008 年版;吴汉洪:《垄断经济学》,经济日报出版社 2008 年版,第 303 ~ 315 页。

〔2〕 参见吴汉洪、董笃笃:《美国知识产权领域反托拉斯政策发展评析及其启示》,载《竞争政策研究》2017 年第 2 期;董笃笃:《知识产权与垄断规制的边界及其法治反思》,载《首都师范大学学报(社会科学版)》2016 年第 2 期。

用《反垄断法》的一般规定。第55条的实践意义在于,授权反垄断执行机构适用《反垄断法》审查行使知识产权的行为。[1]

根据该法第55条的授权,法院和反垄断执法机构依据《反垄断法》的一般规定,处理与知识产权相关的反垄断案件,如华为与IDC滥用市场支配地位纠纷案[2]、高通滥用市场支配地位案[3]以及利乐滥用市场支配地位案[4]。在此基础上,2019年1月4日,国务院反垄断委员会发布《关于知识产权领域的反垄断指南》。该指南明确规定:"经营者滥用知识产权,排除、限制竞争的行为不是一种独立的垄断行为。经营者在行使知识产权或者从事相关行为时,达成或者实施垄断协议,滥用市场支配地位,或者实施具有或者可能具有排除、限制竞争效果的经营者集中,可能构成滥用知识产权排除、限制竞争的行为。"

不仅如此,《关于知识产权领域的反垄断指南》同样明确规定了分析经营者是否滥用知识产权排除、限制竞争的思路:首先,分析行为的特征和表现形式。经营者滥用知识产权,排除、限制竞争的行为,可能是行使知识产权的行为,也可能是与行使知识产权相关的行为。通常根据经营者行为的特征和表现形式,分析可能构成的垄断行为。其次,界定相关市场。其通常遵循相关市场界定的基本依据和一般方法,同时考虑知识产权的特殊性。再次,分析行为对市场竞争产生的排除、限制影响。其通常需要结合市场竞争状况,对具体行为进行分析。最后,分析行为对创新和效率的积极影响。经营者行为对创新和效率可能产生积极影响,包括促进技术的传播利用、提高资源的利用效率等。

如此,知识产权反垄断政策对竞争与创新、均衡与变革作出明确区分,将扭曲竞争过程或均衡过程视为认定行为违法性的基本前提。若想真正把握这种分析思路,唯有深入理解竞争与创新、均衡与变革的关系。

---

〔1〕 参见董笃笃:《中国〈反垄断法〉第55条的解释与适用》,载《重庆理工大学学报(社会科学)》2012年第5期。

〔2〕 参见华为与IDC滥用市场支配地位纠纷案,广东省深圳市中级人民法院(2011)深中法知民初字第858号民事判决书,广东省高级人民法院(2013)粤高法民三终字第306号民事判决书。

〔3〕 参见高通滥用市场支配地位案,国家发展和改革委员会发改办价监处罚〔2015〕1号行政处罚决定书。

〔4〕 参见利乐滥用市场支配地位案,原国家工商行政管理总局工商竞争案字〔2016〕1号行政处罚决定书,竞争执法公告2016年10号。

三、定价算法默示共谋的反垄断规制：创设新型均衡过程或市场类型

明确区分均衡与变革之后，反垄断政策以完全竞争、垄断、垄断竞争和寡头为基本参照，评估特定行为对于竞争过程或均衡过程的影响。随着数字经济的兴起，原有的完全竞争、垄断、垄断竞争和寡头这四种均衡过程的可操作性也遭到质疑。定价算法默示共谋的反垄断规制已经对它们提出了挑战。

定价算法是用于预测价格、区分消费者群体等商务领域的算法，它是基于人工智能的新型商务服务与决策系统的组成部分。从反垄断法的角度看，定价算法在降低搜索成本、提高市场透明度的同时，也可能成为实施操纵价格、限定产量、价格歧视等垄断行为的利器，继而对市场竞争秩序造成严重损害。尤其在大数据背景下，即使没有任何明确的协议或意思联络，为了提高利润不同经营者仅凭各自数据驱动型定价算法，也可能会实施固定或变更价格等协同行为，阻碍价格机制的正常运行。这种没有明确协议的以数据驱动型算法为基础的协同行为，多被称为定价算法默示共谋，已经成为反垄断实践和理论所关注的焦点。对此，2021 年 2 月 7 日国务院反垄断委员会《关于平台经济领域的反垄断指南》第 6 条第 3 项规定，具有竞争关系的平台经济领域经营者可能“利用数据、算法、平台规则等实现协调一致行为”。

协调一致行为，也称默示共谋。传统默示共谋反垄断规制以寡头市场为前提，并不涉及完全竞争市场或垄断竞争市场。出于定价算法能提高市场透明度继而提升经营者相互依赖程度的考虑，有观点认为，算法可能影响数字市场的一些特征，使得默示共谋在更多环境下变得可持续，从而在非寡占市场结构中拓宽了寡占问题的适用范围。〔1〕更有观点认为，如果市场足够透明、惩罚足够及时，无论市场结构如何，共谋都是稳定的。〔2〕然而，较早对算法共谋进行系统研究的扎拉奇（Ariel Ezrachi）和斯图克（Maurice E. Stucke）却认为，考虑到算法所带来的市场透明度的提升，不仅 3 变 2 的并购将导致算法默示共谋，4 变 3 以及 5

---

〔1〕 参见韩伟：《算法合谋反垄断初探——OECD〈算法与合谋〉报告介评（下）》，载《竞争政策研究》2017 年第 6 期。

〔2〕 See Antonio Capobianco & Pedro Gonzaga, *Algorithms and Competition: Friends or Foes?*, CPI Antitrust Chronicle, Vol. 1:2, 2017, at3.

变 4 的并购也具有同样效果。尽管如此，算法默示共谋仍然只是在集中度较高、产品同质化程度较高的市场中可能性较大。[1] 那么，算法默示共谋是否仅限于寡头市场，是否将扩展至完全竞争市场、垄断竞争市场或者其他市场类型？非寡头市场的需求曲线，是否仅仅因市场透明度的提升而变得不确定？换句话说，在传统理论当中，经营者数量是判断寡头市场的重要因素，该因素是否因市场透明度的提升而变得不再重要？一旦如此，寡头和完全竞争又有何分别，这是否意味着一种新型市场类型或均衡过程的创设？这才是定价算法默示共谋给反垄断政策提出的真正挑战。

第三节 反不正当竞争：促进竞争充分发挥其激励变革的间接作用

除 1993 年颁布、2017 年修订并于 2019 年修正的《反不正当竞争法》之外，反不正当竞争制度还包括 1997 年《价格法》第 14 条、2016 年《电信条例》第 40 条和第 41 条、2018 年《电子商务法》第 35 条等特别规定。这些制度不是特别侵权法，而是为以促进竞争充分发挥其激励变革的间接功能为宗旨的竞争法律规范。从促进竞争的角度看，市场竞争在推动市场价格趋于均衡价格的同时，能够持续调整市场份额，进而优化生产规模、深化劳动分工，为变革提供秩序保障。竞争激励变革，而变革诱发的改变既包括“量”上的经济增长，也包括“质”上的经济发展。经济发展不仅包括经济增长，而且包括国民的生活质量，以及整个社会各个不同方面的总体进步。[2] 也就是说，反不正当竞争规制不只是经济性规制，还包括社会性规制。在促进高质量发展的背景下，反不正当竞争法律实践已经对提升质量、保障安全等社会性规制提出明确需求。但是，有分量和有针对性的社会性规制研究仍显不足。[3]

---

〔1〕 See Ariel Ezrachi & Maurice E. Stucke, *Sustainable and Unchallenged Algorithmic Tacit Collusion*, November 10, 2018, https://ssrn.com/abstract=3282235, p. 9 - 11, 38.

〔2〕 参见高鸿业名誉主编：《经济学原理》（第 3 版），中国人民大学出版社 2019 年版，第 414 页。

〔3〕 参见吴汉洪：《西方产业组织理论在中国的引进及相关评论》，载《政治经济学评论》2019 年第 1 期。

一、非诚勿扰案和费列罗案：特别侵权法与竞争法的差异

反不正当竞争法总是被有意或无意地理解为特别侵权法。这种特别侵权法的思维方式，以普遍的行动自由为调整宗旨，以过错为原则，以竞争关系为分析工具，把“骗走”或“盗走”原本属于他人的交易机会视为认定行为违法性的核心。

以非诚勿扰案为例，原告在“交友服务、婚姻介绍所”服务上注册了“非诚勿扰”文字商标，被告制作和播放知名电视节目《非诚勿扰》，由于电视节目服务与婚介交友服务存在实质性差异，被告擅自使用“非诚勿扰”的行为，并没有“骗走”原本属于原告的交易，因此不构成不正当竞争。[1]

再以费列罗案为例，原告巧克力和被告巧克力都是呈球状，并将椭圆形金边标签作为装潢。原告于1984年进入中国市场，主要在免税店和机场商店等场所销售，1993年开始做市场宣传。被告的巧克力于1990年开始生产，并于1991年被核准注册“金莎”文字商标，2004年“金莎”商标被转让给被告。之后，被告仍延续使用原来的巧克力产品使用的包装、装潢。按照最高人民法院的观点，从1984年到1990年，原告已经在免税店和机场商店销售了6年，尽管没有做市场宣传，但这足以使原告巧克力成为中国的国内知名商品。被告擅自使用原告巧克力特有的包装、装潢，使相关公众对商品的来源产生误认，“骗走”原本属于原告的交易，构成不正当竞争。[2]

如果站在竞争法的立场，反不正当竞争法以促进市场竞争充分发挥激励创新的间接功能为宗旨，运用SCP范式，分析特定行为在特定产业中的市场绩效。从这个角度看，前述非诚勿扰案和费列罗案的判决均值得商榷。

在非诚勿扰案中，电视节目服务与婚介交友服务存在实质性差异，可将二者

---

〔1〕 参见金某与江苏省广播电视总台、深圳市珍爱网信息技术有限公司侵害商标权纠纷案，广东省深圳市南山区人民法院(2013)深南法知民初字第208号民事判决书，广东省深圳市中级人民法院(2015)深中法知民终字第927号民事判决书。

〔2〕 参见意大利费列罗公司诉蒙特莎(张家港)食品有限公司、天津经济技术开发区正元行销有限公司不正当竞争纠纷案，天津市第二中级人民法院(2003)二中民三初字第63号民事判决书，天津市高级人民法院(2005)津高民三终字第36号民事判决书，最高人民法院(2006)民三提字第3号民事判决书，最高人民法院指导案例47号(2015)。

分别界定为独立的相关商品市场。被告在电视节目服务市场中，擅自使用“非诚勿扰”或许不会对原告所在的婚介交友服务市场产生影响，但并不意味着该行为不会对电视节目服务市场自身造成影响。被告擅自使用“非诚勿扰”很可能提高原告作为潜在竞争者进入电视节目服务市场的成本，不利于提升电视节目服务市场的多样性。

这种分析思路同样适用于费列罗案。被告擅自使用原告巧克力特有的包装、装潢，其实并没有“骗走”原本属于原告的交易。毕竟，除非有显著的证据，否则，单凭原告在免税商店和机场商场销售6年巧克力这一事实，实在不足以证明原告巧克力构成中国的国内知名商品。但是，被告的这种行为在涉及食品安全等外贸规制制度所形成的结构性进入壁垒的基础上，强化了行为性进入壁垒，提高了原告作为潜在竞争者进入中国市场的成本，不利于提升中国巧克力市场的产品多样性。

总之，站在促进竞争充分发挥作用的立场，无论是非诚勿扰案，还是费列罗案，涉案行为是否构成违法，都需要在SCP范式的框架内结合特定产业的具体情况进行深入分析。[1]

二、王老吉红罐案：从公平到质量

王老吉红罐不正当竞争纠纷系列案[2]（以下简称王老吉红罐案）凸显了对确保质量同一性的价值诉求。

（一）王老吉红罐案的争议与裁决

在王老吉红罐案中，“王老吉”注册商标的商标权人与被许可人签订独占许可协议，约定被许可人独占使用王老吉商标生产销售红色纸包装及红色铁罐装凉茶饮料，商标权人可以保留生产和销售原已生产的用纸包装的王老吉清凉茶，

---

〔1〕 See Apostolos Chronopoulos, *Emerging Scholars Series*: *Trade Dress Rights as Instruments of Monopolistic Competition*: *Towards a Rejuvenation of the Misappropriation Doctrine in Unfair Competition Law and a Property Theory of Trademarks*, Marquette Intellectual Property Law Review, Vol. 16:1, 2012.

〔2〕 参见广东加多宝饮料食品有限公司与广州王老吉大健康产业有限公司擅自使用知名商品特有包装装潢纠纷系列案，广东省高级人民法院(2013)粤高法民三初字第1号民事判决书，最高人民法院(2015)民三终字第2号民事判决书；广东省高级人民法院(2013)粤高法民三初字第2号民事判决书，最高人民法院(2015)民三终字第3号民事判决书。

但包装颜色不能取用红色,包装设计图案不得与被许可人生产的被许可商品相同。

该商标许可协议属于用益租赁合同。与使用租赁合同不同,用益租赁合同的标的并不限于有体标的,还包括权利(如著作权和专利权的利用、狩猎权和捕渔权)以及其他财产利益(如企业)。[1] 根据该用益租赁合同,商标权人有义务将用益租赁的标的的使用和孳息的享有在用益租赁期间给予被许可人。被许可人有义务向商标权人支付所约定的用益租金。其中,用益租赁的合同标的,是指王老吉商标的红色纸包装及红色铁罐装。用益租赁标的的使用,是指使用标的所带来的利益,即被许可人能够使用王老吉商标的红色纸包装及红色铁罐装进行生产销售。用益租赁标的的孳息,是指依用法或某一法律关系而产生的收益,即被许可人使用王老吉商标的红色纸包装及红色铁罐装进行生产销售所带来的收益。

在用益租赁期间,被许可人提升了用益租赁合同标的的市场价值,使红色纸包装及红色铁罐装成为知名商品特有的包装、装潢。用益租赁合同无效之后,商标权人主张,被许可人不仅不得继续使用王老吉商标的红色纸包装及红色铁罐装,而且不得使用红色纸包装及红色铁罐装生产销售凉茶。一审法院支持商标权人的诉请,认定由商标权人享有红色纸包装及红色铁罐装,被许可人无权享有。二审法院则认为,商标权人与被许可人共同享有红色纸包装及红色铁罐装。

二审法院特别强调消费者的认知与公平原则的衡量。二审法院的论证是,在确定特有包装装潢的权益归属时,既要在遵循诚实信用原则的前提下鼓励诚实劳动,也应当尊重消费者基于包装装潢本身具有的显著特征,而客观形成的对商品来源指向关系的认知。消费者会自然地将红罐王老吉凉茶与商标权人、被许可人同时建立联系。实际上,涉案包装装潢中确实也同时蕴含了商标权人"王老吉"品牌的影响力,以及被许可人通过10余年的生产经营和宣传推广而形成、发展而来的商品知名度和包装装潢的显著识别效果。综合考虑上述因素,结合红罐王老吉凉茶的历史发展过程、双方的合作背景、消费者的认知及公平原则的考量,因商标权人及其前身、被许可人及其关联企业,均对涉案包装装潢权

---

〔1〕 参见《德国民法典》(第4版),陈卫佐译注,法律出版社2015年版,第223页(脚注108)、第224页(脚注110)。

益的形成、发展和商誉建树,各自发挥了积极的作用,将涉案包装装潢权益完全判归一方所有,均会导致显失公平的结果,并可能损及社会公众利益。因此,涉案知名商品特有包装装潢权益,在遵循诚实信用原则,尊重消费者认知且不损害他人合法权益的前提下,可由商标权人与被许可人共同享有。

(二)王老吉红罐案裁决对确保质量同一性的忽视

在权衡保障公平与保护消费者合法权益时,二审法院的思路是清晰的。首先,从保障公平的角度看,商标权人和被许可人对于用益租赁标的价值的提升均做出实质性贡献,不宜将增值部分完全判归一方所有。其次,从保护消费者合法权益的角度看,商标和包装装潢均具有指示商品来源的功能,而且消费者事实上将红罐与商标权人、被许可人同时建立联系,也不宜将红罐完全判归一方所有。

这种论理与裁决或许有助于保障公平,但对保护消费者合法权益的影响却有待商榷。在该裁决下,保护消费者合法权益在商业标识制度中的内涵,从确保商品质量同一性,限缩至告知消费者是谁在哪里进行生产。

商业标识制度至少包括商标法和反不正当竞争法关于商业标识的规定。一方面,就商标法而言,商标的功能最初是指示产品的具体生产者或特定生产地点,随后转变为一种质量标记,不再仅仅用于指示具体的生产者,而被用于指示商品质量的同一性。如果商标的功能是指示具体生产者,商标权人原则上不得许可他人使用注册商标。如果商标的功能是指示商品质量的同一性,商标权人原则上可以许可他人使用注册商标,但应对被许可人的商品质量进行监督。我国商标法采纳后一种方案,强调商标指示商品质量同一性的功能。2019 年《商标法》第 43 条第 1 款规定:“商标注册人可以通过签订商标使用许可合同,许可他人使用其注册商标。许可人应当监督被许可人使用其注册商标的商品质量。被许可人应当保证使用该注册商标的商品质量。”据此,商标权人应当对被许可人“王老吉商标的红色纸包装及红色铁罐装”的商品质量进行监督,保障商品质量的同一性,确保商标许可不会破坏消费者对“王老吉”商标的合理预期。

另一方面,反不正当竞争法中的商业标识,是指 1993 年《反不正当竞争法》中“知名商品特有的名称、包装、装潢”,2017 年被修正为“有一定影响的商品名称、包装、装潢等相同或者近似的标识”。与商标法的功能相对比，反不正当竞争法中商业标识制度面临同样的问题：保护消费者合法权益的重心，是确保商品质量的同一性，还是指示商品的生产者或生产地点？对此，最高人民法院在王老吉红罐案中的态度是明确的，强调后者却忽略商品质量的同一性。从指示商品生产者的角度看，消费者的确将红罐同时指向了商标权人和被许可人，判令红罐由双方共享，有助于维护消费者关于产品生产者的认知。但从指示商品质量同一性的角度看，如果红罐由商标权人和被许可人共同享有，双方之间又没有相互监督“红罐凉茶”商品质量的权利义务，作为“有一定影响的商品包装”，“红罐凉茶”的质量同一性如何保障？是不是说，消费者对于“红罐凉茶”的合理预期是否仅限于明确具体生产者，而不再考虑商品质量的同一性？

（三）确保质量同一性的具体化方案

反不正当竞争法是否应当以及应当如何在保障公平、向消费者指明具体生产者的基础上，融入确保商品质量同一性的考量？具体到王老吉红罐案，还是要回到商标许可协议本身。商标许可协议属于用益租赁合同，合同标的是王老吉商标红色纸包装及红色铁罐装。在用益租赁期间，合同标的价值增加。双方当事人就增值部分的分配没有作出明确约定，由此产生争议。

关于用益租赁合同标的增值部分的分配，民法学说对农业用地用益租赁中的此类情形作出过尝试：若双方无法达成合意，法院既可确定增值也可判令延续用益租赁关系。[1] 民法学说关于农业用地用益租赁的规定，能否适用于商标用益租赁的情形，这的确值得商榷。但这种规定至少能为我们指出另外一种解决方案：首先，商标许可协议无效后，王老吉商标的红色纸包装及红色铁罐装由商标权人享有；其次，被许可人有权要求商标权人偿还其对王老吉商标的红色纸包装及红色铁罐装支出的必要费用，必要费用以王老吉商标的红色纸包装及红色铁罐装的增值为限；再次，法院有权确定与增值相应的具体费用；最后，如果费用超出商标权人的合理预期，被许可人只能请求延续商标许可协议。

与最高人民法院判令双方共同享有红罐相比，这种解决方案在保障公平

---

〔1〕 参见《德国民法典》（第4版），陈卫佐译注，法律出版社2015年版，第591页。

方面作出不同规定，但在保护消费者合法权益方面，却既能指示红罐凉茶的生产者，又能确保红罐凉茶商品质量的同一性。如果商标许可协议无效，王老吉商标的红色纸包装及红色铁罐装由商标权人享有，被许可人有权诉请偿还必要费用。对消费者而言，红罐凉茶的生产者是商标权人，质量同一性由商标权人负责。如果费用超出商标权人合理预期，被许可人只可诉请延续商标许可协议。对于消费者来说，红罐凉茶的生产者是商标权人和被许可人，并且，商标权人有责任对被许可人生产的商品质量进行监督，确保红罐凉茶的质量同一性。

当然，这种解决方案也会引发争议：法院能否以确保质量同一性为由，判令商标权人强制许可“王老吉”商标？保障公平、保护合同自由与确保质量同一性之间的权衡取舍，将是反不正当竞争政策所面临的重要难题与挑战。

三、“互联网专条”：从诚信到安全

2017 年修订并于 2019 年修正的《反不正当竞争法》第 12 条规定：“经营者利用网络从事生产经营活动，应当遵守本法的各项规定。经营者不得利用技术手段，通过影响用户选择或者其他方式，实施下列妨碍、破坏其他经营者合法提供的网络产品或者服务正常运行的行为：（一）未经其他经营者同意，在其合法提供的网络产品或者服务中，插入链接、强制进行目标跳转；（二）误导、欺骗、强迫用户修改、关闭、卸载其他经营者合法提供的网络产品或者服务；（三）恶意对其他经营者合法提供的网络产品或者服务实施不兼容；（四）其他妨碍、破坏其他经营者合法提供的网络产品或者服务正常运行的行为。”该法第 24 条规定：“经营者违反本法第十二条规定妨碍、破坏其他经营者合法提供的网络产品或者服务正常运行的，由监督检查部门责令停止违法行为，处十万元以上五十万元以下的罚款；情节严重的，处五十万元以上三百万元以下的罚款。”

该法第 12 条和第 24 条的规定，一般被称为“互联网专条”，凸显了对保障计算机信息系统安全的价值诉求。该规定是从我国部分互联网不正当竞争纠纷中归纳出来的。与之相关的案件，如表 1 所示。

表 1　与"互联网专条"相关的部分案例

年份	案件名称	案号
2003、2004	百度在线网络技术(北京)有限公司诉北京三七二一科技有限公司侵犯著作权及不正当竞争纠纷案(以下简称百度与 3721 软件干扰互诉系列案)	北京市朝阳区人民法院(2003)朝民初字第 24224 号民事判决书
		北京市第二中级人民法院(2004)二中民终字第 02387 号民事判决书
		北京市朝阳区人民法院(2003)朝民初字第 19753 号民事判决书
		北京市第二中级人民法院(2004)二中民终字第 2388 号民事判决书
2004	北京三七二一科技有限公司诉北京百度网讯科技有限公司等不正当竞争纠纷案(以下简称百度与 3721 软件干扰互诉系列案)	北京市海淀区人民法院(2004)海民初字第 16053 号民事判决书
	百度在线网络技术(北京)有限公司诉北京三七二一科技有限公司不正当竞争纠纷案(以下简称百度诉 3721 误导案)	北京市海淀区人民法院(2004)海民初字第 19802 号民事判决书
2005	北京中搜在线软件有限公司诉北京珠穆朗玛网络技术有限公司等不正当竞争和侵犯著作权纠纷案(以下简称珠穆朗玛 mysearch 系列案)	北京市第一中级人民法院(2005)一中民初字第 5454 号民事判决书
	北京百度网讯科技有限公司诉北京珠穆朗玛网络技术有限公司等不正当竞争和侵犯著作权纠纷案(以下简称珠穆朗玛 mysearch 系列案)	北京市第一中级人民法院(2005)一中民初字第 5456 号民事判决书
2006	北京百度网讯科技有限公司诉上海很棒信息技术有限公司等不正当竞争和侵犯著作权纠纷案(以下简称百度诉很棒案)	北京市第一中级人民法院(2006)一中民初字第 11337 号民事判决书
	深圳市腾讯计算机系统有限公司诉北京掌中无限信息技术有限公司侵犯计算机软件著作权、财产权及不正当竞争纠纷案(以下简称腾讯诉掌中无限案)	北京市第一中级人民法院(2006)一中民初字第 8569 号民事判决书

续表

年份	案件名称	案号
2009、2010	腾讯科技(深圳)有限公司诉北京搜狗科技发展有限公司等不正当竞争纠纷案(以下简称腾讯诉搜狗输入法案)	北京市第一中级人民法院(2009)一中民初字第16849号民事判决书
		北京市高级人民法院(2010)高民终字第1717号民事裁定书
	北京搜狗信息服务有限公司等诉深圳市腾讯计算机系统有限公司等不正当竞争纠纷案(以下简称腾讯诉搜狗诱导删除输入法案)	北京市第二中级人民法院(2009)二中民初字第12482号民事判决书
		北京市高级人民法院(2010)高民终字第1772号民事裁定书
2010	金山诉奇虎不正当竞争纠纷案(以下简称金山诉奇虎诋毁案)	北京市第一中级人民法院(2010)一中民初字第10831号民事判决书
2011、2012、2013	奇虎诉金山不正当竞争纠纷案(以下简称奇虎诉金山案)	北京市第一中级人民法院(2011)一中民初字第136号民事判决书
	北京奇虎科技有限公司、奇智软件(北京)有限公司与腾讯科技(深圳)有限公司、深圳市腾讯计算机系统有限公司不正当竞争纠纷案(以下简称腾讯诉奇虎扣扣保镖案)	广东省高级人民法院(2011)粤高法民三初字第1号民事裁定书
		最高人民法院(2012)民三终字第3号民事裁定书
		广东省高级人民法院(2011)粤高法民三初字第1号民事判决书
		最高人民法院(2013)民三终字第5号民事判决书
2012、2014	北京百度网讯科技有限公司等诉北京奇虎科技有限公司等不正当竞争纠纷(以下简称百度诉奇虎插标案)	北京市第一中级人民法院(2012)一中民初字第5718号民事判决书
		北京市高级人民法院(2012)高民终字第2352号民事判决书
		最高人民法院(2014)民申字第873号民事裁定书

续表

年份	案件名称	案号
2013	北京百度网讯科技有限公司等诉北京奇虎科技有限公司反不正当竞争纠纷案(以下简称百度诉奇虎 robots 协议案)	北京市第一中级人民法院(2013)一中民初字第 2668 号民事判决书
2014	北京爱奇艺科技有限公司与北京极科极客科技有限公司不正当竞争纠纷(以下简称爱奇艺诉极科极客案)	北京市海淀区人民法院(2014)海民(知)初字第 21694 号民事判决书
		北京知识产权法院(2014)京知民终字第 79 号民事判决书
	北京金山安全软件有限公司与北京奇虎科技有限公司不正当竞争纠纷(以下简称金山诉奇虎一键卸载案)	北京市西城区人民法院(2014)西民初字第 00146 号民事判决书
	上海三七玩网络科技有限公司与中国铁通集团有限公司广东分公司网络侵权责任纠纷(以下简称三七玩诉铁通案)	广东省广州市越秀区人民法院(2014)穗越法民二初字第 1346 号民事判决书
	北京搜狐互联网信息服务有限公司、飞狐信息技术(天津)有限公司诉北京华录天维科技有限公司、北京华录天维科技有限公司大连分公司不正当竞争纠纷(以下简称搜狐诉华录天维案)	北京市石景山区人民法院(2014)石民(知)初字第 9291 号民事判决书
2013、2015	深圳聚网视科技有限公司与北京爱奇艺科技有限公司其他不正当竞争纠纷(以下简称爱奇艺诉聚视网案)	上海市杨浦区人民法院(2015)杨民三(知)初字第 1 号民事判决书
		上海知识产权法院(2015)沪知民终字第 728 号民事判决书
	北京奇虎科技有限公司、奇虎三六零软件(北京)有限公司诉北京搜狗信息服务有限公司、北京搜狗科技发展有限公司不正当竞争纠纷(以下简称搜狗诉奇虎修改浏览器默认设置案)	北京市第二中级人民法院(2013)二中民初字第 15709 号民事判决书
		北京市高级人民法院(2015)高民(知)终字第 1071 号民事判决书

续表

年份	案件名称	案号
2015、2016	上海真彩多媒体有限公司与北京爱奇艺科技有限公司其他不正当竞争纠纷（以下简称爱奇艺诉真彩多案）	上海市杨浦区人民法院（2015）杨民三（知）初字第114号民事判决书
		上海知识产权法院（2016）沪73民终54号民事判决书

（一）现有论证思路及其不足

2019年《反不正当竞争法》第12条所列举的不正当竞争行为，是以第2条为基础发展而来，多被称为“互联网新型不正当竞争行为”。这些行为具有较强的技术性，并与复杂的商业模式紧密相关。法院在分析行为违法性时，采用了多种论证思路。现有论证思路主要包括如下三类：

1. 涉案行为因影响用户选择并导致其他经营者丧失交易机会而违法。早在2004年百度与3721软件干扰互诉系列案中法院就提出，修改他人软件注册表信息的技术措施致使软件冲突，不仅使用户不能正常行使选择权，而且使在先安装的软件不能接受用户的平等选择，从而使软件权利人丧失了相应的交易机会，超出了软件正常冲突的合理范畴，构成不正当竞争行为。之后，这种论证思路被广泛采用至与干扰软件正常运行相关的案例中，如2009年腾讯诉搜狗输入法案、2015年搜狗诉奇虎修改浏览器默认设置案。

2. 涉案行为因侵害著作权或其他财产权益而违法。例如，在2005年珠穆朗玛mysearch系列案中，法院特别强调，被告在用户端上修改原告的搜索页面，在原告的页面上增加他人搜索网站的链接、增加缩略图片和非本网站的信息，修改了原告搜索页面的表现形式，侵犯了原告对其页面享有的汇编作品的著作权。在2006年腾讯诉掌中无限案中，法院认为，被告擅自使用了原告自成体系的通信协议，直接侵入原告QQ系统，给原告造成了一定的财产损失，构成不正当竞争行为。

3. 涉案行为因直接干扰其他经营者正常经营活动而违法，无论该行为是否影响用户选择或侵害财产权益。早在2006年百度诉很棒案中，法院就强调，被告并没有侵犯原告著作权中的修改权、保护作品完整权。尽管如此，涉案行为使原告不能按照自己的意志向互联网用户提供服务，破坏了原告的商业运作模式，损害了原告的经济利益，并在一定程度上损害了原告的商誉，构成违法。之后，这种论证思路被广泛采用至与修改浏览器显示内容、屏蔽广告相关的案例中，如2012年百度诉奇虎插标案、2014年爱奇艺诉极科极客案、2014年搜狐诉华录天维案、2015年爱奇艺诉聚视网案和2016年爱奇艺诉真彩多案。在2014年爱奇艺诉极科极客案中，法院认为，以强行改变他人经营模式的方式向网络用户提供服务，其是以损害他人利益的方式自身获取利益，这种以伤害其他经营者正当利益为代价的竞争不应当被法律所认可。另外，该行为从近期来看会使网络用户欣赏影片时不再需要观看广告，对于网络用户是有“利”的，但失去了广告收入这一主要盈利点的经营者必将难以支付高额的版权支出，网络用户将会失去该经营模式的消费体验，广大网民的利益必将受到影响。

从价值诉求的角度看，现有论证试图援引债权、著作权或消费者权益来为互联网新型不正当竞争行为提供证立和约束，但可操作性和解释力尚存在不足。

首先，有观点引入实质非侵权用途标准或第三人积极侵害债权理论来分析此类纠纷。〔1〕适用实质非侵权用途的前提是权利遭侵害。该观点并未阐明涉嫌违法的行为侵害了何种权利。适用第三人积极侵害债权理论，则须考察是否存在“第三方故意并不正当的行为”。这与直接适用诚信原则相比并无实质区别。

其次，也有观点主张在著作权法的框架内，通过扩充修改权的范围来解决此类纠纷。〔2〕该观点的实质诉求是保障应用软件的完整性，并与法院在部分案例中的说理相契合。例如，在2013年腾讯诉奇虎扣扣保镖案中，最高人民法院明确指出，涉案行为侵害了软件的安全性、完整性，构成违法。然而，根据这种以著作权为实质正当性基础的观点，鉴于商业模式并非著作权法保护的作品，侵害商业模式完整性的行为便不具有违法性，如2014年爱奇艺诉极科极客案等屏蔽广

---

〔1〕参见阮开欣：《网络广告拦截软件的法律性质——主要以美国司法实践为借鉴》，载《中国版权》2012年第1期。

〔2〕参见张钦坤：《中国互联网不正当竞争案件发展实证分析》，载《电子知识产权》2014年第10期。

告案的法院也不应将侵害商业模式完整性的行为认定为违法。[1] 但是,商业模式上的财产权并不完全等同于与商业模式完整性相关的市场竞争秩序。[2] 那种仅以商业模式不具有可版权性为由直接拒绝对商业模式完整性提供保护的方案,事实上否认了反不正当竞争法相对于著作权法的兜底性功能。

最后,还有观点强调消费者权益或用户选择的重要性。[3] 该观点的实质诉求是保障消费者或用户对其操作系统的控制能力,同样与法院在部分案例中的说理相契合。然而,这种以是否违背用户意愿为实质正当性基础的论证,解释力和适用范围同样相当有限。一方面,经营者可借助格式条款强迫用户接受或同意其对操作系统所进行的所有修改,架空"违背用户意愿"的限制。另一方面,诸如屏蔽广告、深度链接等不正当竞争行为,多是通过入侵其他经营者计算机信息系统的方式来实施。现有案例对此的态度是,消费者同意不足以证立此类行为的正当性,消费者不同意也不足以证立此类行为的违法性。

(二)"互联网专条"的价值诉求

事实上,无论是保护服务器等系统资源还是维护应用软件的完整性,抑或确保用户对操作系统的控制能力,这些价值诉求均是保障计算机信息系统安全的一部分。

根据 1997 年《计算机信息系统安全专用产品分类原则》的规定,计算机信息系统安全包括实体安全、运行安全和信息安全三个方面。其中,信息安全又包括操作系统安全、数据库安全、网络安全、病毒防护、访问控制、加密、鉴别七个方面。信息安全,是指防止信息财产被故意的或偶然的非授权泄露、更改、破坏或使信息被非法的系统辨识、控制,即确保信息的完整性、机密性、可用性和可控性。一般而言,完整性,是指确保信息只能被授权修改。机密性,是指确保信息仅能被授权读取。可用性,是指有用资源在需要时可以为授权各方使用。可控

---

〔1〕 参见张广良:《具有广告过滤功能浏览器开发者的竞争法责任解析》,载《知识产权》2014 年第 1 期;董慧娟、周杰:《对浏览器过滤视频广告功能构成不正当竞争的质疑》,载《电子知识产权》2014 年第 12 期。

〔2〕 参见袁锋:《浏览器自带网络广告屏蔽功能的竞争法责任研究》,载《电子知识产权》2014 年第 7 期。

〔3〕 参见张素伦:《互联网不正当竞争行为的判定应引入消费者权益因素》,载《电子知识产权》2014 年第 4 期。

性，是指对信息源的访问可由目标系统控制。如此，保护服务器等系统资源实为保障数据库的机密性，维护应用软件的完整性实为保障操作系统的完整性，确保用户对操作系统的控制能力实为保障操作系统的可用性，它们都是保障计算机信息系统安全的部分内容。作为价值诉求，保障计算机信息系统安全自身便具有实质正当性，不必非要借助财产权益、著作权或消费者权益才得以证立。

从保障计算机信息系统安全的角度，以操作系统安全、数据库安全、网络安全等计算机信息系统安全的不同方面，以及机密性、完整性、可用性等不同安全服务为分类标准，上述与“互联网专条”相关的案件大致可分为如下五类：

1. 基础电信服务商侵害网络传输的机密性或完整性。对此，2014 年三七玩诉铁通案的法院以举证不足为由解决纠纷。

2. 没有正当理由，未经授权调取服务器资源，侵害服务器的机密性，构成违法，如 2006 年腾讯诉掌中无限案、2013 年百度诉奇虎 robots 协议案和 2015 年爱奇艺诉聚视网屏蔽广告案。法院强调正当理由抗辩，但并未采信“互联互通”“使用开源代码的行为系合法”“技术中立”等抗辩理由。

3. 没有正当理由，侵害应用软件的完整性，构成违法。例如，在 2003 年百度与 3721 软件干扰互诉系列案和 2013 年腾讯诉奇虎扣扣保镖案中，法院认定，通过其他软件修改特定应用软件的注册表信息，导致应用软件无法运行的行为构成违法。在 2005 年珠穆朗玛 mysearch 系列案、2006 年百度诉很棒案、2011 年奇虎诉金山案、2012 年百度诉奇虎插标案和 2015 年搜狗诉奇虎修改浏览器默认设置案中，法院认定，通过其他软件修改浏览器默认设置或内容的行为构成违法。

在这些案件中，法院同样注重正当理由抗辩，并未采信“互利双赢”“正当防卫、以恶制恶”的抗辩理由，但支持“并非主观恶意”的抗辩理由。在 2011 年奇虎诉金山案中，法院强调，不同经营者推出的软件出现运行冲突的情况很难避免，甚至时有发生。对于经营者并非恶意造成的软件冲突，尤其是在经营者发现后于合理时间内采取措施解决了软件冲突的情况下，因为该经营者并不具有主观上的恶意，其行为不应认定为不正当竞争行为。

4. 没有正当理由，侵害操作系统的完整性和可用性，构成违法。与应用软件不同，仅侵害操作系统的完整性并不违法，只有同时侵害操作系统的可用性才构成违法。在2009年腾讯诉搜狗输入法案中，法院认为，修改操作系统中的输入法列表次序，并不必然违背用户的意愿；但若用户无法手动修改或在安装其他输入法软件时无法修改，则构成违法。该案法院同样强调正当理由抗辩，也并未采信“正当防卫、以恶制恶”的抗辩理由。

5.私自认定安全攻击，诱导用户自行修改计算机信息系统，变相侵害操作系统的完整性和可用性，构成违法。在2004年百度诉3721误导案、2009年腾讯诉搜狗诱导删除输入法案、2010年金山诉奇虎诋毁案和2014年金山诉奇虎一键卸载案中，法院认为，如果不存在正当理由，则此类行为违法。至于正当理由，法院并未采信“正当防卫、以恶制恶”的抗辩理由，但支持“软件冲突在技术上无法避免”的抗辩理由。在2004年百度诉3721误导案中，法院强调，被告并未举证证明软件冲突提示中载明的情况是可能发生或者必然发生的，而冲突是技术上无法避免的情况，因而其辩称缺乏技术上的合理依据。

这样，保障计算机信息系统安全，可为“互联网专条”提供实质正当性基础。在保障计算机信息系统安全这一价值诉求的引导下，操作系统安全、数据库安全、网络安全等计算机信息系统安全的不同方面，以及机密性、完整性、可用性等不同安全服务，可共同为行为类型化提供区分标准，避免不同行为类型之间的交叉或重复。在实施过程中，我们可借助逐案分析或实施指南，根据计算机信息系统安全的不同方面以及不同安全服务的发展情况，不断更新侵害计算机信息系统安全的具体类型，时刻与实践需求保持同步。[1]

第四节 实施机制与法律责任：优化竞争治理体系

我国竞争法确立了民事诉讼与行政执法相并行的实施机制，但并没有对二者的衔接机制作出明确规定，而是将这些问题交由竞争法律实践探索完善。作为两种不同规制工具，诉讼制度与行政执法均具有特殊功能和独立价值，不仅需要从有效推进竞争法实施的角度明确各自角色定位，还应当注重二者之间的配

---

〔1〕 关于“互联网专条”在计算机信息系统安全制度体系中的角色定位，参见董笃笃：《计算机信息系统安全的反不正当竞争法保护——评〈反不正当竞争法(修订草案送审稿)〉第13条和第26条》，载周汉华主编：《网络信息法学研究》(总第1期)，中国社会科学出版社2017年版，第287～306页。

合衔接。这涉及竞争治理体系的优化。

一、民事诉讼与行政执法的地域管辖

竞争法具有政策性功能,[1]涉及国家创新能力的提升。竞争法尤其是反不正当竞争法,具有事权向下的特点。中央实施机构在整个竞争治理体系中支出和公务人员占比偏低,有效的资源投入难以落实促进并保障竞争的宏观政策。[2] 实践中,对于跨区域案件的处理,中央实施机构要么只能委托地方实施机构,要么只能通过专项整治的方式回应社会需求。地方在推进竞争法的实施时面临违法性认定标准、损害赔偿标准等难以统一的难题,并持续表达出要求中央进一步细化相关制度的要求。然而,对于竞争法律制度的完善而言,鉴于竞争法自身的复杂性和灵活性,制度本身又不应事无巨细地对所有问题作出统一、固定的规定,只能采取类型化的方式稳步推进。总体而言,竞争法尤其是反不正当竞争法,制度供给不足,实效性难以获得实质性提升。面对这种情况,优化竞争法治理体系的一项重要内容就是,优化事权配置结构,科学划分各层级事权,具体可通过优化竞争法民事诉讼和行政执法的管辖制度来落实。

(一)民事诉讼的地域管辖

《垄断民事纠纷司法解释》第4条规定:“垄断民事纠纷案件的地域管辖,根据案件具体情况,依照民事诉讼法及相关司法解释有关侵权纠纷、合同纠纷等的管辖规定确定。”根据2017年《民事诉讼法》第23条和第28条的规定,因合同纠纷提起的诉讼,由被告住所地或者合同履行地人民法院管辖;因侵权行为提起的诉讼,由侵权行为地或者被告住所地人民法院管辖。根据《关于适用〈中华人民共和国民事诉讼法〉的解释》(法释〔2015〕5号,已被修改)第24条的规定,《民事诉讼法》第28条规定的侵权行为地,包括侵权行为实施地、侵权结果发生地。

司法实践中,地域管辖面临新的挑战:反垄断民事诉讼,是否应将侵权结果发生地解释为侵权行为影响地。对此,北京市高级人民法院予以肯定,最高人民

〔1〕 参见吴宏伟:《论竞争法的政策功能》,载《中国人民大学学报》2001年第2期。

〔2〕 参见胡颖廉:《“中国式”市场监管:逻辑起点、理论观点和研究重点》,载《中国行政管理》2019年第5期。关于执法权配置的详细讨论,参见谭袁:《反垄断执法权配置问题研究》,法律出版社2019年版。

法院则保持沉默。竞争法学需要思考如何解释“反垄断侵权结果”的内涵。

在浙江天猫网络有限公司、浙江天猫技术有限公司、阿里巴巴集团控股有限公司(以下简称天猫)与北京京东世纪贸易有限公司、北京京东叁佰陆拾度电子商务有限公司(以下简称京东)滥用市场支配地位纠纷案[1]中,京东向北京市高级人民法院提出诉请。

京东认为,2013年以来,天猫不断以各种手段实施包括但不限于要求在天猫商城开设店铺的服饰、家居等众多品牌商家不得在原告运营的京东商城参加“618”“双11”等促销活动、不得在京东商城开设店铺进行经营,甚至只能在天猫商城一个平台开设店铺进行经营行为(以下简称“二选一”行为)。天猫在境内B2C网上零售平台市场上具有市场支配地位,实施了包括“二选一”行为在内的滥用市场支配地位行为,损害了中国B2C网上零售平台市场的正常竞争秩序,侵犯了京东、商家及广大消费者的合法权益,天猫应当对其滥用市场支配地位的侵权行为承担相应的法律责任。

天猫对此提出管辖权异议。天猫认为,北京市高级人民法院并非被告住所地人民法院,亦非被控侵权行为实施地和侵权行为结果地人民法院,北京市高级人民法院对本案没有行使管辖权的基础和法律依据,本案应当移送浙江省高级人民法院管辖。

北京市高级人民法院驳回了天猫提出的管辖权异议。北京市高级人民法院认为,界定滥用市场支配地位侵权纠纷的侵权行为地和侵权结果地,应当根据纠纷的法律关系性质进行具体判断。我国《反垄断法》的立法目的系为预防和制止垄断行为,保护市场公平竞争,维护消费者利益和社会公共利益,禁止具有市场支配地位的经营者滥用其市场支配地位。本案中,京东主张天猫所实施的“二选一”行为,虽然行为的直接对象是在网络平台开设店铺进行经营行为的各品牌商家,但基于网络平台特性,其对市场竞争秩序的影响则不限于各被告的住所地或各被告实施上述行为的直接行为地,在反垄断法意义上,上述行为将对该相关市场内的自由竞争产生影响,这当然涵盖了一审法院管辖的北京市。同时,京东亦主张天猫不仅在北京地区实际实施了被控的“二选一”行为,而且上述行

---

[1] 参见最高人民法院民事裁定书,(2019)最高民辖终130号。

为的后果也已经及于北京地区，从而进一步证明北京地区属于被诉侵权行为的实施地和侵权结果发生地。综上，基于北京地区是本案被控侵权行为实施地和被控侵权行为结果发生地，故北京市高级人民法院对本案具有管辖权。

天猫不服北京市高级人民法院的裁定，向最高人民法院提起上诉。天猫认为，被控滥用市场支配地位行为产生影响地不同于法定的侵权结果发生地，不能作为管辖确定标准，应按一般侵权纠纷的管辖原则确定管辖，而不应不适当地进行扩大解释。以侵权行为影响地确定管辖或将侵权结果发生地解释为包括侵权行为影响地会导致管辖泛化，使有关法律规定失去其制度价值。上诉人作为被控侵权人，其可以控制侵权行为在何处发生；而对于被控侵权行为的直接结果发生地，被控侵权人也有或应有合理的预期。本案被控侵权行为的实施地和侵权行为的直接结果发生地都有明确的地理范围，不能认为全国任意地区都是侵权行为地。因此，以侵权行为影响地确定管辖过分扩大了有管辖权法院的范围，实际上架空了《民事诉讼法》中管辖的规定，破坏了《民事诉讼法》对双方当事人权益、诉讼负担的平衡，导致管辖泛化，损害了上诉人的诉讼权利，可能难以保证案件得到公正审理。同时，以侵权行为影响地确定管辖有可能产生管辖法院与被告住所地、案件基础事实发生地无实质联系，不便于被告应诉和法院查明事实，也无法实现管辖制度便利当事人诉讼、便利法院审理案件的目的。

最高人民法院认为，本案系滥用市场支配地位的侵权纠纷，被诉侵权行为实施地、侵权结果发生地、被告住所地人民法院均有权管辖。本案中，京东提供的证据，明确表明天猫在北京签署了战略合作协议。虽然天猫称《2016—2017 年度天猫家装战略商家框架协议》系在杭州签订，但天猫提供的证据不能证明相关协议系在杭州签署，天猫亦未提供其他证据推翻前述战略合作协议系在北京签订，因此北京市高级人民法院认定北京市属于被诉侵权行为地，对本案具有管辖权并无不当。此外，天猫还上诉称北京市高级人民法院以侵权行为影响地确定管辖或将侵权结果发生地解释为包括侵权行为影响地会导致管辖泛化。最高人民法院认为，因在管辖权异议案件中，本院只需审理与建立案件管辖连接点相关的事实之一即可，因此对能否以侵权结果地确定管辖不再予以评述。

（二）行政执法的地域管辖

2021 年《行政处罚法》第 22 条规定："行政处罚由违法行为发生地的行政机

关管辖。法律、行政法规、部门规章另有规定的,从其规定。”实践中,以违法行为发生地为原则确定执法管辖的制度,在网络市场中面临诸多挑战。

关于网络市场的执法管辖问题,行政执法机构已经做出探索。2014 年《网络交易管理办法》(原国家工商行政管理总局令第 60 号,现已废止)曾在第 41 条第 1 款规定:“网络商品交易及有关服务违法行为由发生违法行为的经营者住所所在地县级以上工商行政管理部门管辖。对于其中通过第三方交易平台开展经营活动的经营者,其违法行为由第三方交易平台经营者住所所在地县级以上工商行政管理部门管辖。第三方交易平台经营者住所所在地县级以上工商行政管理部门管辖异地违法行为人有困难的,可以将违法行为人的违法情况移交违法行为人所在地县级以上工商行政管理部门处理。”

根据该规定,原则上,应由平台经营者住所所在地执法机关享有管辖权;只有当平台经营者住所所在地执法机关实施管辖有困难时,平台内经营者住所所在地执法机关才享有管辖权。这导致平台经营者住所所在地执法机关负担过重。

鉴于此,2017 年 10 月,原北京市工商行政管理局颁布《关于规范涉网案件执法管辖加强执法协作的指导意见(试行)》,在全市范围内试行平台内经营者住所所在地执法机构主办、平台经营者住所所在地执法机构协办的工作机制,支持平台内经营者住所所在地执法机构主动查办涉网案件。这种尝试曾被 2020 年 10 月 20 日《网络交易监督管理办法(征求意见稿)》所采纳。该征求意见稿曾在第 35 条规定:“网络交易平台经营者和自建网站经营者的违法行为,由其住所地市场监督管理部门管辖。平台内经营者的违法行为由其实际经营地市场监督管理部门管辖,网络交易平台经营者住所地先行发现或者收到违法线索的,也可以进行管辖。对平台内经营者的消费投诉,平台内经营者实际经营地和网络交易平台经营者住所地市场监督管理部门均有权处理。”

但是,该征求意见稿第 35 条随后被 2021 年《网络交易监督管理办法》删除。关于执法管辖的问题,2021 年《网络交易监督管理办法》(国家市场监督管理总局令第 37 号)在第 33 条规定:“县级以上地方市场监督管理部门应当在日常管理和执法活动中加强协同配合。网络交易平台经营者住所地省级市场监督管理部门应当根据工作需要,及时将掌握的平台内经营者身份信息与其实际经营地的省级市场监督管理部门共享。”这样,竞争法学仍需进一步研究网络市场行政执法管辖的具体方案。

二、民事诉讼与行政执法各自的功能定位

在竞争法律实践中,行政执法相对重视威慑和制止反竞争行为,贯彻国家政策目标。[1] 法院通过对适格当事人的认定、举证证明责任的分配、赔偿损失的要件与范围、合同无效的认定等问题的解决,统一司法政策,创设出民事诉讼的功能定位:相对于威慑(或预防)垄断行为、维护(或补偿)竞争秩序而言,民事诉讼更重视制止违法行为、补偿受害人实际损失。[2]

上述这种功能定位,在2018年海南省物价局与海南裕泰科技饲料有限公司纵向价格协议行政诉讼再审案[3](以下简称裕泰案)中获得直接明确地宣示。

裕泰案的争议焦点是,在适用《反垄断法》第14条的规定时,原告或行政执法机构是否应当证明纵向价格协议造成排除限制竞争的效果。在此案之前,我国反垄断行政执法机关和司法机构审理纵向限价协议的思路是不一致的。[4] 垄断民事诉讼的观点是,原告应当证明纵向价格协议具有排除限制竞争的效果;但反垄断行政执法的观点是,行政执法机构无须证明纵向价格协议具有排除限制竞争的效果。

在裕泰案的发展进程中,行政执法机构首先依循既有反垄断行政执法的态度,在没有证明涉案纵向价格协议具有排除限制竞争的效果的前提下,认定该行为违反《反垄断法》并作出行政处罚的决定。行政相对人不服,提起行政诉讼。一审法院依循既有垄断民事诉讼的态度,要求行政执法机构举证证明涉案行为具有排除限制竞争的效果,判令撤销行政处罚决定。行政执法机构不服一审判决,提起上诉。二审法院认为,本案为关于纵向垄断协议的行政案件,为实现我国反垄断法预防和制止垄断行为、维护消费者利益和社会公共利益的立法目的,

---

[1] 参见吴宏伟、董笃笃:《中国竞争法行政责任的类型化研究》,载《法治研究》2013年第11期。

[2] 参见吴宏伟、董笃笃:《中国反垄断民事诉讼制度的回顾与展望》,载《河南财经政法大学学报》2015年第2期。

[3] 参见海南省物价局与海南裕泰科技饲料有限公司纵向价格协议行政诉讼再审案,最高人民法院(2018)最高法行申4675号行政裁定书。

[4] 参见王晓晔:《我国反垄断执法10年:成就与挑战》,载《政法论丛》2018年第5期。

行政机关在认定纵向垄断协议时与单个民事主体主张垄断行为造成的实际损失时并不相同。根据《反垄断法》第 50 条“经营者实施垄断行为，给他人造成损失的，依法承担民事责任”的规定，涉及垄断行为的民事案件以造成实际损失为前提，而造成实际损失又须以该垄断行为具有或产生排除、限制竞争效果为前提。本案为对垄断协议的行政处罚进行合法性审查，上诉人作出本案行政处罚决定无须以行政相对人与经销商达成的协议具有排除、限制竞争效果为前提，更无须以给他人造成损失为前提。据此，二审法院判令撤销一审判决。行政相对人不服二审判决，向最高人民法院提出再审申请。

根据二审法院的论证，反垄断行政执法与垄断民事诉讼的功能定位并不相同。前者的定位是，预防和制止垄断行为、维护消费者利益和社会公共利益；后者的定位是，制止垄断行为、赔偿受害人实际损失。功能定位不同决定了违法性构成要件举证证明责任的配置不同。二审法院关于垄断民事诉讼功能定位的这种抉择，与之前垄断民事诉讼司法政策相一致，在之后的再审裁决中也获得最高人民法院的确认与强调。

最高人民法院在再审裁定书中提出：一方面，反垄断执法机构必须围绕经济体制改革的要求和需要，结合我国当前经济发展阶段和反垄断执法处于初期的实际情况，依法开展对涉嫌垄断行为的调查认定及处罚，维护竞争秩序。价格纵向垄断协议往往具有限制竞争和促进竞争的双面效应。在当前我国市场条件不够完善及市场本身纠偏能力较弱的情况下，纵向垄断协议的限制竞争效果更需要受到重视和规制，对此类协议的规制和处罚是当前反垄断执法工作的重点。在当前的市场体制环境和反垄断执法处于初期阶段的情况下，如果要求反垄断执法机构在实践中对纵向垄断协议都进行全面调查和复杂的经济分析，以确定其对竞争秩序的影响，将极大增加执法成本、降低执法效率，不能满足当前我国反垄断执法工作的需要。反垄断执法机构无须对该协议是否符合排除限制竞争这一构成要件承担举证责任。另一方面，《反垄断法》第 50 条规定，经营者实施垄断行为，给他人造成损失的，依法承担民事责任。反垄断民事诉讼中原告诉讼请求得到支持的前提，也就是经营者承担民事责任的前提，即经营者实施反垄断行为给原告造成损失。而给原告造成损失是垄断行为排除限制竞争效果的直接体现。该垄断协议不仅要达成而且要实施并产生损失，此时的垄断协议当然具有排除限制竞争的效果。因此,在反垄断民事诉讼中,法院审查垄断协议是否具有排除限制竞争效果,并在此基础上进而判定是否支持原告的诉讼请求,并无不当。如前所述,在行政诉讼中对反垄断机构执法中认定纵向垄断协议行为合法性的判断标准,与民事诉讼中对纵向垄断协议的审查标准,存在明显的差别。

显然,在论证反垄断行政执法与垄断民事诉讼中价格纵向垄断协议判断标准的差别时,最高人民法院事实上的观点是:反垄断行政执法承担着维护市场竞争秩序的功能,鉴于价格纵向垄断协议的复杂性,反垄断行政执法机构不应承担举证证明该行为具有排除限制竞争之效果的责任;与之相比,垄断民事诉讼承担着补偿受害人实际损失的功能,受害人应当承担举证证明该行为具有排除限制竞争之效果继而造成实际损害的责任。最高人民法院的这种观点与《反垄断法》实施以来垄断民事诉讼的司法政策相一致,符合统一司法政策的要求。

但是,中国《反垄断法》并没有明确规定垄断民事诉讼只承担补偿受害人实际损失的功能,是法院通过个案判决将垄断民事诉讼限缩于该功能之内。而且,从反垄断法发展趋势的角度看,虽然仍存在较大争议,但垄断民事诉讼已经被视为一种特殊的规制工具,它应当同行政执法一样承担起威慑(或预防)垄断行为、维护市场竞争秩序的职责,继而应在适格当事人、举证证明责任、民事责任承担方式等诸多具体问题上作出相应调整。因此,反垄断法应当将垄断民事诉讼和反垄断行政执法界定为两种不同规制工具,二者因解决问题的过程不同而具有不同功能,并从有效推进反垄断法实施的角度,慎重考量二者各自的角色定位。这项任务应当由反垄断立法来承担,还是由法院来承担?这是中国反垄断理论和实践应当直面的挑战。

三、民事诉讼与行政执法的配合衔接

民事诉讼与行政执法的配合衔接,目前主要涉及四种情形:一是跟进诉讼,反竞争行为的受害人在行政执法机构作出决定之后再提起民事诉讼;二是单独诉讼,反竞争行为的受害人在行政执法机构作出决定之前提起民事诉讼;三是针对行政执法所提起的行政诉讼;四是行政执法机构制定的实施指南在民事诉讼中如何适用。

(一)跟进诉讼中民事诉讼与行政执法的衔接

我国《反垄断法》第50条规定:"经营者实施垄断行为,给他人造成损失的,依法承担民事责任。”

“在反垄断民事诉讼中，最为核心的问题是，如何证明垄断行为的存在。而反垄断‘跟进诉讼’最为明显的特征是，反垄断执法机构已经认定被告存在垄断行为，原告系以反垄断执法机构的调查结论和行政决定为依据提起诉讼。显然，反垄断执法机构认定垄断行为存在，并据此予以处罚的行政决定当然可以由原告作为证据提交给受理相应的反垄断民事诉讼案件的人民法院。问题在于，在司法程序中，该反垄断执法机构的调查结论是否可以受到质疑？换言之，反垄断执法机构的行政决定对于受理相应的反垄断‘跟进诉讼’的人民法院效力如何？人民法院是否必须承认反垄断执法机构所认定的事实？”[1]

对于上述核心难题，我们可以借助类型化的方法探索具体方案。根据反垄断行政执法机构作出的不同决定，跟进诉讼可细分为两种情形。

一是反垄断行政执法机构认定特定行为不违反《反垄断法》，当事人随后提起反垄断民事诉讼，法院是否以行政执法机构的决定为依据驳回诉讼请求。对此，笔者发现的情况大多是，一旦反垄断行政执法机构认定特定行为不违反《反垄断法》，当事人提起行政诉讼而非反垄断民事诉讼，要求法院判令反垄断行政执法机构限期重新作出决定，进而将此类诉讼转换为反垄断民事诉讼与反垄断行政执法同时进行的单独诉讼，如云南佩洛仕珠宝有限公司与昆明家乐福、原国家工商行政管理总局一系列纠纷案。[2]

二是反垄断执法机构认定特定行为违反《反垄断法》，当事人随后提起反垄断民事诉讼。对此，法院在现有判例中的态度是，承认反垄断行政处罚的公定力，但要求原告至少应举证证明两项要件：(1)对涉案行为受到反垄断行政处罚作出初步证明，如果被告无法证明涉案行为并非反垄断行政处罚所针对的行为，则推定涉案行为违反《反垄断法》；(2)对涉案行为与损害之间存在因果关系作出证明。

---

〔1〕 吴宏伟、闫卫军：《论反垄断执法机构的行政决定在反垄断“跟进诉讼”程序中的效力》，载《新疆社科论坛》2010 年第 5 期。

〔2〕 参见云南佩洛仕珠宝有限公司、昆明家乐福超市有限公司租赁合同、垄断纠纷再审审查与审判监督案，最高人民法院(2017)最高法民申 2850 号民事裁定书；云南佩洛仕珠宝有限公司与原国家工商行政管理总局履行法定职责及行政复议案，北京市高级人民法院(2018)京行终 1499 号行政判决书。

例如，在 2016 年田某诉家乐福垄断协议纠纷案[1]中，反垄断行政执法机构认定被告达成垄断协议并作出行政处罚决定，原告随后以被告达成的垄断协议给其造成损害为由提起垄断民事诉讼，请求法院判令被告赔偿损失。

对于该诉讼请求，一审法院认为，应由原告举证证明存在固定转售价格协议、协议具有限制竞争效果、原告受到的损失以及垄断协议与损失之间具有因果关系。与一般的依据纵向限制竞争协议提起的反垄断民事诉讼不同，本案属于在反垄断执法机关作出处罚决定后提起的反垄断民事诉讼。反垄断执法机关出具的《处罚决定书》已经认定被告与交易相对人达成了固定向第三人转售商品价格的垄断协议，该协议具有排除和限制市场竞争的效果。被告对处罚决定书中认定的事项予以认可。根据最高人民法院《关于适用〈中华人民共和国民事诉讼法〉的解释》（法释〔2015〕5 号）第 114 条规定，在没有相反证据足以推翻的情况下，在民事诉讼中应当推定处罚决定书记载的事项为真实。由于处罚决定书中未具体披露反垄断执法机关调查依据的证据，处罚只针对实施价格控制的上游生产者，而不包括下游经销商。因此，单独依据处罚决定书难以认定交易相对人与被告之间具有固定转售商品价格的协议。但是，由于处罚决定书中已经认定被告与交易相对人达成了固定向第三人转售商品价格的垄断协议，被告和交易相对人均认可在处罚决定书作出时交易相对人的母公司与被告订立有商品合同，交易相对人与被告之间执行该商品合同。如果要排除该商品合同属于处罚决定书针对的范围，被告和交易相对人有义务提交两者之间的协议。被告和交易相对人分别提交了双方之间的商品合同，其中没有固定向第三人转售商品的价格的约定。虽然该商品合同规定有建议零售价，但是没有约定该建议零售价具有约束力，不具有排除和限制竞争的效果，因此不违反《反垄断法》的规定。综上，原告并未举证证明交易相对人与被告之间的商品合同中存在固定转售价格的约定。依据现有证据不能认定被告与交易相对人之间存在垄断协议。

此外，在处罚决定书已经认定被告存在垄断行为，该垄断行为具有排除和限制竞争效果的情况下，原告仍然应当对其主张的损失与被告垄断行为之间存在因果关系承担证明责任。原告主张被告对其他渠道的价格管控导致交易相对人

---

〔1〕 参见田某诉家乐福垄断协议纠纷案，北京知识产权法院（2014）京知民初字第 146 号民事判决书；北京市高级人民法院（2016）京民终 214 号民事判决书。

的定价高于市场充分竞争时的定价，导致其被迫支出更多费用购买商品，该主张并无事实和法律依据，不足以证明其主张的损失与处罚决定书认定的被告的垄断行为之间存在因果关系，对该主张法院不予支持。

二审法院赞同一审法院的观点，同样强调虽然原告提交的处罚决定书能够初步证明被告与其下游经营者在向第三人转售乳粉时存在对价格进行固定的纵向垄断协议，但因该处罚决定书中除被告外，并未明确纵向垄断协议的合同相对方为何主体，故并不能据此直接认定交易相对人与被告当然存在纵向垄断协议。同时，被告及交易相对人分别提供了内容相同的商品合同及附件，其中并未存在涉及固定向第三人转售商品价格的条款，从而导致排除、限制竞争，影响在完全、公开竞争市场中商品的定价机制，致使消费者的利益受到损害。因此，在处罚决定书并未明确交易相对人与被告存在纵向垄断协议，且交易相对人和被告均提交了并未涉及垄断协议内容的商品合同的情况下，原告并未完成其举证责任，应当对其有关交易相对人与被告之间存在垄断协议的主张进行举证，在原告无法证明所主张事实的情况下，其应当承担相应的法律后果。

因此，法院依循民法学中的侵权行为理论来适用《反垄断法》第50条，垄断民事责任的构成要件包括原告法益遭侵害、被告行为因违反《反垄断法》而构成“垄断行为”、被告行为与原告损害之间存在因果关系、被告存在过错。跟进诉讼的特殊性在于，被告行为因被反垄断行政执法机构认定违法而被推定为“垄断行为”。原告应对涉案行为构成“垄断行为”提供初步证据，之后该构成要件的具体举证证明责任就转移给被告，由被告负责证明涉案行为不属于行政处罚所针对的行为。

（二）单独诉讼中民事诉讼与行政执法的衔接

“如果说在跟进诉讼中需要研究及解决的问题仅仅是法院是否承认反垄断执法机构的调查结论和处理决定的证据效力的话，那么在单独诉讼中需要研究及解决的问题则更为复杂。按照在反垄断民事诉讼中不设置行政前置程序的逻辑，无论有关反垄断执法机构是否已经受理当事人的申请并就所指控的垄断行为作出调查结论，只要相关当事人向法院提出反垄断民事诉讼，法院就应当受理。在法院处理反垄断执法机构尚未作出调查结论或处理决定的单独诉讼案件时，反垄断执法机构可能已经就同一反垄断行为启动调查程序，亦可能尚未启动调查程序。换言之,反垄断执法机构亦可能在法院处理该案件的过程中甚至作出判决后就同一涉嫌垄断的行为启动调查程序。它涉及到法院如何在此类案件的审理过程中听取反垄断执法机构的意见以及法院如何调取反垄断执法机构所掌握的证据等一系列问题。"[1]

单独诉讼关注的核心问题是,针对同一垄断行为,如果反垄断民事诉讼和反垄断行政执法同时进行,二者应如何协调?对此,除行政前置不被认可外,二者相互配合与衔接机制尚有待构建。例如,在2014年至2018年云南佩洛仕珠宝有限公司与昆明家乐福、原国家工商行政管理总局一系列纠纷中,原告认为被告不准原告的黄金饰品、黄金镶嵌珠宝饰品上柜销售,构成滥用市场支配地位,于2014年在民事诉讼中请求法院认定该行为违反《反垄断法》。最高人民法院于2017年在再审裁定书中认定,原告不能证明被告在相关市场具有市场支配地位并滥用市场支配地位。[2] 同时,原告又于2016年向反垄断行政执法机构投诉,反垄断行政执法机构认定该行为不构成滥用市场支配地位,后经行政复议、行政诉讼,北京市高级人民法院于2018年支持反垄断行政执法机构的决定。[3] 在这一系列案件中,诸如法院受理垄断民事案件后向反垄断执法机构查询、反垄断行政执法机构以第三人身份参与单独诉讼案件的审理、法院向反垄断行政执法机构调取证据等垄断民事诉讼与反垄断行政执法相互衔接的机制均有待构建。

(三)行政诉讼对行政执法的审查强度

我国《反垄断法》第53条规定:"对反垄断执法机构依据本法第二十八条、第二十九条作出的决定不服的,可以先依法申请行政复议;对行政复议决定不服的,可以依法提起行政诉讼。对反垄断执法机构作出的前款规定以外的决定不服的,可以依法申请行政复议或者提起行政诉讼。"

该规定为反垄断行政诉讼奠定制度基础,但并没有明确规定反垄断行政诉讼对行政执法的审查强度,即法院应当在多大程度上对行政决定进行审查。对

[1] 吴宏伟、闫卫军:《反垄断"单独诉讼"中法院与反垄断执法机构的协调问题》,载《河北学刊》2010年第5期。

[2] 参见云南佩洛仕珠宝有限公司、昆明家乐福超市有限公司租赁合同、垄断纠纷再审审查与审判监督案,最高人民法院(2017)最高法民申2850号民事裁定书。

[3] 参见云南佩洛仕珠宝有限公司与原国家工商行政管理总局履行法定职责及行政复议案,北京市高级人民法院(2018)京行终1499号行政判决书。

此,行政法学认为,法院在行政诉讼中只能对被诉行为是否合法予以审查。至于被诉行为是否合理、适当,原则上不属于法院的审查范围。“该原则是司法权有限性原则在行政诉讼制度中的体现。首先,就权力关系而言,行政诉讼涉及两种权力之间的关系,权力间的分工制衡决定了司法权的行使本身也应受到一定的限制,以防止对行政权的不当干预。其次,由于职能不同,行政机关和司法机关在机构设置、人员配备、能力结构等方面均不相同,各有所长。司法机关在法律问题之外的问题判断上不一定优于行政机关。为保障司法审查的权威性,对其加以限制是必要的和必需的。不过,对司法权的限制应该局限在什么范围,却没有一个统一、明确的标准,因国、因时而不同。总体来看,我国对司法权的限制过严,在我国法治状况进一步发展、完善之后,有必要予以适当放宽。”〔1〕具体到反垄断行政诉讼,法院对行政执法的审查强度尚未统一,有些案件进行实体性审查,有些案件则将审查重心放在程序是否合法上。

如前述裕泰案,无论是一审、二审还是再审,面对复杂的价格纵向垄断协议,法院并没有将自己限缩于程序性审查,而是对实体性问题展开论证并作出明确选择。尤其是在二审中,反垄断行政执法机构明确提出,本案为对反垄断行政执法的司法审查,应尊重反垄断执法机构的行政裁量权。鉴于反垄断法立法具有原则性,多处明文授权反垄断执法机关进行解释或认定。《反垄断法》的实施具有高度复杂专业性,并且涉及与经济发展、产业政策、竞争政策等协调问题。反垄断行政执法机构在本案中行政处罚的法律适用与我国反垄断的多年执法实践一致,也与多起已生效的反垄断司法审查案例一致。因此,在反垄断行政执法的司法审查中法院应尊重反垄断执法机关的首次判断权,实行司法自限,不以自己的判断代替反垄断执法机构的判断,只要反垄断执法机关裁量权在法律范围之内,一般司法不予干涉,尊重反垄断执法机构的行政裁量权。

反垄断行政执法机构的上述请求没有获得法院支持。二审和再审法院并未以“尊重首次判断权,实行司法自限”为由作出判决,而是对价格纵向垄断协议的违法性认定问题进行体系解释、立法目的解释等范围更广的论证和审查。

与裕泰案相比,在 2018 年上海海基业高科技有限公司等与原国家工商行政

---

〔1〕 杨建顺主编:《行政法总论》,中国人民大学出版社 2011 年版,第 317 页。

管理总局等再审案[1](以下简称海基业案)中,面对比价格纵向垄断协议更为复杂、影响更为显著的协同行为,法院却将重点放在程序合法性审查上,并未对协同行为是否存在问题作出详尽分析。

海基业案的争议焦点是,协同行为是否存在。反垄断行政执法机构认为,行政相对人与其他两家具有横向竞争关系的独立法人经营同种业务,本应依据法律规定和市场经济规则开展充分有序的市场竞争,却以涉案产品用户主管机关的行政限定为由,积极组织、实施划分销售对象来分割销售市场,违反了《反垄断法》第 13 条第 1 款"禁止具有竞争关系的经营者达成下列垄断协议"第 3 项"分割销售市场或者原材料采购市场"及《工商行政管理机关制止滥用行政权力排除、限制竞争行为的规定》(已失效)第 5 条"经营者不得从事下列行为"第 1 项"以行政机关和法律、法规授权的具有管理公共事务职能的组织的行政限定为由,达成、实施垄断协议和滥用市场支配地位"之规定,构成达成并实施垄断协议行为。

对此,再审法院认为,反垄断行政执法机构在发现涉案案件线索后即开展了相关调查,包括对行政相对人在内的 3 家企业涉嫌分割市场、固定销售价格、排除竞争的行为进行调查;对 3 家涉案企业及其相关人员开展调查核实;对涉案产品的用户进行核查等。通过调查核实,反垄断行政执法机构获取了包括代销(销售)协议、销售数量、销售对象、财务账目在内的大量证据材料。反垄断行政执法机构在前述调查程序结束后,在拟作出行政处罚前组织召开听证会,听取了包括行政相对人在内的 3 家涉案企业的陈述、申辩。反垄断行政执法机构在综合相关调查事实的基础上作出了被诉行政处罚,认定事实清楚,适用法律正确,相关处罚数额的计算结论亦无不妥,程序合法。原国家工商行政管理总局作出被诉复议决定的行政复议程序及结论亦符合行政复议法的相关规定。行政相对人提出撤销被诉行政处罚和被诉复议决定等诉讼请求缺乏事实及法律依据,一审法院判决驳回行政相对人的诉讼请求正确,二审法院予以维持并无不当,认定事实清楚,适用法律正确。

判断协同行为是否存在,是反垄断法中极为复杂的难题,需要综合考察是否

[1] 参见上海海基业高科技有限公司等与原国家工商行政管理总局等其他再审审查与审判监督案,北京市高级人民法院(2018)京行申 1421 号行政裁定书。

存在意思联络、相关市场界定、经营者数量、市场份额和市场集中度、产品差异化程度、市场透明度、市场进入壁垒、市场自身的成熟程度与创新能力等多种因素。[1] 对于这些因素，海基业案的再审法院没有进行深入论证，只是强调反垄断行政执法机构“依法展开调查”“获取大量证据材料”“召开听证会”“听取了行政相对人的陈述和申辩”“认定事实清楚”“程序合法”“行政复议程序及结论符合行政复议法的相关规定”。与裕泰案相比，海基业案再审法院的审查范围更加倾向于程序是否合法，而非协同行为是否存在这一实体性问题。因此，仅就裕泰案与海基业案而言，反垄断行政诉讼对行政执法的审查强度问题，仍有待探索和统一。

(四)实施指南在民事诉讼中的适用

实施指南是竞争法律规范的重要载体之一。司法实践中，实施指南已经被广泛适用于垄断纠纷，至于是否以及应当如何适用于与垄断相关的合同纠纷，还需进一步探索。

以与知识产权相关的反垄断问题为例，我国《反垄断法》第 55 条规定：“经营者依照有关知识产权的法律、行政法规规定行使知识产权的行为，不适用本法；但是，经营者滥用知识产权，排除、限制竞争的行为，适用本法。”在此基础上，2019 年《关于知识产权领域的反垄断指南》再次强调《反垄断法》应适用于知识产权领域，并明确表示经营者滥用知识产权排除、限制竞争的行为不是一种独立的垄断行为，应适用反垄断法的一般性规定进行考察，应当分析行为的特征和表现形式、界定相关市场、分析行为对市场竞争产生的排除限制影响、分析行为对创新和效率的积极影响。

实践中，与知识产权相关的反垄断争议，大多存在于合同纠纷中，直接援引的是原《合同法》，而不是《反垄断法》。1999 年《合同法》(已废止)第 329 条规定，非法垄断技术、妨碍技术进步或者侵害他人技术成果的技术合同无效。2020 年《民法典》在第 850 条规定，非法垄断技术或者侵害他人技术成果的技术合同无效。根据 2004 年颁布后于 2020 年修正的《关于审理技术合同纠纷案件适用法律若干问题的解释》第 10 条的规定，下列情形，属于《民法典》第 850 条所称

---

[1] 参见许光耀：《“经济学证据”与协同行为的考察因素》，载《竞争政策研究》2015 年第 1 期。

的“非法垄断技术”:(1)限制当事人一方在合同标的技术基础上进行新的研究开发或者限制其使用所改进的技术,或者双方交换改进技术的条件不对等,包括要求一方将其自行改进的技术无偿提供给对方、非互惠性转让给对方、无偿独占或者共享该改进技术的知识产权;(2)限制当事人一方从其他来源获得与技术提供方类似技术或者与其竞争的技术;(3)阻碍当事人一方根据市场需求,按照合理方式充分实施合同标的技术,包括明显不合理地限制技术接受方实施合同标的技术生产产品或者提供服务的数量、品种、价格、销售渠道和出口市场;(4)要求技术接受方接受并非实施技术必不可少的附带条件,包括购买非必需的技术、原材料、产品、设备、服务以及接收非必需的人员等;(5)不合理地限制技术接受方购买原材料、零部件、产品或者设备等的渠道或者来源;(6)禁止技术接受方对合同标的技术知识产权的有效性提出异议或者对提出异议附加条件。

司法实践面临的问题是,适用原《合同法》第 329 条或《民法典》第 850 条的合同纠纷,是否适用《关于知识产权领域的反垄断指南》所规定的分析方法。在潍坊中狮制药有限公司、北京益生同和医药科技发展有限公司技术转化合同纠纷案中,法院并未适用反垄断法的一般性规定去分析本案争议条款的有效性。2009 年 3 月,原告与被告,就药品临床研究开发和合作生产事宜签订《合作协议》,约定原告必须根据被告的指定渠道购买原材料。原告认为,根据最高人民法院《关于审理技术合同纠纷案件适用法律若干问题的解释》第 10 条第 3 款、第 4 款、第 5 款的规定,合作协议关于原告必须根据被告的指定渠道购买原材料的约定,属于原《合同法》第 329 条“非法垄断技术、妨碍技术进步或者侵害他人技术成果的技术合同无效”的规定,因此涉案合同无效。山东省高级人民法院认为,被告从保证药品质量的角度出发指定原材料的购买渠道,并非对原告作出的不合理限制行为,不属于最高人民法院《关于审理技术合同纠纷案件适用法律若干问题的解释》第 10 条第 3 款、第 4 款、第 5 款规定的情形,因此不适用原《合同法》第 329 条关于技术合同无效的规定。[1]

上述问题表面上是如何解释原《合同法》第 329 条或《民法典》第 850 条中

---

〔1〕 参见潍坊中狮制药有限公司、北京益生同和医药科技发展有限公司技术转化合同纠纷案,山东省高级人民法院(2019)鲁民终 1640 号民事判决书。

“非法垄断技术”,事实上却是原《合同法》第 329 条或《民法典》第 850 条如何与《反垄断法》相互衔接。这种衔接不仅涉及分析方法的改变,更涉及民事诉讼与行政执法的配合。随着《民法典》的实施,该问题亟待研究。

结 语

改革开放以来,市场竞争从无到有,逐步走向成熟,但也越发复杂、艰难。竞争法律实践对于总论的需求日益强烈,竞争法总论自身亟须进一步扩展、深化和创新。本书试着提出了一种融合历史与规范的竞争法总论,主要内容和实践建议可归纳为如下三个方面。

一、总论开示内含于法律实践中的理性

以反垄断和反不正当竞争为主体内容的竞争法律实践,核心价值目标是竞争。竞争是实现均衡的过程,同时具有激励创新的间接功能。调整宗旨是保障并促进竞争充分发挥作用。反垄断法保障竞争自身不被扭曲,反不正当竞争法促进竞争充分发挥其激励创新的间接作用。观察视角不是单纯孤立的、极具个性化的特定交易,而是整个经济运行体系。核心问题不是特定行为是否对他人实施经济强制,而是竞争是否遭受扭曲或阻碍。分析方法不是一般均衡分析,而是局部均衡分析,在具体操作中体现为 SCP 范式。实施模式并非以命令和控制为核心,而是以信任、交互和责任为核心。竞争法应当强化价值引领,运用 SCP 范式评估特定行为的效果,以实施指南和实施机制为抓手持续推进制度建设。

二、总论以立法上的总则为归宿

根据本书提出的这种竞争法总论,竞争法总则至少应明确如下五方面内容。

1. 凸显调整宗旨:保障并促进竞争充分发挥作用。我国《反垄断法》和《反不正当竞争法》第 1 条,应被整合、修改为:“为了预防和制止反竞争行为,保障并促进竞争,促进社会主义市场经济健康发展,制定本法。”

2. 明确调整对象:反竞争行为。我国《反垄断法》第 3 条、《反不正当竞争法》第 2 条和《价格法》第 14 条,应被整合、修改为:“本法规定的反竞争行为包括:(一)经营者达成垄断协议;(二)经营者滥用市场支配地位;(三)具有或者可能具有排除、限制竞争效果的经营者集中;(四)经营者实施违反法律或商业道德的不正当竞争行为。”

3. 协调市场竞争与宏观调控的关系:建立公平竞争审查制度。我国《反垄断法》第 4 条应在“国家制定和实施与社会主义市场经济相适应的竞争规则,完善宏观调控,健全统一、开放、竞争、有序的市场体系”的规定之后,增设一款规定:“国家建立公平竞争审查制度,由全国人民代表大会常务委员会组织实施。”

4. 强化竞争法的实施机构:设置国务院竞争委员会。我国《反垄断法》第 9 条应融入反不正当竞争的内容,修改为:“国务院设立竞争委员会,负责组织、协调、指导反垄断和反不正当竞争工作,履行下列职责:(一)研究拟订有关竞争政策;(二)组织调查、评估市场总体竞争状况,发布评估报告;(三)制定、发布反垄断和反不正当竞争指南;(四)协调反垄断和反不正当竞争行政执法工作;(五)国务院规定的其他职责。国务院竞争委员会的组成和工作规则由国务院规定。”

5. 确立认定反竞争行为的分析框架:通过强调相关市场界定落实 SCP 范式。在我国《反垄断法》第 12 条第 2 款“本法所称相关市场,是指经营者在一定时期内就特定商品或者服务(以下统称商品)进行竞争的商品范围和地域范围”的基础上,2009 年国务院反垄断委员会《关于相关市场界定的指南》第 2 条第 1 句“任何竞争行为(包括具有或可能具有排除、限制竞争效果的行为)均发生在一定的市场范围内”应被修改为:“任何行为(包括具有或可能具有排除、限制竞争效果的行为),是否具有反竞争效果,原则上应在特定市场范围内进行评估。”

三、总论有待分论予以落实

竞争法总论只是一个起步,需要被扩展为竞争法分论注入反垄断、反不正当竞争和公平竞争审查等具体制度中。但必须强调的是,本书关于总论的研究主要以经济学为基础,透过经济学的缘起和演进,凝练竞争的内涵、功能和分析方法。但这并不意味着竞争法分论关于特定行为的研究必须或只能沿用经济学分析。对于竞争法律实践而言,经济学最为重要的贡献在于,强化价值引领,统一观察视角,聚焦有待研究的具体社会现象,阐明分析框架,进而为论辩各方相互合作提供预设前提,使法律解释成为可能。在探索个案纠纷的解决方案时,竞争法分论应当始终站在落实国家经济职能的立场,在法律程序的保障下,运用包括经济学分析、判例分析、比较法研究等在内的各种论证方法进行充分论辩。而若想做到这一点,除了掌握经济学的基本知识之外,竞争法分论还是得提升自身的法学素养,尤其是理解和把控法理、宪法、行政法和民法的能力,更要通过竞争法律实践积极推进《反垄断法》《反不正当竞争法》与《宪法》《民法典》《行政诉讼法》《行政处罚法》《行政强制法》之间的深度融合,努力推动"竞争法典"的制定。

主要参考文献

(一)中文专著

[1]曹康泰主编:《中华人民共和国反垄断法解读——理念、制度、机制、措施》,中国法制出版社 2007 年版。

[2]陈秀山:《现代竞争理论与竞争政策》,商务印书馆 1997 年版。

[3]国家工商行政管理总局公平交易局、中国社会科学院国际法学研究中心编著:《反垄断典型案例及中国反垄断执法调查》,法律出版社 2007 年版。

[4]胡康生主编:《〈中华人民共和国反不正当竞争法〉释义》,法律出版社 1994 年版。

[5]孔祥俊:《反不正当竞争法新原理》(原论),法律出版社 2019 年版。

[6]孔祥俊:《反不正当竞争法新原理》(总论),法律出版社 2019 年版。

[7]孔祥俊:《反不正当竞争法新原理》(分论),法律出版社 2019 年版。

[8]全国人大常委会法制工作委员会经济法室编:《中华人民共和国反垄断法条文说明、立法理由及相关规定》,北京大学出版社 2007 年版。

[9]沈越:《德国社会市场经济探源——多种经济理论的综合产物》,北京师范大学出版社 1999 年版。

[10]王瑞贺主编:《中华人民共和国反不正当竞争法解读》,中国法制出版社 2017 年版。

[11]王艳林等主编:《竞争法导论》,中国地质大学出版社 1992 年版。

[12]王艳林:《中国经济法理论问题——探求经济法走向成熟的思考与评论》,中国政法大学出版社 2001 年版。

[13]王艳林主编:《竞争法评论》(第 1 卷),中国政法大学出版社 2005 年版。

[14]文海兴、王艳林:《市场秩序的守护神——公平竞争法研究》,贵州人民出版社1995年版。

[15]吴汉洪:《西方寡头市场理论与中国市场竞争立法》,经济科学出版社1998年版。

[16]吴汉洪:《垄断经济学》,经济日报出版社2008年版。

[17]吴汉洪编著:《产业组织理论》(第2版),中国人民大学出版社2018年版。

[18]吴宏伟:《竞争法有关问题研究》,中国人民大学出版社2000年版。

[19]吴敬琏:《中国经济改革进程》,中国大百科全书出版社2018年版。

[20]许光耀:《垄断协议的反垄断法调整》,人民出版社2018年版。

[21]许光耀:《支配地位滥用行为的反垄断法调整》,人民出版社2018年版。

[22]徐国栋:《民法总论》,高等教育出版社2007年版。

[23]闫茂旭:《中国共产党经济思想史》,中共党史出版社2021年版。

[24]杨建顺:《行政规制与权利保障》,中国人民大学出版社2007年版。

[25]郑成思:《知识产权论》(第3版),法律出版社2003年版。

[26]周枏:《罗马法原论》,商务印书馆1994年版。

[27][英]阿瑟·刘易斯:《经济增长理论》,郭金兴等译,机械工业出版社2015年版。

[28][美]奥利弗·E.威廉姆森、[美]西德尼·G.温特编:《企业的性质——起源、演变与发展》,姚海鑫、邢源源译,商务印书馆2017年版。

[29][美]戴维·J.格伯尔:《二十世纪欧洲的法律与竞争》,冯克利、魏志梅译,中国社会科学出版社2004年版。

[30][德]迪特儿·格林:《现代宪法的诞生、运作和前景》,刘刚译,法律出版社2010年版。

[31][德]迪特尔·梅迪库斯:《德国民法总论》,邵建东译,法律出版社2001年版。

[32][德]弗朗茨·维亚克尔:《近代私法史——以德意志的发展为观察重点》,陈爱娥、黄建辉译,上海三联书店2006年版。

[33][美]哈里·兰德雷斯、[美]大卫·C. 柯南德尔:《经济思想史》(第4版),周文译,人民邮电出版社2014年版。

[34][荷]亨利·W. 狄雍、[美]威廉·G. 谢泼德主编:《产业组织理论先驱——竞争与垄断理论形成和发展的轨迹》,蒲艳等译,经济科学出版社2010年版。

[35][德]霍尔斯特·海因里希·雅科布斯:《十九世纪德国民法科学与立法》,王娜译,法律出版社2003年版。

[36][德]卡尔·拉伦茨:《德国民法通论》,王晓晔等译,法律出版社2003年版。

[37][美]凯斯·R. 孙斯坦:《法律推理与政治冲突》,金朝武等译,法律出版社2004年版。

[38][瑞典]拉尔斯·马格努松主编:《重商主义经济学》,王根蓓、陈雷译,上海财经大学出版社2001年版。

[39][英]理查德·麦尔文·黑尔:《道德语言》,万俊人译,商务印书馆1999年版。

[40][德]罗尔夫·克尼佩尔:《法律与历史——论〈德国民法典〉的形成与变迁》,朱岩译,法律出版社2003年版。

[41][德]马克斯·韦伯:《社会科学方法论》,李秋零、田薇译,中国人民大学出版社1999年版。

[42][德]马克西米利安·福克斯:《侵权行为法》,齐晓琨译,法律出版社2006年版。

[43][美]迈克尔·艾伦·吉莱斯皮:《现代性的神学起源》,张卜天译,湖南科学技术出版社2019年版。

[44][美]曼昆:《经济学原理:微观经济学分册》(第7版),梁小民、梁砾译,北京大学出版社2015年版。

[45][意]桑德罗·斯契巴尼选编:《契约之债与准契约之债》,丁玫译,中国政法大学出版社1998年版。

[46][美]小罗伯特·B. 埃克伦德、[美]罗伯特·F. 赫伯特:《经济理论和方法史》(第4版),杨玉生等译,中国人民大学出版社2001年版。

[47][法]雅克·盖斯坦、[法]吉勒·古博:《法国民法总论》,陈鹏等译,法律出版社 2004 年版。

[48][英]约翰·希克斯:《经济史理论》,厉以平译,商务印书馆 1987 年版。

[49][美]詹姆斯·戈德雷:《现代合同理论的哲学起源》,张家勇译,法律出版社 2006 年版。

(二)英文专著

[1]Aulis Aarnio, *Essays on the Doctrinal Study of Law*, Springer, 2011.

[2]Edward S. Mason, *Economic Concentration and the Monopoly Problem*, Atheneum, Reprinted by arrangement with Harvard University Press, 1964.

[3] Hans B. Thorelli, *The Federal Antitrust Policy: Origination of an American Tradition*, The Johns Hopkins Press, 1955.

[4] James M. Landis, *The Administrative Process*, Yale University Press, 1938.

[5]John Perry Miller, *Unfair Competition: A Study in Criteria for the Control of Trade Practice*, Harvard University Press, 1941.

[6]Kenneth Dennis, "*Competition*" *in the History of Economic Thought*, Arno Press, 1977.

[7]Lars Magnusson, *Mercantilism: The Shaping of an Economic Language*, Routledge, 1994.

[8] Lefteris Tsoulfidis, *Competing Schools of Economic Thought*, Springer, 2010.

[9]Neil Hart, *Equilibrium and Evolution: Alfred Marshall and Marshallians*, Palgrave Macmillan, 2012.

[10]Neil Hart, *Alfred Marshall and Modern Economics: Equilibrium Theory and Evolutionary Economics*, Palgrave Macmillan, 2013.

[11] Odd Langholm, *The Legacy of Scholasticism in Economic Thought: Antecedents of Choice and Power*, Cambridge University Press, 1998.

[12] Steven J. Jensen, *Knowing the Natural Law: from Precepts and Inclinations to Deriving Oughts*, The Catholic University of Amercia Press, 2015.

(三)中文论文

[1]刘戒骄、张小筠、王文娜:《新中国70年产业组织政策变革及展望》,载《经济体制改革》2019年第3期。

[2]胡颖廉:《"中国式"市场监管:逻辑起点、理论观点和研究重点》,载《中国行政管理》2019年第5期。

[3]黄武双:《不正当竞争的判断步骤》,载《科技与法律》2021年第3期。

[4]王晓晔:《竞争法中的自由竞争与公平竞争》,载王先林主编:《安徽大学法律评论》(总第8期),安徽大学出版社2005年版。

[5]王学政:《对竞争立法模式的比较研究》,载《中国法学》1997年第5期。

[6]王学政:《中国反不正当竞争法的理论与立法经验》,载《中国工商管理研究》1998年第11期。

[7]王艳林:《市场交易的基本原则——〈中国反不正当竞争法〉第2条第1款释论》,载《政法论坛》2001年第6期。

[8]王艳林、李彬:《中国竞争法基本范畴的确立及其对立法的意义——兼评〈中华人民共和国反垄断法〉草案的修改》,载《河南省政法管理干部学院学报》2005年第1期。

[9]王艳林:《论反不正当竞争法向统一竞争法修改的取向——兼评〈反不正当竞争法修订草案〉隐含的新冲突》,载《法治研究》2016年第6期。

[10]王艳林、金玉琴、蔡妤荻:《地方标准改革与标准化法修改完善》,载《质量探索》2017年第3期。

[11]吴汉洪、安劲萍:《经济学中的比较静态分析》,载《湖北经济学院学报》2005年第2期。

[12]吴汉洪:《西方产业组织理论在中国的引进及相关评论》,载《政治经济学评论》2019年第1期。

[13]吴宏伟:《试论我国行政性垄断及其消除对策》,载《法学家》2000年第6期。

[14]吴宏伟:《论竞争法的基本原则》,载《法学家》2001年第2期。

[15]吴宏伟:《论竞争法的政策功能》,载《中国人民大学学报》2001年第2期。

[16]吴宏伟:《我国反垄断法与产业政策、竞争政策目标》,载《法学杂志》2005年第2期。

[17]吴宏伟、魏炜:《论反垄断法的价值目标》,载《法学家》2005年第3期。

[18]吴宏伟:《法益目标:我国〈反垄断法〉实施之灵魂》,载《江西社会科学》2008年第7期。

[19]吴宏伟、闫卫军:《论反垄断执法机构的行政决定在反垄断"跟进诉讼"程序中的效力》,载《新疆社科论坛》2010年第5期。

[20]吴宏伟、闫卫军:《反垄断"单独诉讼"中法院与反垄断执法机构的协调问题》,载《河北学刊》2010年第5期。

[21]吴宏伟、谭袁:《保护竞争而不保护竞争者?——对主流反垄断法观点的审视》,载《北方法学》2013年第4期。

[22]吴宏伟、董笃笃:《中国竞争法行政责任的类型化研究》,载《法治研究》2013年第11期。

[23]吴宏伟、董笃笃:《中国反垄断民事诉讼制度的回顾与展望》,载《河南财经政法大学学报》2015年第2期。

[24]徐国栋:《公平与价格—价值理论——比较法研究报告》,载《中国社会科学》1993年第6期。

[25]徐国栋:《罗马经济法研究》,载《现代法学》2015年第1期。

[26]叶一舟:《"公认的商业道德"的属性及其司法适用的反思》,载王利明主编:《判解研究》(总第77辑),人民法院出版社2017年版。

[27]于连超:《标准支撑法律实施:比较分析与政策建议》,载《求是学刊》2017年第4期。

[28]朱虎:《规制性规范与侵权法保护客体的界定》,载《清华法学》2013年第1期。

[29]朱虎:《规制性规范、侵权法和转介条款》,载《中共浙江省委党校学报》2014年第3期。

[30][意]法布里奇奥·齐利博蒂:《中国式增长及减速》,余江译,载吴敬琏主编:《比较》(总第93辑),中信出版集团2017年版。

[31][德]卡尔·拉伦茨:《私法的重构》,魏曦岚、韦冠鹏译,载张双根等主

编:《中德私法研究》(总第10卷),北京大学出版社2014年版。

[32][德]门策:《反垄断法:从芝诺敕令到德意志神圣罗马帝国的立法和判例》,载徐国栋主编:《罗马法与现代民法》第6卷,厦门大学出版社2008年版。

[33][美]乔治·J. 施蒂格勒:《垄断竞争回顾》,载乔治·J. 施蒂格勒:《产业组织》,王永钦、薛锋译,格致出版社、上海人民出版社2018年版。

[34][英]萨·霍兰德:《萨·霍兰德的〈关于公平价格的解释〉》,吴奎罡、李庆德译,傅举晋、吴奎罡校,载巫宝三主编:《欧洲中世纪经济思想资料选辑》,傅举晋等编译,商务印书馆1998年版。

(四)英文论文与报告

[1] A. P. Lerner, *The Concept of Monopoly and the Measurement of Monopoly Power*, The Review of Economic Studies, Vol. 1:3, 1934.

[2] Almarin Phillips and Rodney E. Stevenson, *The Historical Development of Industrial Organization*, History of Political Economy, Vol. 6:3, 1974.

[3] Amos Witztum, *Interdependence, The Invisible Hand, and Equilibrium in Adam Smith*, History of Political Economy, Vol. 42:1, 2010.

[4] Brian J. Loasby, *Market Institutions and Economic Evolution*, Journal of Evolutionary Economics, Vol. 10, 2000.

[5] Brian J. Loasby, *Cognition and Market*, in Stan Metcalfe and Alan Warde ed., Market Relations and the Competitive Process, Manchester University Press, 2002.

[6] Brian J. Loasby, *Industrial Organization*, in Raffaelli T., Becattini G. & Dardi M. eds., The Elgar Companion to Alfred Marshall, Edward Elgar Publishing Ltd., 2006.

[7] Carl J. Dahlman, *The Problem of Externality*, Journal of Law and Economics, Vol. 22:1, 1979.

[8] Dani Rodik, *Growth Strategies*, in Philippe Aghion and Steven N. Durlauf eds., Handbook of Economic Growth, Volume 1A, Elseriver B. V., 2005.

[9] Edward S. Mason, *Monopoly in Law and Economics*, Yale Law Journal,

Vol. 47:1, 1937.

[10] Edward S. Mason, *Price and Production Policies of Large-Scale Enterprise*, The American Economic Review, Vol. 29:1, Supplement, Papers and Proceedings of the Fifty-first Annual Meeting of the American Economic Association, 1939.

[11] G. B. Richardson, *Adam Smith on Competition and Increasing Returns*, in Andrew S. Skinner and Thomas Wilson ed., Essays on Adam Smith, Clarendon Press, 1975.

[12] HLA Hart, *The New Challenge to Legal Positivism* (1979), Oxford Journal of Legal Studies, Vol. 36:3, 2016.

[13] John W. Baldwin, *The Medieval Theories of the Just Price: Romanists, Canonists, and Theologians in the Twelfth and Thirteenth Centuries*, Transactions of the American Philosophical Society, Vol. 49:4, 1959.

[14] J. S. Metcalfe and R. Ramlogan, *Competition and the Regulation of Economic Development*, The Quarterly Review of Economics and Finance, Vol. 45, 2005.

[15] J. Stanley Metcalfe, *Alfred Marshall's Mecca: Reconciling the Theories of Value and Development*, The Economic Record, Vol. 83, Special Issue, 2007.

[16] Joseph Schumpeter, *The Instability of Capitalism*, in Richard V. Clemence ed., Essays on Entrepreneurs, Innovations, Business Cycles and the Evolution of Capitalism, Routledge, 1989.

[17] Julia Black, *Decentring Regulation: Understanding the Role of Regulation and Self Regulation in a Post-Regulatory World*, Current Legal Problems, Vol. 54:1, 2001.

[18] Julia Black, *Critical Reflections on Regulation*, Australian Journal of Legal Philosophy, Vol. 27, 2002.

[19] Julia Black, *Forms and Paradoxes of Principles Based Regulation*, Capital Markets Law Journal, Vol. 3:4, 2008.

[20] Julia Black, *The Rise, Fall and Fate of Principles Based Regulation*, in

Kern Alexander and Niamh Moloney eds. , Law Reform and Financial Markets, Edward Elgar Publishing Ltd. , 2011.

[21]Lawrence Lessig, *The Law of the Horse*: *What Cyberlaw Might Teach*, Harvard Law Review, Vol. 113:2, 1999.

[22] Nicos Stavropoulos, *Why Principles*, University of Oxford Faculty of Law Legal Studies Research Paper Series Working Paper No. 28/2007.

[23] OFT, *Innovation and Competition Policy*, *Part I-Conceptual Issues*, OFT377, March 2002.

[24] OFT, *Market Definition*: *Understanding Competition Law*, OFT403, December 2004.

[25] OFT, *What does Behavioral Economics Mean for Competition Policy*?, OFT1224, March 2010.

[26] OFT, *Competition and Growth*, OFT1390, November 2011.

[27]Paul J. McNulty, *On the Nature of Theory of Economic Organization*: *the Role of the Firm Reconsidered*, History of Political Economy, Vol. 16:2, 1984.

[28] Raymond de Roover, *The Concept of the Just Price*: *Theory and Economic Policy*, The Journal of Economic History, Vol. 18:4, 1958.

[29] Steven Tadelis and Oliver Williamson, *Transaction Cost Economics*, (March 12, 2012), https://ssrn.com/abstract=2020176.

[30] Tiziano Raffaelli, *The General Pattern of Marshallian Evolution*, Evolutionary and Institutional Economics Review, Vol. 4, 2008.

[31]William L. Letwin, *The English Common Law concerning Monopolies*, The University of Chicago Law Review, Vol. 21:3, 1954.

[32]William L. Letwin, *Congress and the Sherman Antitrust Law*: 1887 - 1890, University of Chicago Law Review, Vol. 23:2, 1955.

(五)案例

[1]意大利费列罗公司诉蒙特莎(张家港)食品有限公司、天津经济技术开发区正元行销有限公司不正当竞争纠纷案,最高人民法院指导案例 47 号(2015)。

[2]华为与 IDC 滥用市场支配地位纠纷案,广东省深圳市中级人民法院(2011)深中法知民初字第 858 号民事判决书,广东省高级人民法院(2013)粤高法民三终字第 306 号民事判决书。

[3]北京奇虎科技有限公司、奇智软件(北京)有限公司与腾讯科技(深圳)有限公司、深圳市腾讯计算机系统有限公司不正当竞争纠纷案,广东省高级人民法院(2011)粤高法民三初字第 1 号民事裁定书,最高人民法院(2012)民三终字第 3 号民事裁定书,广东省高级人民法院(2011)粤高法民三初字第 1 号民事判决书,最高人民法院(2013)民三终字第 5 号民事判决书。

[4]金某与江苏省广播电视总台、深圳市珍爱网信息技术有限公司侵害商标权纠纷案,广东省深圳市南山区人民法院(2013)深南法知民初字第 208 号民事判决书,广东省深圳市中级人民法院(2015)深中法知民终字第 927 号民事判决书。

[5]广东加多宝饮料食品有限公司与广州王老吉大健康产业有限公司擅自使用知名商品特有包装装潢纠纷系列案,广东省高级人民法院(2013)粤高法民三初字第 1 号民事判决书,最高人民法院(2015)民三终字第 2 号民事判决书;广东省高级人民法院(2013)粤高法民三初字第 2 号民事判决书,最高人民法院(2015)民三终字第 3 号民事判决书。

[6]高通滥用市场支配地位案,国家发展和改革委员会发改办价监处罚〔2015〕1 号行政处罚决定书。

[7]利乐滥用市场支配地位案,原国家工商行政管理总局工商竞争案字〔2016〕1 号行政处罚决定书,竞争执法公告 2016 年 10 号。

[8]吴某与陕西广电滥用市场支配地位纠纷案,最高人民法院指导案例 79 号(2017 年)。

[9]高邮市通源油运有限公司与泰州石油化工有限责任公司、中国石油化工股份有限公司滥用市场支配地位纠纷案,江苏省南京市中级人民法院(2015)宁知民初字第 147 号民事判决书,江苏省高级人民法院(2016)苏民终 282 号民事判决书,最高人民法院(2017)最高法民申 2531 号民事裁定书。

[10]海南省物价局与海南裕泰科技饲料有限公司纵向价格协议行政诉讼再审案,最高人民法院(2018)最高法行申 4675 号行政裁定书。

附　录

附录一：公平交易法（征求意见稿）及起草说明（工商法函字〔1993〕第47号）

公平交易法（征求意见稿）

第一章　总　　则

第一条　为维护社会主义市场经济秩序，确保公平竞争，保护经营者、消费者的合法权益，促进国民经济的健康发展，制定本法。

第二条　在中华人民共和国境内从事市场交易的经营者，均必须遵守本法，诚实信用，公平竞争。

虽非经营者，但其行为却对公平交易造成影响，本法有规定的，适用本法。

凡本法未作规定或未作具体规定的，适用其他有关法律的规定。

第三条　本法所称经营者，指从事市场交易的所有经济组织和个人。经济组织包括企业法人和非企业法人组织。以促进市场交易为目的设立的行业和非行业性的组织，视同经营者。

与经营者进行交易的商品或服务的供给者或需求者为交易相对人。

第四条　执行本法的主管机关是国家工商行政管理机关（以下简称主管机关），本法或其他法律另有规定的除外。

第二章　不公平交易

第五条　经营者不得采用欺诈手段从事交易。本法所称采用欺诈手段从事交易，包括：

一、擅自使用他人特有的商品或服务（以下简称商品）的名称、企业名称或标记；

二、仿冒他人特有的商品名称、包装、装潢、商标或标记；

三、在商品上隐匿应标明的商品质量、制作成分、性能、用途、生产者、生产日期、有效期限、产地、来源等，或者对此作虚假、混淆的表示；

四、欺骗性的价格表示；

五、谎称有奖，或故意让内部人员中奖的欺骗性有奖销售；

六、制造、销售商品数量短缺、掺杂使假；

七、无实际供货能力而诈收货款；

八、其他不真实并损害经营者、消费者利益的行为。

第六条 经营者不得采用强迫手段从事交易。

本法所称采用强迫手段从事交易，包括：

一、用胁迫或其他强制方法与交易相对人进行交易；

二、用胁迫或其他强制方法安排他人之间进行交易；

依照国家法律、行政法规所进行的专营、专卖行为不适用前款规定。

第七条 经营者不得囤积居奇，控制销售，阻碍正常的市场流通。

经国家行政机关批准的行为，以及不影响市场正常供应的购、储行为，不适用前款规定。

第八条 经营者不得在供应或购买商品时，以供应或购买其他商品为条件，或附加其他不合理的条件。

第九条 经营者不得欺行霸市，采用不正当手段，损害竞争对手的利益。

本法所称采用不正当手段损害竞争对手的利益，包括：

一、恶意诋毁、贬低竞争对手的商业信誉、商品声誉；

二、采用胁迫、利诱或其他不正当方法，促使他人不与自己的竞争对手交易，或者阻碍他们之间建立正常的交易关系；

三、采用胁迫、利诱或其他不正当方法，促使竞争对手回避或者放弃与自己之间的正常竞争；

四、采用不正当竞争方法制造困难，妨碍竞争对手的正常经营活动；

五、以将竞争对手排挤出市场或给竞争对手制造困难为目的,高价购买或低价销售商品。

第十条 经营者不得侵犯他人商业秘密。

本法所规定商业秘密,是指非公开的、能为权利人带来经济利益和竞争优势的资料,包括独特的配方、工艺流程、销售方法等。

虽未进行市场交易,但依本法已侵犯他人商业秘密的组织和个人,视同经营者。

本法所称侵犯他人商业秘密,包括:

一、采用胁迫、利诱或其他不正当方法获取他人商业秘密;

二、自己使用或允许他人使用非法获取的商业秘密;

三、未经权利人许可,擅自泄露或允许他人使用其商业秘密。

下列行为不适用前款规定:

一、依照法律、行政法规实施的行为;

二、因权利人过失造成的商业秘密泄露和被使用。

第十一条 经营者不得以促销为目的,利用广告或其他可以使公众得知的方法,对商品的质量、性能、制作成分、用途、有效期限、生产者、产地、来源等作虚假宣传。

制作、设计、代理者在明知或应知的情况下,仍制作、设计或代理虚假广告,应负连带损害赔偿责任。

广告经营者在明知或应知的情况下,仍发布虚假广告,也应负连带损害赔偿责任。

本法所规定的虚假宣传和虚假广告,指可导致他人误购的事实和状态。

第十二条 经营者不得采用贿赂手段进行交易。

本法所称采用贿赂手段,包括:

一、以商品价款之外的金钱、物品或其他利益为利诱推销商品的;

二、以商品价款之外的金钱、物品或其他利益为条件购买商品的。

不违反国家规定并通过合同约定取得或给付的佣金、回扣不适用前款规定。

第十三条 经营者不得采用巨额有奖销售手段从事交易。

单项奖品额超过十万元的,为巨额有奖销售。

第十四条 经营者不得采取联合行为,损害其他竞争对手的利益。

本法所称采取联合行为,包括:

一、限定价格或其他不合理的销售条件;

二、串通投标;

三、划定市场或顾客;

四、限定产量或销售量,包括进行配额限定;

五、联合拒绝购买;

六、联合拒绝销售。

但有下列情形之一,而有利于整体经济与公共利益的,不在此限:

一、为降低成本,改进质量,而统一商品规格或共同研究开发商品或市场的;

二、为促进生产经营,而优化组合进行专业化发展的;

三、为确保或促进出口,而专就参与国外市场竞争予以约定的;

四、为国内市场发展,而就国外商品进口采取共同行为的;

五、为适应市场变化,解决销售严重下降,生产明显过剩而采取共同行为的。

第十五条 禁止以地方政府或其职能部门的名义控制外地商品进入本地市场或者本地商品进入外地市场。

第十六条 禁止滥设关卡,违法检查、扣留、处分商品。

第十七条 禁止以审批价格或检测商品质量、卫生等标准为名实行歧视,给外地商品在本地市场竞争制造困难。前款不适用于为确保地方的安全、卫生健康而采取的措施。

第三章 监督与检查

第十八条 国家鼓励、支持、保护经营者与消费者监督不公平交易。

社会舆论对不公平交易进行监督受国家法律保护。

第十九条 主管机关可依利益受损害当事人的请求查处不公平交易行为。

前款行为主管机关也可依其职权为之。

第二十条 主管机关依本法查处不公平交易行为,不受任何组织和个人的非法干预。

第二十一条 主管机关依本法查处不公平交易行为时,可行使下列职权:

一、调查不公平交易行为以及与之有关的活动；

二、询问不公平交易行为人、关系人、证明人，要求提供说明及证明材料；

三、查询、复制、扣留与不公平交易有关的协议、账册、单据、文件、记录、业务函电和其他资料；

四、检查与不公平交易行为有关的财务，必要时可以采取查封、扣押和冻结银行存款等行政强制措施。

第二十二条 主管机关依照本法行使监督检查职权时，不公平交易行为人、关系人必须如实提供有关情况。

第四章 法律责任

第二十三条 违反第五条规定的，由主管机关责令停止违法行为，消除违法后果或影响，没收违法所得，并可根据情节并处相当于非法经营额一倍或非法所得三倍以下的罚款。情节严重的，还可责令停业整顿或吊销营业执照。

第二十四条 违反第六条、第七条、第八条、第九条规定的，由主管机关责令停止违法行为，消除违法后果或影响，并可根据情节并处十万元以下的罚款。情节严重的，还可责令停业整顿或吊销营业执照。

第二十五条 违反第十一条第一款的，由主管机关责令停止违法行为，消除违法后果或影响，并可根据情节并处相当于广告费五倍以下的罚款。

对明知或应知虚假仍制作、设计、代理、发布广告者，根据情节，比照前款规定予以处罚。

第二十六条 违反第十二条规定的，由主管机关没收非法所得，并可根据情节对交易双方及介绍贿赂者分别处以相当于非法所得额三倍以下的罚款。

第二十七条 违反第十三条规定的，由主管机关责令停止违法行为，并可根据情节并处相当于违法奖售额一倍以下的罚款。情节严重的，还可限令三年内不得进行有奖销售。

第二十八条 违反第十四条规定的，由主管机关责令停止违法行为，并可根据情节，并处十万元以下的罚款。

第二十九条 违反第十五条规定致损害他人公平交易的，行为人的上一级工商行政管理机关可根据受害人的告诉或依职权进行调查，并依据《宪法》第六十七条、第八十九条、第一百零四条、第一百零八条的规定,报各有关部门处理。

第三十条 违反第十六条、第十七条规定致损害他人公平交易的,由受害人依行政诉讼程序请求消除。

第三十一条 违反第十条规定,致侵犯他人商业秘密的,由受害人依民事诉讼程序追究民事责任。

违反本法其他各条规定,致使他人利益受损害的,受害人均有权依民事诉讼程序请求赔偿。

第三十二条 主管机关依本法所作行政行为,有权予以公告。

前款公告限于国家、省级主管机关。

第三十三条 违反本法规定,情节严重,触犯刑律构成犯罪的,由司法机关依法追究刑事责任。

第三十四条 被处罚人对主管机关的处罚决定不服的,可以在处罚决定通知送达之日起十五天内向上一级主管机关申请复议。上级主管机关应当在收到复议申请之日起六十天内作出复议决定。被处罚人对复议决定不服的,可以在复议决定通知送达之日起十五天内向人民法院起诉。

第三十五条 被处罚人在处罚决定通知送达之日起十五天内未申请复议,或在复议决定通知送达之日起十五天内未向人民法院起诉,又拒绝履行处罚决定的,主管机关可以按照法定程序通知其开户银行划拨罚没款项,或强行收缴其等值财物,变价抵缴。

第五章 附　　则

第三十六条 本法授权国务院根据需要制定实施细则。

第三十七条 本法授权主管机关根据需要制定单项实施规定。

第三十八条 本法自一九九　年　月　日起施行。

《公平交易法(征求意见稿)》起草说明

根据全国人大的立法计划,在全国人大有关机关和国务院法制局的指导下,在部分法学专家和各有关部门的积极协助下,国家工商行政管理局组织起草了

《公平交易法(征求意见稿)》。现就此稿作如下说明。

一、关于制定《公平交易法》的必要性

竞争,是市场经济最基本的运行机制。竞争作用的正常发挥,需要一种公平交易秩序,而竞争本身并不能自然而然地形成这种公平交易秩序,相反,各种不公平竞争行为往往造成对交易秩序的严重破坏,影响了市场经济的健康发展。因此,凡是实行市场经济的国家,无论其政治与社会制度如何,都把规范竞争的公平交易法律制度作为自己最基本的经济法律制度之一。事实证明,这类法律制度对于保障这些国家经济的正常发展确实起到了非常重要的作用。

党的十四大确定了我国经济体制改革的目标是建立社会主义市场经济体制。社会主义市场经济与资本主义市场经济相比,虽然有社会条件方面的本质区别,但仍具有市场经济的一般共性,市场活动中同样不可避免地存在不公平竞争行为,也同样需要建立维护公平交易秩序的法律制度。此稿中列举的各类不公平交易行为,已不是我国现实经济生活中的个别偶发现象,而是普遍的、经常的或大量出现的行为,其中有些严重地损害了其他经营者和广大消费者的利益,已对我国经济和社会的发展造成了很大的危害。对外贸易中的一些不公平交易行为,损害了我国或外国经营者的利益,对我国进一步扩大对外开放造成了消极的影响。

虽然改革开放十余年来,我国经济立法已取得了很大的成就,但到目前为止,规范市场行为的法律还极不完备,有关公平交易的规定,分散在各部门的法律、法规和规章中,缺乏系统性,而且相当一部分程度不同地带有计划经济体制的色彩。这样的立法现状已经明显地不适应社会主义市场经济发展的需要了。

总之,制定《公平交易法》,符合市场经济国家的立法惯例,对于确立和完善我国市场法律制度,制止不公平竞争,保护诚实经营者和消费者的合法权益,维护正常的市场交易秩序,都是十分必要和迫切的;而且,它将成为我国市场法律体系中规范市场行为的一项最基本的法律;它适应当前规范市场交易秩序的迫切需要,但并不仅仅是当前一个时期或某个经济领域的应急性立法,而是关系到发展社会主义市场经济全局的一项长时期、战略性的立法,应该尽快制定实施。党中央及党中央、国务院领导同志在颁发的正式文件及重要讲话中,均提出要加

速制订市场交易规则法律，这也是我们抓紧制定此法的重要依据。

二、关于《公平交易法》的名称和体例

由于社会制度、基本国情、法律文化传统以及制定法律的国际环境、时间早晚的不同等诸方面因素的影响，各国家和地区在有关公平交易法的立法形式上存在很大的差异，大致可分为三种做法：一是对不公平交易中的垄断（含限制竞争）和不正当竞争分别立法，形式上表现为反垄断法和反不正当竞争法两部并行的基本立法以及其他配套法律，如德国和日本的立法；二是将垄断和不正当竞争统一规定于一部法律之中，如匈牙利 1990 年的《反不正当竞争法》和我国台湾地区制定的"公平交易法"；三是对垄断行为和不正当竞争行为不作明确划分，也没有专门的反不正当竞争法，而是以若干专项法规和判例调整各种不公平交易行为，如美国和英国的立法。

1992 年，我们根据全国人大立法计划，起草了《反不正当竞争法》，最近经过反复认真的研究，我们根据部分法学专家和有关领导同志的意见，主要借鉴我国台湾地区的有关做法，将其修改为《公平交易法》。这样做主要是考虑到：第一，"不正当竞争法"这个概念有广义和狭义之分，使用《公平交易法》的名称，可以避免人们对法的调整范围的不同理解；第二，使用《公平交易法》的名称，不仅有利于灵活地规定我国现阶段经济生活中亟需解决的不公平交易行为，更有利于对我国市场交易规则作出全面系统的规定，使该法成为我国规范市场行为的一项基本立法，以适应维护公平交易秩序，保障社会主义市场经济健康发展的长期需要。目前形成的这份《公平交易法（征求意见稿）》分总则、不公平交易、监督与检查、法律责任和附则共五章三十八条。

三、关于《公平交易法》的调整范围

从我国社会助于市场经济发展的现有水平和实际需要出发，借鉴国外的立法经验，我们确定《公平交易法》主要调整以下十一类不公平交易行为：

1. 采用欺诈手段从事交易；
2. 采用强迫手段从事交易；
3. 囤积居奇、控制销售、阻碍正常的市场流通；

4. 附加不合理条件从事交易；

5. 欺行霸市、采用不正当手段，损害竞争对手的利益；

6. 侵犯商业秘密；

7. 利用虚假广告从事交易；

8. 采用商业贿赂手段从事交易；

9. 采用巨额有奖销售手段从事交易；

10. 采取联合行为，损害竞争对手的利益；

11. 地方封锁、部门分割。

与国外有关立法调整范围比较可以看出，我们没有把垄断纳入本法的调整范围，但增加了对地方封锁的规定。这主要是因为我国商品经济还处在初级阶段，虽然存在与旧的经济体制相关的国家垄断、部门垄断或行业垄断，但一般意义上的企业垄断行为表现尚不充分，特别是在国家支持发展规模经济的现阶段，立法条件显然不够成熟。在将来条件成熟时，可以修改《公平交易法》增加关于禁止垄断的规定。如果片面追求立法的完整性，也可以借鉴国外立法，在《公平交易法》中拟定关于禁止垄断的规定，但它很难切合我国国情、也不为我国现实经济生活所亟需，极有可能形同虚设，起不到应起的作用，反而影响了《公平交易法》的严肃性。增设禁止地方封锁的规定，主要是因为它是与企业间竞争密切相关的行为。地方封锁对我国统一市场的形成，对正常的商品流通秩序与公平竞争环境具有极大的破坏作用，严重地束缚着我国商品经济的发展，因此有必要在此法中加以规范。

为在调整范围上处理好与相邻法律的关系，此稿第二条第三款规定“凡本法未作规定或未作具体规定的，适用其他有关法律的规定”。据此，凡侵犯商标、专利、著作权，以及证券方面的不公平交易行为，均适用作为《公平交易法》特别法的有关各法中的具体规定，这样就避免了各法律之间的冲突和执法机关职能的交叉。

四、关于《公平交易法》的主管机关

许多国家都为执行公平交易法设立了行政主管机关，如美国的联邦贸易委员会、日本的公正交易委员会和韩国的公平交易委员会等。

根据我国现有各行政部门的工作职能和利益关系,并从体制改革的趋势和发展社会主义市场经济的现实需要出发,我们在稿中确定国家工商行政管理机关为《公平交易法》的主管机关。这是因为它是个综合的执法监督部门,利益比较超脱,而且迄今为止,各种不公平交易行为也大都是由它根据国务院确定的职能和各法律、法规的规定来查处的。在当前和未来发展社会主义市场经济中,工商行政管理机关的职能是代表政府依法对市场实行监督管理,保护合法经营,取缔非法经营,保护公平竞争,制止不公平竞争,维护社会经济秩序。因此确定它为《公平交易法》的主管机关是恰当的。此外,在确定行政主管机关的同时,本法也注意到对发挥国家立法机关和司法机关的监督、审判职能的规定,使《公平交易法》得到最有效的执行。

五、关于不公平交易的法律责任

根据我国的立法经验,并借鉴各国的普遍做法,我们对不公平交易确定了民事的、行政的和刑事的三种责任形式。为充分保护不公平交易受害人的民事权益,发挥司法机关的审判职能,稿中规定违反本法各条规定,致使他人利益受损害的,受害人均有权依民事诉讼程序请求赔偿。为保证国家对市场活动的适度干预和对交易秩序的有效维持,稿中规定主管机关可以依受害人的请求或依职权查处不公平交易行为。上述规定既考虑到各国的普遍做法,又照顾到我国的特殊情况,体现了在维护公平交易中司法审判与行政执法并重的原则。关于不公平交易的刑事责任,鉴于目前与刑法的关系一时不易处理,暂时限于原则规定,待条件具备,再予补充修正。

此外,对地方封锁,部门分割行为稿中规定,属于抽象行政行为的,由主管机关依宪法提请有关机关处理;属于具体行政行为的,由受害人依行政诉讼程序请求消除。这样规定是切实可行的。

附录二：反不正当竞争法（草案）（国函〔1993〕80号）

中华人民共和国反不正当竞争法（草案）

第一章 总 则

第一条 为维护社会主义市场经济秩序，鼓励和保护公平竞争，制止不正当竞争行为，保障经营者的合法权益，制定本法。

第二条 在中华人民共和国境内从事市场交易的经营者，必须遵守本法。

第三条 本法所称经营者，是指向市场提供商品或者服务（以下统称商品）的法人、其他组织以及个人。

第四条 各级人民政府应当采取措施，为公平竞争创造良好的环境和条件。

县级以上各级人民政府工商行政管理部门（以下简称"主管机关"）对不正当竞争行为进行监督查处；法律、法规另有规定的，从其规定。

第五条 国家鼓励、支持和保护一切组织和个人对不正当竞争行为进行社会监督。

第二章 不正当竞争行为

第六条 经营者不得采用下列假冒、模仿、虚假手段从事市场交易：

（一）擅自使用与有关公众知悉的他人特有的商品相同或者近似的名称、包装、装潢、商标或者标记；

（二）擅自使用有关公众知悉的他人特有的企业名称或者姓名；

（三）在商品上隐匿依法应当标明的商品质量、制作成分、性能、用途、生产者、生产日期、有效期限、产地、来源等，或者对此作虚假的表示；

（四）欺骗性的价格表示。

第七条 经营者不得诋毁、贬低竞争对手的商业信誉、商品声誉。

第八条 经营者不得采用利诱、胁迫或者其他强制手段，实施下列行为：

（一）使他人与自己进行交易；

（二）使他人不与自己的竞争对手进行交易；

（三）安排他人之间进行交易；

（四）阻碍他人之间建立正常的交易关系；

（五）使竞争对手回避或者放弃与自己进行竞争。

第九条 经营者不得给竞争对手制造困难，妨碍正常的经营活动。

经营者不得采取高价购买或者低价销售商品的手段，实行亏损性经营，排挤竞争对手。

第十条 经营者无正当理由，不得对相对经营者就商品价格或者其他交易条件实施差别待遇。

第十一条 经营者不得对他人就转售商品限定价格；但是，执行国家定价或者限定价格不损害消费者利益并且不妨碍公平竞争的除外。

第十二条 经营者销售商品，不得违背购买者的意愿搭售其他商品或者附加其他不合理的条件。

第十三条 经营者不得从事抽奖式有奖销售。

第十四条 经营者不得以金钱、物品或者其他利益为诱饵，推销商品；但是，按照商业管理采取优惠措施推销商品的除外。

第十五条 经营者不得利用广告或者可以使公众得知的其他方法，对商品的质量、制作成分、性能、用途、生产者、有效期限、产地、来源等作虚假宣传。

广告的代理者、设计者、制作者不得在明知或者应知的情况下，代理、设计、制作虚假广告。

广告的经营者不得在明知或者应知的情况下，发布虚假广告。

第十六条 经营者不得采用下列不正当手段侵犯商业秘密权利人的商业秘密：

（一）以盗窃、利诱、胁迫或者其他不正当手段获取权利人的商业秘密；

（二）披露、使用或者允许他人使用以前项手段获取的权利人的商业秘密；

（三）违反约定或者违反权利人有关保守商业秘密的要求，披露、使用或者允许他人使用其所掌握的权利人的商业秘密。

第三人明知或者应知前款所列违法行为，获取、使用或者披露权利人的有关商业秘密的，视为侵犯权利人的商业秘密。

本条所称商业秘密，是指不为公众所知悉、能为权利人带来经济利益、具有实用性并经权利人采取保密措施的技术信息和经营信息。

第十七条　两个以上的经营者不得实施下列联合行为，损害其他竞争对手的利益：

（一）限定价格或者约定其他不合理的销售条件；

（二）串通投标；

（三）划定市场或者顾客；

（四）限定产量或者销售量；

（五）联合拒绝购买；

（六）联合拒绝销售。

有下列情形之一，有利于社会经济发展和社会公共利益的，不属于不正当竞争行为：

（一）为降低成本、提高质量、增加效益，统一商品规格、共同研究开发商品或者市场的；

（二）为促进生产经营，分工协作进行专业化发展的；

（三）为促进出口，相互约定共同参与国际市场竞争的；

（四）为提高贸易效益，就商品进口采取共同行为的；

（五）为适应市场变化，制止销售严重下降、生产明显过剩，采取共同行为的；

（六）中小企业为促进自身发展，增强竞争能力，采取共同行为的。

第三章　监督查处程序

第十八条　主管机关对不正当竞争行为，可以根据受害人请求进行监督查处，也可以依据职权进行监督查处。

第十九条　主管机关查处不正当竞争行为时，可以行使下列职权：

（一）调查不正当竞争行为；

（二）按照规定程序询问当事人、利害关系人、证明人，并要求提供证明材料或者与不正当竞争行为有关的其他资料；

（三）责令当事人停止不正当竞争行为；

（四）查询、复制、扣留与不正当竞争行为有关的协议、账册、单据、文件、记录、业务函电和其他资料；

（五）检查与不正当竞争行为有关的财物，必要时可以按照法定程序采取查封、扣押等行政强制措施；

（六）对不正当竞争行为作出处理决定。

省级以上主管机关可以将对不正当竞争行为作出的处理决定，予以公告。

第二十条 主管机关自收到当事人的查处不正当竞争行为的请求之日起七日内，应当作出是否受理的决定，并通知请求人。

主管机关自决定受理查处不正当竞争行为请求之日起三十日内，作出处理决定；情况复杂的，可以适当延长处理时限，但是最长不得超过九十日。

第二十一条 主管机关在查处不正当竞争行为的过程中，当事人、利害关系人和证明人应当如实提供有关资料或者情况。

主管机关查处不正当竞争行为时，当事人、利害关系人和证明人有权要求工作人员出示证件。

主管机关在查处不正当竞争行为过程中，根据申请人的请求采取查封、扣押财物等行政强制措施的，被申请人有权要求申请人提供担保。

第四章 法律责任

第二十二条 违反本法规定，侵害其他经营者合法权益的，应当停止不正当竞争行为，并承担损害赔偿责任。损害赔偿的数额为受害人因被侵权而受到的实际损失或者侵害人因侵权行为而获得的非法利益。

经营者的合法权益受到不正当竞争行为侵害的，可以依照民事诉讼法规定的程序向人民法院提起诉讼，也可以请求主管机关进行调解。经调解达成协议的，由主管机关制作调解协议书，当事人应当履行；经调解未达成协议或者调解协议生效后侵权人在规定期限内不履行的，受害人可以依照民事诉讼法规定的程序向人民法院提起诉讼。

第二十三条 广告的代理者、设计者、制作者和经营者违反本法第十五条规定的，应当承担连带损害赔偿责任。

第二十四条 有本法第六条所列行为之一的，由主管机关责令停止违法行为,消除违法后果或者影响,可以根据情节处以相当于非法经营额一倍以下或者非法所得额三倍以下的罚款;情节严重的,并可以责令停业整顿或者吊销营业执照。

第二十五条　违反本法第八条、第九条、第十二条规定的,由主管机关责令停止违法行为,消除违法后果或者影响,可以根据情节处以十万元以下的罚款;情节严重的,并可以责令停业整顿或者吊销营业执照。

第二十六条　违反本法第十条、第十一条规定的,由主管机关责令停止违法行为。

第二十七条　违反本法第十三条规定的,由主管机关责令停止违法行为,可以根据情节处以相当于违法设奖总金额二倍以下的罚款。

第二十八条　违反本法第十四条规定的,由主管机关没收非法所得,并可以根据情节处以相当于非法所得三倍以下的罚款。

第二十九条　违反本法第十五条第一款规定,利用广告进行虚假宣传的,由主管机关责令停止违法行为,消除违法后果或者影响,可以根据情节处以相当于广告费五倍以下的罚款。

违反本法第十五条第二款、第三款规定的,比照前款规定予以处罚。

第三十条　有本法第十七条第一款所列行为之一的,由主管机关责令停止违法行为,可以根据情节处以二十万元以下的罚款。

第三十一条　当事人对主管机关作出的处罚决定不服的,可以自收到处罚决定通知之日起十五日内向上一级主管机关申请复议;对复议决定不服的,可以自收到复议决定书之日起十五日内向人民法院提起诉讼。

第三十二条　违反本法第六条、第七条、第十四条、第十六条的规定,情节严重,构成犯罪的,依法追究刑事责任。

第五章　附　　则

第三十三条　本法自　年　月　日起施行。

附录三:反垄断法(草案)(国函〔2006〕53 号)

中华人民共和国反垄断法(草案)

第一章　总　　则

第一条　为了保护市场竞争,防止和制止垄断行为,提高经济运行效率,维护经营者、消费者合法权益和社会公共利益,促进社会主义市场经济健康发展,制定本法。

第二条　中华人民共和国境内经济活动中的垄断行为,适用本法;中华人民共和国境外的垄断行为,对境内市场竞争产生排除、限制影响的,适用本法。

对本法规定的垄断行为,有关法律、行政法规另有规定的,依照其规定。

第三条　本法规定的垄断行为包括:

(一)经营者达成垄断协议;

(二)经营者滥用市场支配地位;

(三)具有或者可能具有排除、限制竞争效果的经营者集中。

前款第(一)项所称垄断协议,是指排除、限制竞争的协议、决定或者其他协同行为。

第四条　本法所称经营者,是指在相关市场内从事商品生产、经营或者提供服务的自然人、法人和其他组织。

本法所称相关市场,是指经营者在一定时期内就相关商品或者服务(以下统称商品)进行竞争的范围或者区域。

第五条　国务院设立反垄断委员会。国务院反垄断委员会负责领导、组织、协调反垄断工作。

国务院规定的承担反垄断执法职责的机构(以下统称国务院反垄断执法机构)依照本法规定,负责反垄断执法工作。

国务院反垄断执法机构根据工作需要,可以授权省、自治区、直辖市人民政府相应的机构,依照本法规定负责有关反垄断执法工作。

第六条　行政机关和法律、法规授权的具有管理公共事务职能的组织（以下简称公共组织）不得滥用行政权力，排除、限制竞争。

国家依法加强和完善对行政权力运行的规范和监督，并通过深化改革，转变政府职能，防止和消除滥用行政权力排除、限制竞争的行为。

第二章　垄断协议

第七条　禁止具有竞争关系的经营者达成下列垄断协议：

（一）固定、维持或者变更商品价格的；

（二）限制商品的生产数量或者销售数量的；

（三）分割销售市场或者原材料采购市场的；

（四）限制购买新技术、新设备或者限制开发新技术、新产品的；

（五）联合抵制交易的；

（六）反垄断执法机构认定的其他垄断协议。

第八条　禁止经营者在交易活动中限定向第三人转售商品的价格或者设定其他交易条件，排除、限制竞争。

第九条　禁止经营者在招标、投标过程中串通投标，排除、限制竞争。

第十条　经营者能够证明达成的协议是为实现下列目的之一，并且不会严重限制相关市场的竞争，能够使消费者分享由此产生的利益的，不适用本法第七条、第八条的规定：

（一）为改进技术、研究开发新产品的；

（二）为提高产品质量、降低成本、增进效率，统一产品规格、标准的；

（三）为提高中小经营者经营效率，增强中小经营者竞争力的；

（四）为实现节约能源、保护环境、救灾救助等社会公共利益的；

（五）为保障对外贸易和经济合作中的正当利益的；

（六）在经济不景气时期，为缓解销售量严重下降或者生产明显过剩的。

第十一条　本章禁止的垄断协议自始无效。

第三章　滥用市场支配地位

第十二条　禁止经营者滥用市场支配地位，排除、限制竞争。

本法所称市场支配地位，是指一个经营者或者数个经营者作为整体在相关市场内具有能够控制商品价格、数量或者其他交易条件，或者能够阻碍、影响其他经营者进入相关市场能力的市场地位。

第十三条 认定经营者具有市场支配地位，应当依据下列因素：

（一）该经营者在相关市场的市场份额，以及相关市场的竞争状况；

（二）该经营者控制销售市场或者原材料采购市场的能力；

（三）该经营者的财力和技术条件；

（四）其他经营者对该经营者在交易上的依赖关系及其程度；

（五）其他经营者进入相关市场的难易程度；

（六）与该经营者市场支配地位有关的其他因素。

第十四条 有下列情形之一的，可以推定经营者具有市场支配地位：

（一）一个经营者在相关市场的市场份额达到1/2以上的；

（二）两个经营者作为整体在相关市场的市场份额达到2/3以上的；

（三）三个经营者作为整体在相关市场的市场份额达到3/4以上的。

有前款第（二）项、第（三）项规定的情形，其中有的经营者市场份额不足1/10的，不应当推定该经营者具有市场支配地位。

第十五条 经营者滥用市场支配地位的行为包括：

（一）以不公平的高价销售商品或者以不公平的低价购买商品；

（二）没有正当理由，以低于成本的价格销售商品；

（三）没有正当理由，拒绝与交易相对人进行交易；

（四）强制交易相对人与其进行交易，或者没有正当理由，限定交易相对人只能与其进行交易或者只能与其指定的经营者进行交易；

（五）违背交易相对人意愿，搭售商品或者在交易时附加其他不合理的交易条件；

（六）没有正当理由，对条件相同的交易相对人在交易价格等交易条件上实行差别待遇；

（七）反垄断执法机构认定的其他滥用市场支配地位的行为。

第四章 经营者集中

第十六条 经营者集中是指下列情形：

（一）经营者合并；

（二）经营者取得其他经营者足够数量的有表决权的股份或者资产；

（三）经营者通过合同等方式取得对其他经营者的控制权或者能够对其他经营者施加决定性影响。

前款第（二）项规定的足够数量的有表决权的股份或者资产的具体标准，由国务院反垄断执法机构会同国务院有关部门规定。

第十七条 参与集中的所有经营者在全球范围内上一年度的销售额超过120亿元人民币，并且参与集中的一个经营者在中华人民共和国境内上一年度的销售额超过8亿元人民币的，参与集中的经营者应当事先向国务院反垄断执法机构申报；未向国务院反垄断执法机构申报的，经营者不得实施集中。

计算前款规定的销售额，应当将与该经营者具有控制或者从属关系的经营者的销售额一并计算。

银行、保险以及其他特殊行业或者领域经营者集中的申报标准，国务院可以另行规定。

国务院反垄断执法机构可以根据经济发展水平和市场竞争状况，对本条第一款规定的经营者集中的申报标准进行调整，报国务院批准后施行。

第十八条 经营者集中有下列情形之一的，可以不向国务院反垄断执法机构申报：

（一）参与集中的一个经营者拥有其他每个经营者50%以上有表决权的股份或者资产的；

（二）参与集中的每个经营者50%以上有表决权的股份或者资产被同一个未参与集中的经营者拥有的。

第十九条 经营者向国务院反垄断执法机构申报集中，应当提交下列文件、资料：

（一）申报书；

（二）集中对相关市场竞争状况影响的说明；

（三）集中协议；

（四）参与集中的经营者经注册会计师审计的上一会计年度财务会计报告；

（五）国务院反垄断执法机构规定的其他文件、资料。

申报书应当载明参与集中的经营者的名称、住所、经营范围、在全球范围内上一年度销售额、在中国境内市场的资产总额和上一年度的销售额、在相关市场的市场份额以及集中的交易额、预定实施集中的日期等事项。

第二十条 经营者提交的文件、资料不完备的，应当在国务院反垄断执法机构规定的期限内补交文件、资料。经营者逾期未补交文件、资料的，视为未申报。

第二十一条 国务院反垄断执法机构应当自收到经营者提交的符合本法第十九条规定的文件、资料之日起30日内，对申报的经营者集中进行初步审查，作出是否实施进一步审查的决定，并书面通知经营者。国务院反垄断执法机构作出决定前，经营者不得实施集中。

国务院反垄断执法机构作出不实施进一步审查的决定或者逾期未作出决定的，经营者可以实施集中。

第二十二条 国务院反垄断执法机构决定实施进一步审查的，应当自决定之日起90日内审查完毕，作出是否禁止经营者集中的决定，并书面通知经营者；作出禁止经营者集中的决定，应当说明理由。审查期间，经营者不得实施集中。

有下列情形之一的，国务院反垄断执法机构经书面通知经营者，可以延长前款规定的审查时限，但延长的时限最长不超过60日：

（一）经营者同意延长审查时限的；

（二）经营者提交的文件、资料不准确，需要进一步核实的；

（三）经营者申报后有关情况发生重大变化的。

国务院反垄断执法机构逾期未作出决定的，视为对经营者集中不予禁止。

第二十三条 审查经营者集中，应当考虑下列因素：

（一）参与集中的经营者在相关市场的市场份额及其对市场的控制力；

（二）相关市场的市场集中度；

（三）经营者集中在相关市场内排除、限制竞争的可能性；

（四）经营者集中对市场进入、技术进步的影响；

（五）经营者集中对消费者和其他有关经营者的影响；

（六）经营者集中对国民经济发展和社会公共利益的影响；

（七）国务院反垄断执法机构认为应当考虑的其他因素。

第二十四条　经营者集中具有或者可能具有排除、限制竞争效果的，国务院反垄断执法机构应当作出禁止经营者集中的决定。但是，经营者能够证明经营者集中可以改善竞争条件和竞争状况，并且对竞争产生的有利因素明显大于不利因素，或者经营者集中符合公共利益要求的，国务院反垄断执法机构可以作出对经营者集中不予禁止的决定。

国务院反垄断执法机构对经营者集中不予禁止的，可以决定对经营者集中附加限制性条件。

第二十五条　国务院反垄断执法机构应当将禁止经营者集中的决定或者对经营者集中附加限制性条件的决定，及时向社会公告。

第五章　滥用行政权力排除、限制竞争

第二十六条　行政机关和公共组织不得滥用行政权力，以任何方式限定或者变相限定单位和个人只能经营、购买、使用指定的经营者提供的商品。

第二十七条　行政机关和公共组织不得滥用行政权力，实施下列行为，妨碍商品在地区之间自由流通和充分竞争：

（一）对外地商品设定歧视性收费项目、实行歧视性收费标准，或者规定歧视性价格；

（二）对外地商品采取与本地同类商品不同的技术要求、检验标准，或者对外地商品采取重复检验，重复认证等歧视性技术措施，限制外地商品进入本地市场；

（三）采取专门针对外地商品的审批、许可等手段，限制外地商品进入本地市场；

（四）采取设置关卡或者其他手段，阻碍外地商品进入或者本地商品运出。

第二十八条　行政机关和公共组织不得滥用行政权力，以设定歧视性资质要求、评审标准或者不依法发布信息等方式，排斥或者限制外地经营者参加本地的招标投标活动。

第二十九条　行政机关和公共组织不得滥用行政权力，以采取同本地经营

者不平等待遇等方式，排斥或者限制外地经营者在本地投资或者设立分支机构。

第三十条 行政机关和公共组织不得滥用行政权力，强制经营者从事本法规定的垄断行为。

第三十一条 行政机关不得滥用行政权力，制定含有排除、限制竞争内容的规定。

第六章 反垄断机构

第三十二条 国务院反垄断委员会由国务院有关部门、机构的负责人和若干专家组成。国务院反垄断委员会议事方式、工作规则由国务院规定。

第三十三条 国务院反垄断委员会履行下列职责：

（一）研究拟订有关竞争政策；

（二）组织调查、评估市场总体竞争状况，并发布评估报告；

（三）监督、协调国务院反垄断执法机构、国务院有关部门和监管机构的反垄断执法工作；

（四）协调重大反垄断案件的处理；

（五）国务院规定的其他职责。

第三十四条 国务院反垄断执法机构履行下列职责：

（一）制定、发布有关反垄断指南和具体措施；

（二）调查、评估市场竞争状况；

（三）调查处理涉嫌垄断行为；

（四）制止垄断行为；

（五）受理、审查经营者集中的申报；

（六）国务院规定的其他职责。

第三十五条 任何单位和个人对涉嫌垄断行为，都有权向反垄断执法机构报告。反垄断执法机构应当为报告人保密。

报告采用书面形式并提供相关事实和证据的，反垄断执法机构应当进行必要的调查。

第三十六条 反垄断执法机构调查涉嫌垄断行为，可以采取下列措施：

（一）进入被调查的经营者的营业场所或者其他有关场所进行检查；

（二）询问被调查的经营者、利害关系人或者其他有关单位和个人，要求其说明有关情况；

（三）查阅、复制或者要求被调查的经营者、利害关系人或者其他有关单位和个人提供有关单证、协议、会计账簿、业务函电、电子数据等文件、资料；

（四）查封、扣押相关证据；

（五）查询、冻结经营者的银行账户。

采取前款规定的措施，应当向反垄断执法机构主要负责人书面报告，并经批准。

第三十七条 反垄断执法机构调查涉嫌垄断行为，执法人员不得少于2人，并应当出示执法证件，执法人员进行询问和调查，应当制作笔录，并由被询问人或者被调查人签字。

第三十八条 反垄断执法机构及其工作人员对依法履行职责中知悉的商业秘密负有保密义务。

第三十九条 被调查的经营者、利害关系人或者其他有关单位和个人应当配合反垄断执法机构依法履行职责，不得拒绝、阻碍反垄断执法机构的调查。

第四十条 被调查的经营者、利害关系人有权陈述意见，提出申辩。反垄断执法机构应当对被调查的经营者、利害关系人提出的事实、理由和证据进行核实。

第四十一条 反垄断执法机构对涉嫌垄断行为调查核实后，认为构成垄断行为的，应当依法作出处理决定，并可以向社会公布。

第四十二条 对反垄断执法机构调查的涉嫌垄断行为，被调查的经营者予以承认，并承诺在一定期限内采取具体措施消除垄断行为后果的，反垄断执法机构可以决定中止调查。中止调查的决定应当载明被调查的经营者承诺的具体内容。

反垄断执法机构决定中止调查的，应当对经营者履行承诺的情况进行监督。经营者履行承诺的，反垄断执法机构可以决定终止调查，并可以决定减轻或者免除处罚。

有下列情形之一的，反垄断执法机构应当恢复调查：

（一）经营者未履行承诺的；

（二）作出中止调查决定所依据的事实发生重大变化的；

（三）中止调查的决定是基于经营者提供的不完整或者不真实的信息作出的。

第四十三条 经营者、利害关系人对反垄断执法机构作出的决定不服的，可以依法申请行政复议；对行政复议决定不服的，可以依法提起行政诉讼。

第四十四条 对本法规定的垄断行为，有关法律、行政法规规定应当由有关部门或者监管机构调查处理的，依照其规定。有关部门或者监管机构应当将调查处理结果通报国务院反垄断委员会。

有关部门或者监管机构对本法规定的垄断行为未调查处理的，反垄断执法机构可以调查处理。反垄断执法机构调查处理时，应当征求有关部门或者监管机构的意见。

第七章 法律责任

第四十五条 经营者违反本法规定，达成并实施垄断协议的，由反垄断执法机构责令停止违法行为，处上一年度销售额1%以上10%以下的罚款，并没收违法所得；尚未实施垄断协议的，可以处200万元以下的罚款。

经营者主动向反垄断执法机构报告达成垄断协议的有关情况并提供重要证据的，反垄断执法机构可以酌情减轻或者免除对该经营者的处罚。

第四十六条 经营者违反本法规定，滥用市场支配地位，排除、限制竞争的，由反垄断执法机构责令停止违法行为，处上一年度销售额1%以上10%以下的罚款，并没收违法所得。

第四十七条 经营者违反本法规定实施集中的，由国务院反垄断执法机构处100万元以上500万元以下的罚款，并可以责令停止实施集中或者责令限期处分股份、资产，转让营业以及采取其他必要措施恢复到经营者集中前的状态。

第四十八条 对本法第四十五条、第四十六条、第四十七条规定的罚款，反垄断执法机构确定具体罚款数额时，应当考虑违法行为的性质、程度和持续的时间等因素。

第四十九条 经营者实施垄断行为，给他人造成损失的，依法承担民事责任；构成犯罪的，依法追究刑事责任。

第五十条　行政机关和公共组织滥用行政权力，实施排除、限制竞争行为的，由上级机关责令改正；情节严重的，由同级或者上级机关对直接负责的主管人员和其他直接责任人员，依法给予处分。法律、行政法规对行政机关和公共组织滥用行政权力实施排除、限制竞争行为的处理另有规定的，依照其规定。

第五十一条　违反本法规定，有下列行为之一的，由反垄断执法机构责令改正，对个人可以处2万元以下的罚款，对单位可以处50万元以下的罚款；情节严重的，对个人处2万元以上20万元以下的罚款，对单位处50万元以上500万元以下的罚款；构成违反治安管理行为的，由公安机关依法给予治安管理处罚；构成犯罪的，依法追究刑事责任：

（一）拒绝或者阻碍调查的；

（二）拒不提供有关材料、信息或者提供虚假材料、信息的；

（三）隐匿、销毁、转移证据的。

第五十二条　反垄断执法机构工作人员在执法过程中，滥用职权、玩忽职守、徇私舞弊或者泄露执法过程中知悉的经营者的商业秘密，构成犯罪的，依法追究刑事责任；尚不构成犯罪的，依法给予处分。

第八章　附　　则

第五十三条　行业协会等组织实施的排除，限制竞争的行为，适用本法。

第五十四条　经营者依照有关知识产权的法律、行政法规规定行使知识产权的行为，不适用本法，但是，经营者滥用知识产权，排除、限制竞争的行为，适用本法。

第五十五条　农业生产者及其专业经济组织在农产品生产、加工、销售、运输、储存等经营活动中实施的不严重限制竞争的合作、联合或者其他协同行为，不适用本法。

第五十六条　本法自　年　月　日起施行。

附录四:反不正当竞争法(修订草案送审稿)(2016年2月25日征求意见稿)

中华人民共和国反不正当竞争法(修订草案送审稿)

第一章 总 则

第一条 为保障社会主义市场经济健康发展,鼓励和保护公平竞争,制止不正当竞争行为,保护经营者和消费者的合法权益,制定本法。

第二条 经营者在经济活动中,应当遵循自愿、平等、公平、诚实信用的原则,遵守公认的商业道德。

本法所称的不正当竞争,是指经营者违反本法规定,损害其他经营者或者消费者的合法权益,扰乱市场秩序的行为。

本法所称的经营者,是指从事或者参与商品生产、经营或者提供服务(以下所称商品包括服务)的自然人、法人和其他组织。

第三条 各级人民政府应当采取措施,制止不正当竞争行为,为公平竞争创造良好的环境和条件。

县级以上人民政府工商行政管理部门对不正当竞争行为进行监督检查;其他法律、行政法规另有规定的,相关部门也可以依照其规定进行监督检查。

第四条 国家鼓励、支持和保护一切组织和个人对不正当竞争行为进行社会监督。

国家工作人员不得参与、支持、包庇不正当竞争行为。

第二章 不正当竞争行为

第五条 经营者不得利用商业标识实施下列市场混淆行为:

(一)擅自使用他人知名的商业标识,或者使用与他人知名商业标识近似的商业标识导致市场混淆的;

(二)突出使用自己的商业标识,与他人知名的商业标识相同或者近似,误

导公众,导致市场混淆的;

(三)将他人注册商标、未注册的驰名商标作为企业名称中的字号使用,误导公众,导致市场混淆的;

(四)将与知名企业和企业集团名称中的字号或其简称,作为商标中的文字标识或者域名主体部分等使用,误导公众,导致市场混淆的。

本法所称的商业标识,是指区分商品生产者或者经营者的标志,包括但不限于知名商品特有的名称、包装、装潢、商品形状、商标、企业和企业集团的名称及其简称、字号、域名主体部分、网站名称、网页、姓名、笔名、艺名、频道节目栏目的名称、标识等。

本法所称的市场混淆,是指使相关公众对商品生产者、经营者或者商品生产者、经营者存在特定联系产生误认。

第六条　经营者不得利用相对优势地位,实施下列不公平交易行为:

(一)没有正当理由,限定交易相对方的交易对象;

(二)没有正当理由,限定交易相对方购买其指定的商品;

(三)没有正当理由,限定交易相对方与其他经营者的交易条件;

(四)滥收费用或者不合理地要求交易相对方提供其他经济利益;

(五)附加其他不合理的交易条件。

本法所称的相对优势地位,是指在具体交易过程中,交易一方在资金、技术、市场准入、销售渠道、原材料采购等方面处于优势地位,交易相对方对该经营者具有依赖性,难以转向其他经营者。

第七条　经营者不得实施下列商业贿赂行为:

(一)在公共服务中或者依靠公共服务谋取本单位、部门或个人经济利益;

(二)经营者之间未在合同及会计凭证中如实记载而给付经济利益;

(三)给付或者承诺给付对交易有影响的第三方以经济利益,损害其他经营者或消费者合法权益。

商业贿赂是指经营者向交易对方或者可能影响交易的第三方,给付或者承诺给付经济利益,诱使其为经营者谋取交易机会或者竞争优势。给付或者承诺给付经济利益的,是商业行贿;收受或者同意收受经济利益的,是商业受贿。

员工利用商业贿赂为经营者争取交易机会或竞争优势的,应当认定为经营者的行为。有证据证明员工违背经营者利益收受贿赂的,不视为经营者的行为。

第八条 经营者不得实施下列引人误解的商业宣传行为:

(一)进行虚假宣传或者片面宣传;

(二)将科学上未定论的观点、现象作为定论的事实用于宣传;

(三)以歧义性的语言或者其他引人误解的方式进行宣传。

第九条 经营者不得实施下列侵犯商业秘密行为:

(一)以盗窃、利诱、胁迫、欺诈或者其他不正当手段获取权利人的商业秘密;

(二)披露、使用或者允许他人使用以前项手段获取的权利人的商业秘密;

(三)违反约定或者违反权利人有关保守商业秘密的要求,披露、使用或者允许他人使用其所掌握的商业秘密。

第三人明知或者应知前款所列违法行为,获取、披露、使用或者允许他人使用权利人的商业秘密,视为侵犯商业秘密。

本法所称的商业秘密,是指不为公众所知悉、具有商业价值并经权利人采取相应保密措施的技术信息和经营信息。

第十条 经营者不得向消费者实施下列有奖促销行为:

(一)未明示其所设奖的种类、兑奖条件、奖金金额或者奖品等有奖促销信息,影响消费者兑奖;

(二)采用谎称有奖或者故意让内定人员中奖等欺骗方式进行有奖销售;

(三)对兑奖设定不合理条件;

(四)抽奖式有奖促销,最高奖的价值超过两万元。

本法所称的有奖促销包括抽奖式有奖促销和附赠式有奖促销。在同等条件下,给予确定奖励的,是附赠式有奖促销;以偶然性的方法确定奖励种类或者是否给予奖励的,是抽奖式有奖促销。

第十一条 经营者不得捏造、散布虚假信息、恶意评价信息,散布不完整或者无法证实的信息,损害他人的商业信誉、商品声誉。

第十二条 投标者不得串通投标,抬高标价或者压低标价。

投标者和招标者不得相互勾结,以排挤竞争对手的公平竞争。

第十三条 经营者不得利用网络技术或者应用服务实施下列影响用户选

择、干扰其他经营者正常经营的行为：

（一）未经用户同意，通过技术手段阻止用户正常使用其他经营者的网络应用服务；

（二）未经许可或者授权，在其他经营者提供的网络应用服务中插入链接，强制进行目标跳转；

（三）误导、欺骗、强迫用户修改、关闭、卸载或者不能正常使用他人合法提供的网络应用服务；

（四）未经许可或者授权，干扰或者破坏他人合法提供的网络应用服务的正常运行。

第十四条　经营者不得实施其他损害他人合法权益，扰乱市场秩序的不正当竞争行为。

前款规定的其他不正当竞争行为，由国务院工商行政管理部门认定。

第三章　监督检查

第十五条　监督检查部门在调查不正当竞争行为时，有权行使下列职权：

（一）进入与被调查行为有关的营业场所或者其他场所进行检查；

（二）询问被调查的经营者、利害关系人或者其他有关单位、个人，并要求提供证明材料、数据和技术支持或者与不正当竞争行为有关的其他资料；

（三）查询、复制与被调查行为有关的协议、帐册、单据、文件、记录、业务函电、电子数据、视听资料和其他资料；

（四）责令被调查的经营者暂停涉嫌违法的行为，说明与被调查行为有关财物的来源和数量，不得转移、隐匿、销毁该财物；

（五）对涉嫌不正当竞争行为的财物实施查封、扣押；

（六）查询涉嫌不正当竞争行为的经营者的银行账户及与存款有关的会计凭证、账簿、对账单等；

（七）对有证据证明转移或者隐匿违法资金的，可以申请司法机关予以冻结。

第十六条　监督检查部门在调查不正当竞争行为时，被调查的经营者、利害关系人或者其他有关单位、个人应当如实提供有关资料或者情况，配合监督检查部门依法履行职责,不得拒绝、阻碍监督检查。

第四章 法律责任

第十七条 经营者违反本法规定,损害他人合法权益的,应当停止侵害;给他人造成损害的,应当承担损害赔偿责任。

经营者或者消费者受到不正当竞争行为侵害的,可以依法向人民法院提起诉讼。

第十八条 有本法第五条所列行为之一,引起纠纷的,由当事人协商解决;不愿协商或者协商不成的,当事人可以向人民法院起诉,也可以请求监督检查部门处理。

经营者违反本法第五条规定的,监督检查部门应当责令停止违法行为,没收违法商品,违法经营额五万元以上的,处违法经营额五倍以下的罚款,情节严重的,可以吊销营业执照;没有违法经营额或者违法经营额不足五万元的,处以二十五万元以下的罚款;违法经营额无法计算的,根据情节处以十万元以上一百万元以下的罚款。

违反本法第五条第一款第(三)项规定的,监督检查部门应当责令当事人在一个月内进行企业名称变更登记;期满未提出变更申请的,监督检查部门适用前款规定进行处罚,并由企业登记注册地的监督检查部门将该企业名称从企业信用信息公示系统中删除,以注册号或者统一社会信用代码代替该企业名称,并将该企业列入经营异常名录;情节严重的,可以直接吊销营业执照。

第十九条 经营者违反本法第六条规定的,由地市级以上的监督检查部门责令改正,处以违法经营额一倍以上五倍以下的罚款;没有违法经营额或者违法经营额无法计算的,根据情节处以十万元以上三百万元以下的罚款。

被指定商品的经营者有违反本法第六条规定情形的,比照前款规定进行处罚。

第二十条 经营者违反本法第七条规定的,监督检查部门应当责令停止违法行为,根据情节处以违法经营额百分之十以上百分之三十以下的罚款;构成犯罪的,依法追究刑事责任。

第二十一条 经营者违反本法第八条规定的,监督检查部门应当责令停止违法行为，处以违法经营额三倍以上五倍以下的罚款；没有违法经营额或者违法经营额无法计算的，根据情节处以十万元以上一百万元以下的罚款；情节严重的，可以吊销营业执照；构成犯罪的，依法追究刑事责任。

第二十二条　经营者违反本法第九条规定的，监督检查部门应当责令停止违法行为，根据情节处以十万元以上三百万元以下的罚款；构成犯罪的，依法追究刑事责任。

商业秘密权利人能够证明他人使用的信息与其商业秘密实质相同以及他人有获取其商业秘密条件的，他人应当对其使用的信息具有合法来源承担举证责任。

第二十三条　经营者违反本法第十条规定的，监督检查部门应当责令停止违法行为，没收违法商品，根据情节处以十万元以上一百万元以下的罚款。

第二十四条　经营者违反本法第十一条规定的，监督检查部门应当责令停止违法行为，消除影响，根据情节处以十万元以上三百万元以下的罚款；构成犯罪的，依法追究刑事责任。

第二十五条　经营者违反本法第十二条规定的，监督检查部门应当责令停止违法行为，根据情节处以十万元以上三百万元以下的罚款；构成犯罪的，依法追究刑事责任。

第二十六条　经营者违反本法第十三条规定的，监督检查部门责令停止违法行为，根据情节处以十万元以上三百万元以下的罚款。

第二十七条　经营者违反本法第十四条规定进行不正当竞争行为的，监督检查部门责令停止违法行为，根据情节处以十万元以上三百万元以下的罚款；构成犯罪的，依法追究刑事责任。

第二十八条　明知或者应知有违反本法规定的不正当竞争行为，仍为其提供生产、销售、仓储、运输、网络服务、技术支持、广告推广、支付结算等便利条件的，根据情节处以十万元以上一百万元以下的罚款。主动配合监督检查部门调查，如实说明情况、提供证据的，可以从轻或者减轻处罚。

第二十九条　违反本法规定转移、隐匿、销毁或者销售被查封、扣押、责令暂停销售商品的，监督检查部门可以没收涉案商品，处涉案商品价款一倍以上三倍以下的罚款；价款无法计算的，处以十万元以上一百万元以下的罚款；构成犯罪的,依法追究刑事责任。

第三十条 对监督检查部门依法实施的调查,非因法定事由拒绝提供有关资料、情况,提供虚假资料、情况,隐匿、销毁、转移证据,或者有其他拒绝、阻碍调查行为的,由监督检查部门责令改正,处以二万元以上二十万元以下的罚款。

第三十一条 对监督检查部门作出的决定不服的,可以依法申请行政复议或者提起行政诉讼。

第三十二条 监督检查不正当竞争行为的国家工作人员滥用职权、玩忽职守的,依法给予处分;构成犯罪的,依法追究刑事责任。

第三十三条 监督检查不正当竞争行为的国家工作人员徇私舞弊,对明知有违反本法规定构成犯罪的经营者故意包庇不使其受追诉的,依法追究刑事责任。

第五章　附　　则

第三十四条 本法规定的"以上"、"以下",均包括本数。

第三十五条 本法自　年　月　日起施行。

附录五:反不正当竞争法(修订草案)(2017 年 2 月 26 日征求意见稿)

中华人民共和国反不正当竞争法(修订草案)

第一章　总　　则

第一条　为了保障社会主义市场经济健康发展,鼓励和保护公平竞争,制止不正当竞争行为,保护经营者和消费者的合法权益,制定本法。

第二条　经营者在市场交易中,应当遵循自愿、平等、公平、诚实信用的原则,遵守公认的商业道德。

本法所称不正当竞争行为,是指经营者违反前款规定,以不正当手段从事市场交易,损害其他经营者的合法权益,扰乱竞争秩序的行为。

本法所称经营者,是指从事商品经营或者营利性服务(以下所称商品包括服务)的自然人、法人和其他组织。

第三条　各级人民政府应当采取措施,制止不正当竞争行为,为公平竞争创造良好的环境和条件。

国务院建立反不正当竞争工作协调机制,研究决定反不正当竞争重大政策,协调处理维护竞争秩序的重大问题。

第四条　县级以上人民政府履行工商行政管理职责的部门(以下称工商行政管理部门)对不正当竞争行为进行查处;法律、行政法规规定由其他部门查处的,依照其规定。

第五条　国家鼓励、支持和保护一切组织和个人对不正当竞争行为进行社会监督。

国家机关及其工作人员不得支持、包庇不正当竞争行为。

第二章　不正当竞争行为

第六条　经营者不得采用下列不正当手段从事市场交易:

（一）擅自使用知名商品特有的名称、包装、装潢，或者使用与知名商品近似的名称、包装、装潢，造成和他人的知名商品相混淆，引人误认为是该知名商品；

（二）擅自使用他人的企业名称及其简称、字号，擅自使用他人的姓名、笔名、艺名，擅自使用社会组织的名称及其简称，引人误认为是他人的商品；

（三）擅自使用他人的域名主体部分、网站名称、网页以及频道、节目、栏目的名称及标识等，引人误认为是他人的商品；

（四）将他人注册商标、未注册的驰名商标作为企业名称中的字号使用，误导公众。

第七条 经营者不得采用财物或者其他手段贿赂交易相对方或者可能影响交易的第三方。交易相对方或者可能影响交易的第三方不得收受贿赂。

经营者在交易活动中，可以以明示方式向交易相对方提供折扣，或者向中间人支付佣金。经营者向交易相对方提供折扣、向中间人支付佣金的，应当如实入账。接受折扣、佣金的经营者也应当如实入账。

经营者的员工利用贿赂为经营者谋取交易机会或者竞争优势的，应当认定为经营者的行为；但是，经营者有证据证明属于员工个人行为的除外。

本条第一款所称可能影响交易的第三方，是指可能利用职权对交易产生影响的单位和个人。

第八条 经营者不得利用广告或者其他方法，从事虚假或者引人误解的商业宣传，不得进行虚假交易。

第九条 经营者不得实施下列侵犯商业秘密的行为：

（一）以盗窃、贿赂、胁迫或者其他不正当手段获取权利人的商业秘密；

（二）披露、使用或者允许他人使用以前项手段获取的权利人的商业秘密；

（三）违反约定或者违反权利人有关保守商业秘密的要求，披露、使用或者允许他人使用其所掌握的商业秘密。

本法所称商业秘密，是指不为公众所知悉、具有商业价值并经权利人采取相应保密措施的技术信息和经营信息。

第十条 下列行为视为侵犯商业秘密的行为：

（一）商业秘密权利人的员工、前员工实施本法第九条第一款规定的行为；

（二）第三人明知或者应知商业秘密来源于本法第九条第一款规定的非法

途径,仍获取、披露、使用或者允许他人使用。

国家机关工作人员,律师、注册会计师等专业人员对其在履行职责过程中知悉的商业秘密应当予以保密。

第十一条　经营者销售商品,不得违背购买者的意愿搭售商品,不得附加其他不合理的条件。

第十二条　经营者有奖销售不得存在下列情形:

(一)所设奖的种类、兑奖条件、奖金金额或者奖品等有奖销售信息不明确,影响兑奖;

(二)采用谎称有奖或者故意让内定人员中奖的欺骗方式进行有奖销售;

(三)抽奖式的有奖销售,最高奖的金额超过二万元。

第十三条　经营者不得捏造、散布虚伪事实,损害竞争对手的商业信誉、商品声誉。

第十四条　经营者不得利用技术手段在互联网领域从事下列影响用户选择、干扰其他经营者正常经营的行为:

(一)未经同意,在其他经营者合法提供的网络产品或者服务中插入链接,强制进行目标跳转;

(二)误导、欺骗、强迫用户修改、关闭、卸载他人合法提供的网络产品或者服务;

(三)干扰或者破坏他人合法提供的网络产品或者服务的正常运行;

(四)恶意对其他经营者合法提供的网络产品或者服务实施不兼容。

第十五条　对经营者违反本法第二条规定,且本法第二章第六条至第十四条和有关法律、行政法规未作明确规定,严重破坏竞争秩序、确需查处的市场交易行为,由国务院工商行政管理部门或者国务院工商行政管理部门会同国务院有关部门研究提出应当认定为不正当竞争行为的意见,报国务院决定。

第三章　监督检查

第十六条　监督检查部门在调查不正当竞争行为时,有权行使下列职权:

(一)进入涉嫌不正当竞争行为的经营场所进行检查;

(二)询问被调查的经营者、利害关系人及其他有关单位、个人,并要求提供证明材料或者与涉嫌不正当竞争行为有关的其他资料；

（三）查询、复制与涉嫌不正当竞争行为有关的协议、账簿、单据、文件、记录、业务函电和其他资料；

（四）责令被调查的经营者停止涉嫌不正当竞争行为，说明有关财物的来源和数量；

（五）查封、扣押与涉嫌不正当竞争行为有关的财物；

（六）查询涉嫌不正当竞争行为的经营者的银行账户及与存款有关的会计凭证、账簿、对账单等。

第十七条 监督检查部门及其工作人员监督检查不正当竞争行为，应当遵守《中华人民共和国行政强制法》和其他有关法律、行政法规的规定。

第十八条 监督检查部门在监督检查不正当竞争行为时，被检查的经营者、利害关系人及其他有关单位、个人应当如实提供有关资料或者情况。

监督检查部门抽查不正当竞争行为，应当随机抽取检查对象、随机选派执法检查人员，抽查情况及查处结果及时向社会公开。

第十九条 任何单位或者个人有权向监督检查部门举报不正当竞争行为。监督检查部门应当向社会公开受理举报的电话号码、信箱或者电子邮件地址，并安排人员受理举报。对实名举报人，监督检查部门应当告知处理结果，并为其保密。

第四章 法律责任

第二十条 经营者违反本法规定，给他人造成损害的，应当依法承担民事赔偿责任。

经营者的合法权益受到不正当竞争行为损害的，可以向人民法院提起诉讼。

第二十一条 经营者违反本法第六条第一项至第三项规定的，由监督检查部门责令停止违法行为，没收违法商品。对违法经营额五万元以上的，可以并处违法经营额五倍以下的罚款；对没有违法经营额或者违法经营额不足五万元的，可以并处二十五万元以下的罚款。情节严重的，吊销营业执照。

经营者违反本法第六条第四项规定的，由监督检查部门责令经营者在一个月内申请名称变更登记;期限届满未提出变更登记申请的,由监督检查部门依照前款规定进行处罚,并由原企业登记机关将其名称从企业信用信息公示系统中删除,以统一社会信用代码代替其名称,并将其列入经营异常名录。情节严重的,吊销营业执照。

第二十二条　经营者违反本法第七条规定贿赂他人或者收受贿赂的,由监督检查部门责令停止违法行为,处十万元以上三百万元以下的罚款。情节严重的,吊销营业执照。

第二十三条　经营者违反本法第八条规定的,依照《中华人民共和国广告法》的规定处罚。《中华人民共和国广告法》未作规定的,由监督检查部门责令停止违法行为,处二十万元以上一百万元以下的罚款;情节严重的,处一百万元以上二百万元以下的罚款,可以吊销营业执照。

第二十四条　经营者违反本法第九条规定、第三人违反本法第十条规定侵犯商业秘密的,由监督检查部门责令停止违法行为,处十万元以上五十万元以下的罚款;情节严重的,处五十万元以上三百万元以下的罚款。

商业秘密权利人的员工、前员工违反本法第十条规定侵犯商业秘密的,由监督检查部门责令停止违法行为,处十万元以下的罚款。

国家机关工作人员违反本法第十条规定侵犯商业秘密的,由任免机关或者监察机关依法给予处分。

律师、注册会计师等专业人员违反本法第十条规定侵犯商业秘密的,由监督检查部门责令停止违法行为,处十万元以下的罚款。情节严重的,由有关部门吊销其执业证书。

第二十五条　经营者违反本法第十二条规定进行有奖销售的,由监督检查部门责令停止违法行为,处十万元以上五十万元以下的罚款;情节严重的,处五十万元以上三百万元以下的罚款。

第二十六条　经营者违反本法第十三条规定损害他人商业信誉、商品声誉的,由监督检查部门责令停止违法行为、消除影响,处十万元以上五十万元以下的罚款;情节严重的,处五十万元以上三百万元以下的罚款。

第二十七条　经营者违反本法第十四条规定干扰其他经营者正常经营的,由监督检查部门责令停止违法行为,处十万元以上五十万元以下的罚款;情节严重的，处五十万元以上三百万元以下的罚款。

第二十八条 经营者违反本法第十五条规定从事不正当竞争的，除法律、行政法规另有规定外，由监督检查部门责令停止违法行为，处十万元以上五十万元以下的罚款；情节严重的，处五十万元以上三百万元以下的罚款。

第二十九条 经营者违反本法规定从事不正当竞争，受到行政处罚的，由监督检查部门记入信用记录，并依照有关法律、行政法规的规定予以公示。

第三十条 经营者违反本法规定，应当承担民事赔偿责任和缴纳罚款的，其财产不足以同时支付时，优先承担民事赔偿责任。

第三十一条 妨害监督检查部门依照本法履行职责，构成违反治安管理行为的，由公安机关依照《中华人民共和国治安管理处罚法》的规定处罚。

第三十二条 当事人对监督检查部门作出的决定不服的，可以依法申请行政复议或者提起行政诉讼。

第三十三条 监督检查部门及其工作人员徇私舞弊、滥用职权、玩忽职守的，对负有责任的领导人员和直接责任人员依法给予处分。

第三十四条 违反本法规定，构成犯罪的，依法追究刑事责任。

第五章 附　　则

第三十五条 本法自　年　月　日起施行。